KB121424

역사 속의 시간
시간 속의 역사

이 도서는 한국출판문화산업진흥원의 '2020년 출판콘텐츠 창작 지원 사업'의
일환으로 국민체육진흥기금을 지원받아 제작되었습니다.

일러두기
번역문은 번역서의 원 번역을 따름을 원칙으로 하였습니다.

역사 속의 시간
시간 속의 역사

초판 1쇄 인쇄일 | 2021년 1월 11일   초판 1쇄 발행일 | 2021년 1월 15일
초판 2쇄 인쇄일 | 2021년 3월 5일   초판 2쇄 발행일 | 2021년 3월 10일

지 은 이 | 고석규
펴 낸 이 | 강창용
책임편집 | 이윤희
디 자 인 | 김동광
책임영업 | 최대현

펴낸곳 | 느낌이있는책
출판등록 | 1998년 5월 16일 제10-1588
주 소 | 경기도 고양시 일산동구 중앙로 1233(현대타운빌) 407호
전 화 | (代)031-932-7474
팩 스 | 031-932-5962
이메일 | feelbooks@naver.com

ISBN 979-11-6195-124-9   03300

역사 속의 시간
시간 속의 역사

고석규 지음

목차

2장. 역법의 세계사

3장. 문명의 흐름을 바꾼 기계시계

4장. 시간의 사회사

2부 / 조선의 역서와 시계들

1장. 조선의 역법과 역서

섣부른 약속

1969년 아폴로 11호 우주선이 달나라에 갔다. 인류 최초로 달에 발을 디뎠다. 이를 신기한 듯 바라보던 그때 그 시절 아이들의 꿈은 대부분 과학자가 되는 것이었다. 다른 한편, 왜 그랬는지 잘 모르겠지만 대통령 꿈을 갖는 것도 그때는 그저 그런 보통의 꿈이었다.

그때 어린 시절을 보낸 필자도 과학자가 되고 싶었다. 물리나 화학, 생물, 지학 등의 과학 과목이 제일 재미있었다. 수학도 꽤 잘했다. 그러나 커가면서 인문학에 눈이 떴다. 그저 평범한 보통사람이 되고 싶었던 때문인지도 모르겠다. 그렇지만 '보통사람'이 된다는 것 또한 얼마나 어려운지는 더 커가면서 새삼 깨달았다.

대학에 가면서 그런 평범한(?) 선택으로 인문학, 그중에서도 역사학을 전공으로 택하였다. 대단한 목표나 뚜렷한 목적의식을 가지고 정한 것은 아니었다. 내게 가장 무난한 전공이라 생각해 택했을 뿐이었다.

다만 역사학을 전공하고 공부를 더해가면서 뜻밖에도 역사학은 내게 참 잘 맞는 분야이고 그래서 "참 잘 선택했구나"라며 만족해했다.

그러나 한쪽에서는 여전히 과학에 대한 미련이 남아 있었다. 대학에서 그런 미련을 〈과학사와 과학철학〉이란 강의를 들으며 조금 메꿨다. 그 강의에서 토머스 쿤의 '과학혁명'에 대해 들었다. 지금도 여전히 부족하지만, 그때는 더욱 잘 몰랐다. 아침 9시에 시작하는 첫 시간 수업이라 땀을 뻘뻘 흘리며 관악캠퍼스의 산길을 힘들게 뛰어 올라갔던 기억이 남아 있지만, 뭔지 몰라도 많은 것을 느끼게 하는 수업이었다.

그런 경험은 역사학을 전공하면서도 과학과 문명에 늘 관심을 갖게 하였다. 그래서 무모한 도전이기는 했지만 벌써 20여 년 전인 1999년에 〈역사와 문명〉이란 강좌를 개설해 보았다. 그때 대상이 되었던 주제들은 시간을 포함해서 종교, 전쟁, 해양, 기후, 농업, 상업, 문화, 과학, 이념, 도시 등이었다. 강좌를 통해 자기 계발을 하려는 목적에서 개설하였는데, 덕분에 관심의 폭을 넓힐 수 있었다. 스스로 새로운 것을 찾아가는 재미가 쏠쏠했다. 하지만 이를 책으로 엮는다는 생각까지는 못했다. 아니 하고는 싶었지만 결코 만만한 일이 아니란 걸 잘 알고 있었기 때문에 희망 사항에 그칠 뿐이었다. 그러던 터에 한 출판사 관계자와 이런저런 얘기를 하다 나의 문명사에 대한 관심을 말하였는데 덜컥나도 모르게 걸려들었다. 책을 쓰기로 약속해 버리고 말았다.

많은 문명의 소재 중에서 그나마 어느 정도 책 쓸 만큼은 공부했다고 생각한 '시간'을 소재로 시작하기로 하였다. 시간이 무엇보다 과학과 직접 관련되어 있어 첫 번째 관심사로 삼게 되었다. 그런데 막상 작업에 들어가 보니 "제 무덤을 파고 있구나!"라는 생각이 들 만큼 쉽지 않았다.

역사가와 시간

E. H. 카가 역사란 "과거와 현재의 대화"라고 한 그 유명한 정의에서보듯이 역사란 결국 과거, 현재, 미래로 이어지는 시간의 문제인 것이다. 그래서 역사가가 "역사란 무엇인가?"에 대한 바른 답을 얻기 위해서는 "시간이란 무엇인가?"에 대한 탐구가 동반되어야 한다. 역사는시간을 다루는 학문이기 때문이다. 따라서 역사가가 시간에 관심을 갖는 것은 당연하다. "시간은 역사의 주제이고, 역사는 시간의 식량이다"라는 말도 있다. 결국 역사는 시간과 떼려야 뗄 수 없는 관계를 맺고있다. 그래서 "시간이란 무엇인가?"를 역사가의 관점에서 알아보고자하였다. 역사가로서 시간에 대한 문제를 다루는 것은 언젠가 해야 할일이라고 생각했지만 막상 뭔가 정리해보려고 하니 해야 할 게 너무

많았다.

시간은 철학의 문제이며 동시에 과학의 문제이기도 하다. 그래서 인류의 역사에서 '시간의 철학'과 '시간의 과학'이 어떤 상호관계를 가지면서 변화해 왔는지 살펴보고자 한다. 즉 시간에 대한 인식의 차이는 역사관에 어떻게 반영되었는지? 또 과학기술은 시간 측정 기술에 어떤 영향을 미쳤는지? 시간 측정 기술의 발달은 시대사에 어떤 영향을 미쳤는지? 반면에 역사의 변화가 시간에 미친 영향은 무엇인지? 이런 점들을 중심으로 살펴보고자 한다.

나는 시간 여행을 시작하자마자 시간에 관한 근본적인 사실 하나와 마주하게 되었다. 시간에 관해서는 결코 단 하나의 정답도 없다는 것이었다. 모든 학자가 동의하는 답이 있다면 시간에 대해서는 누구도 모른다는 것이다. 하지만 시간이 우리의 삶 구석구석에 스며들어 있고 우리의 삶에 필수 불가결하다는 점을 생각한다면 시간에 대한 답을 찾으려는 노력을 멈출 수는 없다. 이 책에서도 명쾌한 답을 내지는 못하겠지만, 그 답으로 가는 노둣돌 하나쯤 놓는다는 생각으로 도전해 보았다.

시간에 대한 관심들

열쇠 꾸러미처럼 시간은 잃어버리기도 하고 되찾기도 한다. 돈처럼 시간은 모으기도 하고 축내기도 한다. 또 시간은 슬금슬금 가기도 하고, 느릿느릿 걷기도 하며, 날아가기도 하고, 달아나기도 하고, 흐르기도 하고, 가만히 멈춰있기도 한다. 넘칠 듯이 많을 때도 있고, 턱없이 모자랄 때도 있다.

이런 '시간'에 대한 글들은 참 많다. 그만큼 관심사였다는 뜻이다. 시간을 다룬 여러 글의 경향을 보면 크게 네댓 가지로 나뉜다. 시간을 제목으로 단 책들을 보면 ①시간=시계=달력 그 자체를 다룬 책들, ②시간의 역사를 다룬 책들, ③시간의 의미와 그 철학적 함의를 다룬 책들, ④"시간은 어떻게 돈이 되는가" 류의 시간의 효율적 활용을 다룬 계몽서 등, 그밖에 ⑤시간 이야기들을 쓴 책 등이었다.

아무래도 서양서가 많다. 서양사 전공자가 아니라는 것은 핑계이겠지만, 역량이 미치지 못해 깊은 학문적 검토까지는 못하였다. 2차 지식에 그칠 수도 있겠지만, 번역서만 하더라도 다 섭렵하기 어려울 정도로 많았다. 그것만으로도 새로운 정리가 가능할 만큼 많았다. 이런 성과들을 토대로 역사가의 시각에서 나름대로의 관점에서 새롭게 재구성해 보려 한다. 조선시대 부분은 필자의 전공 분야로 원자료를 찾아 정리했기 때문에 좀 더 구체적이고 새로운 해석도 덧붙일 수 있었다. 물론 여기도 기존의 연구성과들에 힘입은 바가 크다.

근대의 탄생과 시계, 그리고 과학

아랍과 이집트에서 발생한 인류의 문명은 그리스, 로마를 거쳐 유럽으로 건너갔다. "서양의 달력과 시간의 마디란 것도 태반은 바빌로니아와 이집트 등 오리엔트에서 도입한 것이다. 서양 고유의 것이라고 할 만한 것은 예수 탄생으로부터 연도를 세는 서력 기원법뿐이다"라고 말할 정도로 시작은 오리엔트였다. 하지만, 어느 틈엔가 유럽으로 넘어갔다. 그에 따라 근대 지배의 헤게모니도 넘어갔다.

어떻게 유럽, 즉 서구가 근대 이래 세계를 지배하게 되었을까? 그렇게 된 계기를 공교롭게도 시계의 발명에서 찾고 있다. 중세에 아랍의 하룬 알 라시드가 유럽의 샤를마뉴(742~814)에게 시계 선물을 보냈다. 이는 유럽인들에게 유럽의 후진성을 깨우치게 하는 자극이었다. 13세기 초까지만 해도 라틴인을 야만인이라 여길 만큼 유럽은 아랍에 비해 뒤떨어져 있었다. 그러나 그로부터 두 세기 동안에 큰 변화가 일어났다. 즉 유럽이 기술 분야에서 확실한 우위를 점하게 되었다. 어떻게 그렇게 될 수 있었을까? 그 바탕은 기계공학의 발전이었고 그 선두 주자는 단연코 시계였다. 기계시계가 처음 등장한 것은 서유럽에서였다.

1338년 여름, 갤리선 한 척이 베네치아를 떠나 동방으로 향했다. 유럽이 기계를 아시아로 수출하기 시작한 것이다. 그리고 1548년에는 유럽에서 아랍의 술탄에게 시계 네 개와 한 명의 시계공을 선물로 주게된다. 외교 선물로 아랍에 보낸 시계는 유럽의 기술적 우월성을 증명하는 징표였다. 한편 중국으로 건너간 시계는 거기에 '과학을 통한 신앙의 전파' 수단으로서의 역할까지도 덧붙여졌다. 이처럼 중세 후기부터는 유럽의 문명이 상승세를 타기 시작하여 현재까지 전 세계를 지배하고 있다. 그리고 아직까지도 미국을 포함한 그곳에 있다. 과학 지식의 대부분은 지난 4세기 동안 유럽이 낳은 산물이었다.

루이스 멈포드의 말을 들어보자. 그는 《기술과 문명》에서 "증기엔진이 아니라 시계가 현대 산업사회의 핵심 기계이다"라고 단언한다. 그는 일반적 통념과 달리 근대의 경이적인 생산 시스템은 철커덕거리며 쌕쌕 돌아가는 산업 시대의 증기기관보다 기계시계가 훨씬 더 큰 파급 효과를 낳았다고 하였다. 기계시계는 인간의 사건에서 시간을 따로 떼어냈고 수학적으로 측정 가능한 독립된 세계, 그러니까 과학이라는 특별한 세계에 대한 믿음을 가져다주었다고 하면서 "세계를 지배하고 있는 유럽, 그렇게 된 계기는 이처럼 시계에서 비롯되었다"고 주장한다. 애덤 프랭크도 《시간 연대기》에서 지난 수천 년간 만들어진 수많은 발명품 중에서 으뜸가는 발명품은 바로 기계로 작동되는 시계였다고 하였다.

혁명 중에서 가장 혁혁한 것은 의심할 나위 없이 '시간혁명'이라고 한다. 기계시계의 비약적인 발전이 있었고, 정확한 기계시계의 발명은 시간의 개념 자체를 크게 바꾸었다. 그와 함께 시간의 측정에 바탕을 둔 새로운 형태의 문화가 생겨났다. 그에 따른 사고의 변화는 근대적 사고, 합리적 사고로 나타났다.

근대의 특성으로 합리주의를 첫손에 꼽는다. 합리주의는 시간 · 공간의 균질화, 인과의 법칙 등에 의해 확립되는 근대적 실증주의에 맥이 닿는다. 그런 점들이 근대의 기술문명을 선도했다. 이를 바탕으로 과학혁명, 또 산업혁명을 이끌었다. 그 첫 출발이 시계였다. 이처럼 시계가 생활의 변화, 생각의 변화 등에 영향을 미침으로써 근대를 이끌었고 서구를 세계의 지배자로 올려놓았던 것이다. 표준시간의 기준은 영국 그리니치이고 달력의 원년은 기독교의 영향으로 예수의 탄생년이 되었다. 이처럼 오늘날 유럽 중심의 서구가 지배적 위치를 점하게 된 데에는 시계가 있었기 때문이라고 말한다. 이는 바꾸어 말하면 과학기술이 결정적 변수였다는 뜻이다. 근대로 넘어오면서 과학기술의 우위 여부가 세계사의 흐름을 결정했다고 해도 지나치지 않을 것이다.

시계, 즉 과학은 우리 대중들의 일상을 지배하고 있다. 과거의 전통

사회에서 종교가 인간의 삶에 절대적인 영향력을 미쳤다면, 오늘날에는 과학기술이 문명의 발전방향이나 속도 그리고 그 내용에 결정적인 영향력을 행사하고 있다. 그리하여 과학기술이 발전한 국가가 앞선 나라가 되며 지배의 헤게모니를 쥔다. 그 기초에는 '과학기술의 발달-자본주의-공리주의'가 서로 연결되어 있다. 그런 속성에 잘 맞는 체제가 미국이었다. 이를 가능케 한 것은 세계를 좁힌 과학기술의 발달이었고, 나아가 이를 응용, 분배, 전파하는데 탁월한 능력을 가졌던 미국 자본주의의 힘이었다. 이는 마치 그리스 과학을 응용하여 이를 분배, 전파하는데 장기를 보였던 로마인의 과학이 '팍스 로마나Pax Romana'를 뒷받침했던 역사를 떠올리게 한다.

이 책의 구성

이 책은 〈기억과 역사, 그리고 여과〉라는 주제로 시간의 문을 열었다. 이어서 1부 〈시간과 역사의 여러 모습〉, 2부 〈조선의 역서와 시계들〉의 두 부분으로 나누어 달력과 시계와 시간에 대한 내용들을 다루었다.

1부에서는 세계사적 관점에서 시간과 역사의 관계, 역서의 세계사, 기계시계 등장 이후 시간 측정의 역사, 그리고 거기서 초래한 시간의 사회사 등을 대상으로 폭넓게 살펴보았다. 시간에 대한 다른 생각이 역사를 어떻게 달리 보게 하는지부터 시작해서, 양력이라 불리는 그레고리력의 세계 제패 과정, 기계시계가 바꾼 문명의 흐름 등을 통해 시간과 역사의 함수관계에 대하여 생각해보았다. 2부에서는 우리나라 조선시대를 대상으로 역법과 역서, 그리고 다양한 시계 발달의 역사를 조선화의 관점에서 새롭게 정리해보았다. 자주국으로서 우리만의 역서를 갖추려는 노력을 끈질기게 이어간 데서 우리 역사에 대한 자부심을 다시 한번 느꼈다. 또 사람을 먼저 생각한 세종의 보루각 자격루에서 창의의 백미를 보았고, 특히 천문시계의 맥을 이어 끊임없이 계승 발전하는 조선 과학기술의 자취들을 찾아보면서 지금까지의 무지에 흠칫 놀라기도 하였다. 그리고 우리가 경험한 근대 시간체제의 식민지성에 대하여 살펴보았고, 끝으로 에필로그 〈시간차와 역사〉에서 "변화는 어떻게 오는가?"의 답을 찾으며 마무리하였다. 내게는 이런 이야기책을 쓸 수 있는 기회를 가졌다는 것이 큰 행운이었다.

시간의 늪에서 나오며

인간의 욕망은 많지만, 그중에서도 차원을 넘어서려는 욕망이 있다. 스티븐 호킹은 양자역학과 일반상대성이론을 통합시킬 때, 시간과 공간이 함께 4차원의 공간을 형성할 수도 있다는 가능성을 말하였다. 이렇게 인간은 3차원에 살면서 4차원을 넘본다. 4차원은 시간과 공간이 함께 만드는 차원이다. 이 책에는 4차원을 넘보듯이, 역사가가 인문학을 넘어 과학에 도전하는 그런 욕망을 담았다. 달력과 시계를 통해 시간을 넘어 과학에 도전해 보고자 했다. 이렇게 호기롭게 시작했지만, 책을 써 내려가면서 시간을 다뤄보겠다는 나의 계획이 "너무 건방졌구나"라는 후회가 앞섰다. 나름대로 오랜 기간 준비해 왔지만, 시간이 가면 갈수록 점점 늪에 빠지는 느낌이었다. 힘에 부치는 시간이었지만, 시간을 통해 세상을 이끄는 변화는 어떻게 만들어지는가, 그 단서들을 찾아 우리의 미래에 대안을 제시해 보고자 하는 기대가 있어 감히 계속해 나갔다. "인간의 역사에서 준비되지 않은 것은 없다"고 한다. 미래의 승자가 되기 위해 지금 준비해야 한다. 이 책에서 그 답, 아니 그 답의 가느다란 단서라도 찾아보기를 바란다. 여전히 많이 부족하지만 이제 시간의 늪에서 빠져나온다.

시간에 대한 논의는 그야말로 분분하다. 수많은 저서와 연구논문들에 치여서 힘든 나날을 보냈지만, 그 연구성과들 덕분에 이나마 정리할 수 있었다. 이 책은 다만 내가 이해한 수준에서의 시간 이야기일 뿐이다. 따라서 미흡한 부분이 많겠지만, 단순하게 이해하려 했기 때문에 일반 독자들에게는 오히려 편할 수 있을 것이다. 혹 내용상에 잘못이 있다면 그것은 모두 필자에게 책임이 있다. 이 책을 쓰는 데 도움을 준 선행 연구자들에게 깊은 감사의 뜻을 표한다.

힘겨운 도전이었지만 가치 있는 도전의 기회를 마련해 준 느낌이 있는책 강창용 대표의 배려에 누구보다 먼저 감사의 뜻을 전하고 싶다. 이 책에 대한 기대에 대하여 일말의 보답이라도 할 수 있게 된다면 정말 다행이겠다. 책이 나올 수 있도록 끝까지 인내하며 도와준 이윤희 편집장을 비롯한 관계자 여러분들에게도 부족하지만 감사하다는 말을 남긴다.

기억과 역사,
그리고 여과

역사는 과거의 기억 위에서 현재를 읽고 미래를 열어간다

그리스 신화에서 무사이Musai라 불리는 9명의 뮤즈Muse 여신들은1 예술과 학문의 여신들이다. 이들 뮤즈 여신들은 제우스와 기억의 여신 므네모시네Mnemosyne의 결합으로 태어났다고 한다. 예술이나 학문은 기억을 바탕으로 하는 창조적 작업이기 때문에 9명의 뮤즈가 므네모시네의 딸이란 설정은 그럴듯하다. 또 9명의 뮤즈 중에서 클리오(Clio, 그리스어로 Cleio)는 역사를 맡고 있는 여신이다. 역사를 기록하기 위해서는 지나간 일들, 즉 과거를 기억해야 한다. 따라서 '역사의 여신'이 '기억의 여신의 딸'로 태어났다는 것도 그럴듯한 이야기이다.

이처럼 역사는 과거에 대한 기억 위에 서 있다. 역사는 과거를 대상으로 한다. 하지만 과거라고 해서, 오래되었다고 해서, 그래서 쓸모없다거나 하는 뜻은 아니다. 오히려 "젊었을 때는 용기가 있어야 하고, 장년기에는 신념이 있어야 하나, 늙어서는 지혜가 필요하다"는 말처럼 늙은 것, 즉 오래된 것은 지혜를 준다. 그리고 "지혜는 모든 부를 뛰어넘는다"[2]라고 하듯이 오래된 과거를 대상으로 하는 역사는 곧 지혜가 되어 가치를 높인다. 역사는 '우리 삶의 정신이 보존된 방'이며 그 속에서 우리는 지혜를 얻는다.[3]

이처럼 역사는 과거와 현재를 이어준다. 뉴질랜드의 사학자 J.C.H. 킹의 말을 빌리면 "역사는 우리를 과거와 연결해 주고 현재를 이해할 수 있게 해줌으로써 현재에 자양분을 공급하는 탯줄이다. 우리가—개인으로서 또한 하나의 민족으로서— 어디서 왔는가를 알지 못하면, 우리가 지금 어디에 있는지도 알 수 없다"고 하였다.[4] E. H. 카가 "역사란 무엇인가?"라는 질문에 대하여 "나의 첫 번째 대답은 역사란 역사가와 그의 사실들 간의 지속적인 상호작용의 과정, 현재와 과거의 끊임없는 대화라는 것이다"라는 유명한 문구도 이를 말한다.[5] 역사가는 현재의 일부이며 사실은 과거에 속하기 때문에 현재와 과거 사이의 상호관계를 밝히는 것이 곧 역사라는 뜻이다.

그런데 역사는 여기서 멈추지 않고 한 걸음 더 나아간다. 즉 과거를 바탕으로 미래를 연다. 이는 E. H. 카의 책에서도 찾을 수 있다. 그는 "내가 역사를 과거와 현재의 대화라고 이야기했을 때, 나는 오히려 역사란 과거의 사건들과 서서히 등장하고 있는 미래의 목적들 사이의 대화라고 말했어야 했을 것이다"라고 덧붙였다. 즉 역사란 '과거와 현재의 대화'에 머물지 않고 '과거와 미래의 대화'까지 나아가야 할 것임을 지적하였다.[6]

게다가 역사의 여신 클리오는 '예언'의 뮤즈이기도 하다. 이는 과거와 미래가 클리오, 즉 역사에서 하나로 엮이게 된다는 뜻이다.[7] 이처럼 과거와 미래는 결코 단절된 시간이 아니다. 과거에 대한 기억은 역사를 통해 미래로 이어진다.

그런 역사를 쓰는 궁극적인 목적은 무엇일까? 제2판을 위한 서문만을 써놓고 타계한 E. H. 카는 그 서문의 마지막을 "미래에 대한 보다 건전하고 보다 균형 잡힌 전망을 주장하기 위해 노력할 것이다"라는 말로 마무리하였다. 여기서 말하듯이 역사는 미래를 위한 것이었다. 역사란 현재와 과거의 끊임없는 대화를 통해 보다 나은 미래의 전망을 찾는 데 그 역할이 있다. 필로스트라투스는 《소피스트의 전기》에서 기억[므네모시네]이 시간의 '딸'인지, 시간의 '어머니'인지 묻는다. 의미심장한 구절이다. 시간이 없는 기억이란 상상할 수 없지만, 미래라는 시간은 또한 기억을 바탕으로 하고 있다.[8] 이렇게 역사는 지혜가 되어 과거에 머물지 않고 현재를 읽어내며 나아가 미래를 여는 열쇠를 제공한다.

옛날이야기는 이야기일 뿐, '언제'가 없었다

신문이나 뉴스 기사를 쓸 때 이른바 '육하원칙'을 따른다. '누가, 언제, 어디서, 무엇을, 어떻게, 왜'라는 여섯 가지이다. 이때 '누가'라는 주체 다음에 바로 이어 나와야 할 것이 '언제'이다. 이렇듯 언제라는 시간은 기록을 남길 때 빼놓지 않고 적어야 할 사항이다. 오늘날 역사의 기록에서는 너무 당연한 순서이다. 어떤 일이 '언제' 일어났는가는 시험의 답을 위해 필요한 것이 아니라 그게 '역사'라면 반드시 알고 있어야 할 요소인 것이다.

하지만 옛날 옛적에는 '언제'에 대해 정확히 알 필요가 없었다. 고대 그리스에는 시간개념이 별로 없었다. 어쩌면 기억할 것이 많지 않았기 때문일 수도 있겠지만, 고대인들은 지난 것을 찾으려는 작업보다는 현재 진행 중인 사건들의 기록을 남기는 데 더 주력했다. 이야기로 남겨두려는 것이었다. "최초이자 최고의 걸작"이라 불리는 호메로스의 《일리아드》와 《오디세이아》는 '역사'로 기록한 것이 아니고, 고대 그리스 전설에 나오는 영웅들의 '이야기'였을 뿐이다. 우리가 그것을 지금 마치 역사처럼 받아들이고 있지만, 그 안에 시간은 빠져 있다. 언제 그 일이 있었는지 거기에는 없다. 그래서 시간 순서는 엉켜있다. 역사가 영어로 history인 것처럼 당초 이야기(narrative)가 역사의 본질인 것을 상기하면 그리 이상한 일도 아니다.

고대 그리스인들이 이처럼 '언제'에 무관심했던 것은 "시간은 변화하지 않으며 미래는 과거와 같다는 순환적 역사관"을 갖고 있었던 데도 이유가 있다. 9 역사는 "각각의 사건이 연쇄적으로 얽혀 있는 과정"이라는 인식은 없었다. 그러니 어떤 사건이 먼저 있었는지 또는 뒤에 일어났는지는 문제가 되지 않았다. '언제'라는 시간은 별 의미가 없었다. 단지 그 이야기를 극적으로 전하기만 하면 되었던 것이다. 따라서 이야기로서의 히스토리는 인과관계가 없는, 내부의 연결고리가 없는, 사건들의 집합, "보편적인 인간 행동의 보고"일 뿐이었다. 헤라클레이토스가 "세상은 끊임없이 변화한다"고 말하였지만, 이러한 변화는 인과관계가 없는 그저 사건들의 집합일 뿐이었다.[10]

역사의 아버지, 기억에 시간을 부여하다

헤로도토스(Herodotos, BC 484?~BC 425?)를 '역사의 아버지'라 부른다. 그는 페르시아 전쟁사를 다룬 《역사Historiae》를 썼다. 그가 역사의 아버지로 불리는 이유는 그리스인 최초로 과거의 사실史實을 시가詩歌가 아닌 실증적 학문의 대상으로 삼았다는 점 때문이다.

한편, 헤로도토스에게 '역사의 아버지'라는 최초의 영예는 빼앗겼을지 모르지만, "진정한 역사, 오직 사실에 기초한 인간의 역사"의 선구자로 평가받는 또 한 사람이 있다. 바로 《펠로폰네소스 전쟁사》를 쓴 투키디데스(Thukydides, BC 460?~BC 400?)였다. 그는 《펠로폰네소스 전쟁사》서문에서

내가 여기에 쓰는 역사는 재미가 없을 수도 있다. 흥미로운 이야깃거리를 다루고 있지 않기 때문이다. 그러나 역사의 진실을 들여다보려는 사람이라면 그리고 역사의 반복 또는 적어도 반복에 가까운 것을

대비하려는 사람이라면, 이 글에서 충분한 도움을 얻을 것이다. 이는 대중의 찬사를 받고자 쓰는 문학이 아니라, 영원한 지식의 보고로 남기 위해 이루어진 사실의 집적이다.

라고 썼다. 이처럼 그는 재미보다는 사실을 택하였다. 그래서 실증적 역사를 개척한 그리스의 역사가로 불리고 있다. 투키디데스의 손에서 역사는 비로소 '옛날이야기'를 벗어나 '사실의 기록'이 되었다. 이런 그의 역사관은 후세의 역사가들에게 큰 영향을 주었다. 2천 년을 훨씬 뛰어넘어, 19세기 독일의 역사가 레오폴트 폰 랑케(Leopold von Ranke, 1795~1886)가 투키디데스의 정신을 되살려 "실증주의 역사관"을 정립하는 데로 이어졌다.

그런데 이들을 '역사의 아버지'라고 부른 데는 그들의 또 다른 역할이 있었다. 바로 역사에 '시간'을 부여하려 했다는 점이다. 헤로도토스는 100년 안에 3세대가 계승된다고 계산했다. 또는 한 세대를 33년과 3분의 1 혹은 40년으로 계산하기도 했다. 이를 바탕으로 상당히 정확한 연대기를 제공해주었다. 그리고 절대적 연대기를 제공할 수 있는 단 하나의 고정된 시점, 즉 기준점을 찾았다. BC 480년 크세르크세스가 아테네를 침공했을 때 아테네의 아르콘[11]이 칼리아데스였다는 기록, 이것이 연대 추정의 절대적 기준점이 되었다. 역사의 아버지가 된 이유는 이처럼 연대기의 기초를 닦았기 때문이다.

그러나 여전히 한계는 있었다. 헤로도토스의 《역사》에서도 장소는 알 수 있지만, 그것이 언제 있었던 일인지는 알 수 없게 되어 있다. 투키디데스도 펠로폰네소스 전쟁사를 썼지만 거기에서도 이 전쟁이 언제 일어났었는지는 알 수가 없다. 그의 입장에서는 이 전쟁이 현재 진행형의 사건이었기 때문에 굳이 시간을 표시할 필요를 느끼지 않았을 것이다. 후대의 독자들에 대한 배려는 없었다.[12]

그리스에서 데우칼리온[13] 설화부터 BC 400년까지의 전체 역사를 연대기적으로 기록하려는 첫 시도는 헤로도토스, 투키디데스와 동시대를 살았던 역사가인 레스보스의 헬라니코스에 의해 이루어졌다. "시대에 대한 맥락 없이 역사를 이해한다고 생각하는 이는 안내인 없이 미로 속을 헤매는 나그네와도 같다." 1566년에 장 보댕(Jean Bodin, 1530~1596)은 이처럼 과거의 역사기록을 비판했다. 시대는 역사를 이해하는 아리아드네Ariadne의 실[14]과도 같다.

우리 현대인에게 역사가의 첫 번째 임무는 사건의 연대를 정확하게 기록하는 것이다. 연대, 즉 시간은 사건의 부수적인 개념이 아니라 본질적인 특징이다. 하지만 시간이라는 개념 자체가 고대는 물론, 중세의 역사가에게도 현대 역사가에게처럼 중요한 것이 아니었다. 성 아우구스티누스에게 사건의 연대는 그 신학적 중요성에 비하면 사소한 것일 뿐이었다.

실제로 고대와 중세의 자료들은 혼돈된 상태로 엉켜 있다. 분명한 시간의 순서대로 사건들을 배열하는 것이야말로 절대적인 연대기의 목적이며 일반적인 시간학의 기본이다. 예수의 출생을 연도의 기준으로 삼기까지는 기나긴 세월이 필요했다.

시간=변화=역사

조반니 바티스타 비코(Giovanni Battista Vico, 1668~1744)는 18세기의 가장 위대한 역사철학자로 꼽힌다. 그는 인간은 오로지 '역사'를 통해서만 이해 가능하다고 주장한다. 바꾸어 말하면 과거의 지식이 인간을 이해하는데 필수적이란 뜻이다. 사회의 본질과 구조를 이해하기 위해서는 모든 측면을 역사적 관점, 즉 시간의 관점에서 살펴보아야 한다는 것이 비코 사상의 핵심이었다. 이는 역사주의적 원칙의 모태이기도 하다.[15]

잠바티스타 비코Giambattista Vico
이탈리아 나폴리 출생. 인간 역사의 발전은 신적 · 영웅적 · 인간적인 세 개의 단계를 거치며, 이 과정은 다시 순환한다고 하여 역사순환론을 주장하였다. 조반니 바티스타는 그의 별명이다.

역사적 관점의 중요성이 널리 받아들여지게 된 것은 19세기에 와서였다. 프랑스 혁명과 산업혁명이 사람들에게 변화의 실체 그리고 그 변화의 불가피성을 인식하게 만들었다. 따라서 이를 지켜본 19세기에 역사학이 흥성했다는 것은 그리 놀라운 일도 아니다. 사람들은 변화의 발전과정을 소급해서 파악해야 할 필요성을 느끼게 되었다. 시간은 명확히 구분할 수 있는 별개의 변화들을 서로 연관시키는 수단임을 깨달았다. 하나의 변화 과정을 다른 변화 과정과 관련지어 해석한다. 이처럼 시간의 흐름에 따른 변화를 이해해야 할 필요에 따라 역사학이 등장하였다.

유럽에서 근대민족국가의 형성에서 국가 단위의 특수성을 강조해야 할 때, 역사학은 국민을 정치적으로 통합하는 역할을 하였다. 그래서 이때 전문분과로서의 역사학이 출현하였다. 19세기 역사학이 큰 발전을 이룬 나라는 아무래도 독일이었고, 랑케와 몸젠(Theodor Mommsen, 1817~1903)이 주도하였다.[16] 카는 이렇게 말한다.

> 사람들이 시간의 경과를 자연적 과정으로—계절의 순환이라든가 사람의 일생과 같은— 생각하는 것이 아니라 인간이 의식적으로 연루되고 의식적으로 영향을 줄 수 있는 특정한 사건들의 연속이라고 생각하기 시작할 때, 역사는 시작된다.[17]

인과관계에 의한 역사서술이 근대역사학의 기본조건이 된 것도 바로 이런 이유 때문이다. 그렇기 때문에 시대상은 원인의 배경이 되었고 그런 점에서 시간은 반드시 있어야 할 기록 대상이었다. 시간과 역사는 떼려야 뗄 수 없는 연관 관계를 갖는다.

무역사 無歷史

'무역사'라는 말이 있다. "역사가 없다"는 뜻이다. 어느 때라 하더라도 사람이 살았다면 뭔가 흔적을 남겼을 텐데 무역사라니? '공자님 말씀'에 따르면 기록이 있어야 역사가 있다고 한다.[18] 기록이 없으면 당연히 역사도 없다. 그런데 '무역사'는 그것과는 좀 다르다. 뭐가 다른지 한 걸음 더 들어가 보자.

사람들은 매일매일 반복되는 일상적인 일은 잘 기억하지 못한다.

아니 별로 기억할 필요가 없기 때문에 기억되지 않는 것이기도 하다. 일정 기간 동안 특기할 만한 일이 없으면, 그 기간의 기록도 별로 남지 않았을 것이고 사람들 또한 기억할 만한 것이 없어 기억되지 않았을 것이다. 그러다 보면, 역사에 남는 게 없다. 바로 그 시간 동안은 '무역사'의 기간이 되어 버린다. 없는 시간 즉 '무시간'이나 다름없다.

시간 때문에 변화를 인식하게 된다. 변화가 있어야 시간이 흘렀다는 것을 안다. 따라서 '무변화'는 '무시간'이고 이는 '무역사'로 이어진다. 영화에서 보면 정지 화면으로 시간이 멈추었음을 표현한다. 변화가 없으면 시간도 없다. 변화가 있어야 시간을 인식하게 된다.

인간의 역사에서 구석기 시대가 차지하는 기간은 98.3%에 이른다. 네안데르탈인들은 26만 년 동안 존재했다. 하지만 그저 막연한 시간의 흐름만이 있었을 뿐, 기억된 시간은 없다. 이는 그 26만 년이란 시간이 거의 무역사나 마찬가지라는 뜻이다. 물론 문자가 없어 역사시대와 구분해서 선사시대라고 하니까 당연히 역사가 없겠지만, 그보다는 기억할 만한 변화가 없었기 때문이기도 하다. '기억할 만한 변화'가 있어야 역사가 있다. 그런 변화가 만들어 놓은 사실 또는 사건, 그것에 대한 기록이 역사이다.

시간은 공평하게 흘러가는 것이 아니다. 기억할 만한 사건들이 각 시대마다 골고루 남아 있는 것도 아니다. 시대마다 사건의 밀도가 달랐다. 역사의 기록은 그 밀도의 정도에 따라 세대별로, 연별로, 때로는 월별로, 일별로 기록되는 것이다.

급격한 변화, 역사의 핫플레이스

사마천은 시대에 따라 역사적인 변화의 속도가 다르다는 것을 명백히 인식하였다. 그래서 시간의 '활동도'란 개념을 가졌던 것으로 보고 있다.[19] 《사기史記》에서 〈육국연표六國年表〉와 〈십이제후연표十二諸侯年表〉를 작성할 때는 연年 단위로 작성할 뿐, 월月과 일日은 구분하지 않았다. 반면 〈진초지제월표秦楚之際月表〉에서는 이 시대가 "사람이 나타난 이래 이처럼 빨리 나라들이 바뀐 적은 없다"라 할 정도로 급박한 변화가 많았음을 지적하고 있다. 이런 시기를 연별年別로 정리하면 변화의 흐름을 담을 수 없었다. 따라서 적어도 월月까지를 표기하는 것이 당연하다고 여겨 월표月表로 작성하였던 것이다. 이 기간의 역사는 변화가 극심하기 때문에 월 단위까지 나누어 쓰지 않으면 그 변화를 다 담을 수 없다는 사마천의 생각이 반영된 것으로 해석한다. 시기를 나누어 각각 세표世表, 연표年表. 월표月表로 구분한 것은 바로 그 시기마다 시간의 '활동도'가 달랐음을 역사 서술에 반영한 결과였던 것이다.

이는 진화생물학의 "단속평형설(punctuated equilibrium theory)"과도 상통한다. 단속평형설은 생물 진화의 템포에 관한 이론인데, 생물의 진화가 점진적이 아니라 특정 시점에서 활발한 종 분화 과정을 통해 이루어졌다는 주장이다. 즉 생물 진화의 역사를 보면 짧은 폭발적 진화기와 진화가 일어나지 않는 긴 평형기가 반복되었다는 것이다.[20] 평형상태에 간간이 끼어들 듯이 폭발적 진화가 있게 된다는 뜻이다. 역사에 핫플레이스가 있는 것처럼 생물의 진화에도 평형을 깨는 급격한 변화의 단계가 있다는 것이다.

물리적인 시간은 옛날이나 지금이나 차이 없이 똑같이 흘러간다. 천 년 전의 한 시간과 오늘의 한 시간은 그 절대 길이에서 다르지 않다. 그러나 그 시간에 담기는 인간의 역사는 양적으로나 질적으로나 커다란 차이가 있다. 과거에는 중요한 변화의 시간 폭이 한 개인의 일생보다 훨씬 길었다. 그리하여 인류는 어떤 고정된 생활 조건에 적응할 수 있었다. 그러나 오늘날 그 변화의 시간 폭은 개인의 일생보다 훨씬 짧아졌다. 그래서 부르크하르트는 이를 두고 "세상은 갑자기 엄청난 가속도가 붙어서 나아간다. 보통 수 세기에 걸쳐 일어날 변화가 몇 주, 몇 달 안에 유령처럼 세상을 휩쓸고 이 세상을 끝장낼 것처럼 보인다"[21]고 말하였다.

이처럼 현대로 올수록 사건들 사이의 간격은 점점 더 짧아졌고 변화의 크기나 속도는 점점 더 커졌으며 더 빨라졌다. 사건의 밀도가 기하급수적으로 높아졌다. 5060세대의 삶을 돌이켜 보면 정말 100년도 안 되는 짧은 시간에 너무 큰 변화를 겪었다. 앞으로는 더할 것이다. 한 사람이 평생 동안 거치는 직업의 개수가 3~4개에서 수십 개로 바뀌는 것처럼, 그야말로 지난 백 년은 핫플레이스였고, 앞으로는 더 핫한 시대가 될 것이다.

급격한 변화가 일어나고 기억할 것이 넘치는 시간, 이곳이야말로 역사가들에게는 핫플레이스가 된다. 그 핫플레이스는 어딜까? 급격한 변화가 나타나고 근본적인 인식의 전환이 나타나는 것은 아무래도 근대에 들어오면서부터였다. 오늘날 가장 흔히 듣는 말이 제4차 산업혁명이다. 알다시피 1차 증기기관, 2차 전기, 3차 컴퓨터에 이은 제4차 산업혁명이다. 이는 현재로 이어지는 가까운 과거가 바로 산업혁명기,

즉 근대가 시작하던 때라는 뜻이다. 바로 거기에 핫플레이스가 놓여 있다. 물론 변화의 속도는 그 후로 갈수록 더 빨라지긴 하지만, 시대를 구분할 근본적인 변화의 시작이 그때이기 때문에 더욱 주목할 가치가 있다고 생각한다.

기쁜 시간은 짧게, 나쁜 시간은 길게

존 로크는 "우리는 과거에 일어났던 사건들을 떠올림으로써 과거 시간의 길이를 판단하게 된다"고 했다. 기억할 만한 사건들이 많았던 시기는 시간이 천천히 흘렀던 것처럼 느껴지고, 반면에 특별한 사건이 없었던 시기는 시간이 매우 빨리 흘러서 도대체 그 시간들이 다 어디로 가버렸는지 되묻게 된다.[22]

"기억할 만하다"는 것은 무슨 의미일까? 무슨 기준으로 어떤 것들이 기억될까? 보통 행복한 어린 시절을 보낸 사람은 유아기의 기억이 없다고 한다. 반면에 힘든 시절은 오래 기억된다. 상처에 소금을 뿌린다는 말도 있다.[23] 그래서 그런지 옛 기록들의 대부분은 전쟁이나 재앙과 같은 상황들을 주로 남기고 있다. 헤겔은 역사에 관한 책에서 이렇게 단언했다. "행복한 시기는 백지장과도 같다."

"기쁜 시간은 짧게, 나쁜 시간은 길게" 느껴진다. 나쁜 기억은 오래 간다. 역사는 기억이기 때문에, 따라서 나쁜 기억들이 역사의 주류를 차지하기 쉽다. '기억할 만한 변화, 사건'이 남아 역사가 된다. 이때 기억의 주체는 인간이다. 따라서 인간은 기억을 선택할 수 있다. 그런데 이런 이유들 때문에 선택된 기억이란 결코 평화로운 것들이 아니었다.

헤로도토스와 루키아노스, 리비우스나 암미아누스 마르켈리누스와 같은 이들은 자신들의 책에 "특이하고 곱씹을 만하며 숭고하며 기억할 만한 가치가 있는" 것만을 기록한다는 입장을 피력했다. 그런데 결국 기록된 것들을 보면, 대부분 폭력적 사건들이었다.

오래된 기독교 문헌에서는 성인과 순교자, 사제들의 행적과 고난을 칭송했다. 중세의 역사적 서사시는 전쟁과 폭력을 숭배한다. 헤겔은 역사란 '도살장'에 지나지 않으며 "절대적 영혼들의 해골이 휴식을 취하고 있는 곳"이라고 정의를 내렸다. 전장에서의 승리자나 스포츠의 승자도 후대에 길이 기억되었다. 하지만 사람들의 기억 속에 더 오래, 더 많이 남은 것은 인간 혹은 자연이 초래한 커다란 오류 혹은 재앙들이었다.[24]

기억의 희석, 장기지속

우리는 과거를 기억하려고도 하지만 다른 한편, 잊어버리려고도 한다. 왜, 어떻게 잊어버릴 수 있을까? 아픈 기억을 긴 시간 속에 희석시켜 잊으려 한다. 그런 시도는 제2차 세계대전 후에 페브르Lucien Febvre와 블로크Marc Bloch를 계승하여 아날학파[25]를 이끌었던 페르낭 브로델(Fernand Braudel, 1902~1985)에서 찾을 수 있다. 그는 정치사는 바닷물의 표면처럼 시시때때로 변화하는 단기적 사건사이고, 그 아래 완만한 리듬을 이루며 주기적으로 변하는 국면사로서의 경제사가 있으며, 맨 아래 바닥에 동적인 것과 부동적인 것의 경계에 서 있는 구조사 또는 장기지속사가 있다고 구분하였다. 그리하여 그 바닥의 역사, 영원성 · 불변성을 특징으로 하는 육중한 장기지속의 역사를 지향하였다.

브로델은 왜 장기지속의 역사에 주목하였는가? 제2차 세계대전 때 프랑스는 독일에게 점령당해 지배를 받는 치욕스런 시간이 있었다. 브로델은 육군 중위로 독일과 싸우다 포로가 되어 5년 동안 감옥에 갇히게 되었다. 이처럼 자신을 꼼짝 못 하게 가두어 고통을 주던 그 비극적 상황에서, 그는 이 변화무쌍한 덧없는 차원을 넘어선 심오한 차원의 역사가 있으리라는 생각을 하게 되었다. 그 생각은 그의 대표작인 《펠리페 2세 시대의 지중해와 지중해 세계》(1949)를 구상하게 하였다. 연속성과 불변성에 의해서 생생한 감동을 준 지중해 세계의 역사에 몰두하면서 독일 치하의 고통스런 기억, 즉 단기적인 정치사를 이겨내게 하였던 것이다. 이것이 브로델로 하여금 장기지속적인 역사를 택하게 한 배경이었다. 이처럼 독일 치하의 고통스런 기억, 단기적인 정치사를 이겨내기 위해 장기지속의 구조사란 개념을 만들어냈던 것이다. 긴 시간 속에서 보면, 짧은 시간의 변화가 갖는 의미를 희석시킬 수 있었다.

우리가 겪었던 일제 식민지의 고통에 대한 기억도 시간이 흐를수록 희석되기는 마찬가지다. 고려가 겪었던 원 간섭기(1259~1356)는 그저 오랜 옛날의 역사로만 남아 있어 고통과는 거리가 먼 기억이 되고 말지 않았는가?

이와는 반대로 짧게 끊어 생각하는 '단기지속'으로 미래의 고통을 잊으려고도 한다. 다음의 인용문이 그런 사례가 되겠다.

'왜 사는가'에 대한 솔직한 나의 답은 이렇다. 이미 태어났고, 죽는 것이 무섭고 싫다. 2분 전에는 죽는 것이 싫어서 자살하지 않았고, 1분

전에도 그랬고, 지금도 그렇다. 그 1분, 1분이 쌓여 내 삶이 됐다.[26]

　1분 1분, 그때그때, 시간을 짧게 나누어 살면서 두려움을 이겨내고 있다. 또 다음과 같은 경우도 있다.

　피터슨은 자신이 왜 현실을 고통이라 여기게 되었는지 털어놓는다. 소아 류머티즘성 관절염에 걸려 10년 넘게 투병하는 딸 때문이다. 통증을 견디다 못해 실신하며, 발목 절단 위기까지 맞는 딸을 보며 피터슨은 깨닫는다. 인생의 힘든 순간을 겨우 지나오면서 내가 터득한 비결 하나는 시간 단위를 아주 짧게 끊어서 생각하는 것이다. 다음 주를 어떻게 보내야 할지 막막하면 우선 내일만 생각하고, 내일도 너무 걱정된다면 1시간만 생각한다. 1시간도 생각할 수 없는 처지라면 10분, 5분, 아니 1분만 생각한다. 사람은 상상 이상으로 강인하다.[27]

　1시간 간격으로 다가오는 고통이기 때문에, 10분만 생각하면 고통 없는 행복한 시간이 된다.
　이렇듯 사람들은 시간의 지속을 스스로에게 유리하도록 길게 혹은 짧게 나눈다. 과거의 실패에 대한 고통스런 기억을 잊기 위해 장기지속이란 관점에서 시간을 길게 나누어 보기도 하고, 또 현재 진행 중, 또는 곧 다가올 고통을 잊기 위해 시간을 짧게 쪼개기도 한다. 말하자면 단기지속이다. 지속의 기간에 따라 이렇듯 시간은 그 역할의 차이가 크다. 그래도 장기지속이든 단기지속이든, 둘 다 고통을 잊는 방법이라는 점에서는 통한다.

기억의 걸러냄, 여과의 기술

역사는 기억이라고 했다. 그런데 기억이란 추억과 망각이 교차하며 남은 것들이다. 기억을 특징짓는 것은 바로 '거르는 것'이다. 걸러짐으로써 일반화되는 것이다. 오늘날 인터넷이나 웹, 클라우드 같은 장치는 곧 기억의 왕 푸네스[28]를 연상하게 한다. 우리는 기억을 저장할 수 있는 능력을 키워왔다. 그러다 보니 지금 사실상 무한의 기억장치를 갖게 되었고, 무한정보의 그물에 갇히고 말았다. 이 사이버 공간에서는 무엇을 거를 것인지 판단할 수 없다. 전자두뇌는 여과할 능력, 즉 추억과 망각을 구별할 능력이 없는 것이다. 그래서 지금 필요한 것은 걸러냄의 기술이다.

걸러냄 곧 여과는 단지 망각이나 삭제와는 다르다. 이는 어떤 기억을 남기고 어떤 기억을 지워야 할지를 구별하고 걸러내는 역사의 정치학이기도 했다. 어떤 경우라도 과거를 계획적으로 지우거나 바꾸는 것은 바람직하지 않다. 하지만 용서를 통해서 기억은 흐릿해지고 새로운 논쟁거리를 피할 수 있다. 기억은 때론 바뀌기도 한다. 그런 점에서 여과의 기술이 필요하다. 어떤 여과의 기술이 가능할까?

지금도 작용하고 있지만, 지금까지는 진영논리라 하여 크게 대립되는 집단들로 나뉘어 있어 기억이 대립적이기는 하나, 진영 안에서는 오히려 단순했다. 그러나 앞으로는 개인화의 속도가 빨라져 정보를 선택하는 방법이 다 달라질 것이고 생각도 달라지고 당연히 기억도 달라질 것이다. 지구상 77억의 인구가 있으니, 77억 개의 기억장치가 있게 될 것이다. 이렇게 되면 정보가 지나치게 많아진다. 지나치게 많으면 유용한 정보를 찾기가 힘들어진다. 이와 마찬가지로 기억의 의미를 찾을 수 없게 된다. 따라서 집단 기억이라는 여과장치를 통해 유용한 기억을 만들어가야 할 것이다. 이는 그저 되는 것은 아니다. 배워야 한다. 깨우쳐야 한다. 그런 점에서 역사교육이 더욱 필요하다. 바른 역사의식을 갖추어 자신의 세계관을 구축함으로써 스스로 판단하고 걸러낼 수 있는 역량을 갖추게 하는 과정이 있어야 할 것이다.

ENSVM SPATIIS DIMETIOR ORBEM

시간과
역사의
여러 모습

1장

시간과 역사의
관계

시간이란 무엇인가?

시간의 정의는? 그 답은 어렵다

정의를 내리기 어려운 것들은 많다. "영어 단어 중에서 가장 어려운 몇 개 단어 중 하나가 '문화culture'"라는 말도 있고, "도시를 정의한다는 것은 하느님을 정의하는 것만큼 어렵다"고도 한다. 백세 시대를 사는 요즘은 삶과 죽음에 대한 정의도 오락가락한다. 정의를 내리기 어렵기로는 시간도 둘째가라면 서럽다.

시간을 설명한 최초의 인물로 꼽히는 아우구스티누스(Sanctus Aurelius Augustinus Hipponensis, 354~430)조차도 "시간이란 무엇인가?"라는 질문에 대하여, "만약 아무도 나한테 묻지 않는다면 나는 압니다. 그런데 만일 묻는 사람한테 설명하려고 들면 나는 모릅니다"라고 말한다.[29] 그만큼 정의를 내리기 어렵다는 뜻이다. 천지창조 전에도 있었을 것으로 생각되는 시간이야말로 하느님도 정의를 내리지 못할 것이다. "시간이란 무엇인가?"라는 물음에 똑 부러지게 대답할 수 있는 사람은 없다고 해야겠다.

소크라테스는 시간에 대하여 지나치게 생각하면 시간을 잃어버리게 된다고 말한다. 신성한 세계의 질서를 지나치게 캐묻

아우구스티누스Aurelius Augustinus
시간을 설명한 최초의 인물로 꼽히는 그조차도 "(시간을) 설명하려고 들면 나는 모릅니다"라고 할 만큼 시간의 정의를 내리기는 어렵다.

는 것은 적절치 못하다는 것이다.[30] 아우구스티누스도 《고백록》에서 "천지를 창조하시기 전에 하느님은 무엇을 하셨느냐?"는 질문에 "그 질문의 초점을 흐리기 위해 '신비한 것을 캐내려는 자들을 위해 지옥을 만들고 계셨다'라고 대답하지는 않겠다"라고 말한다. 그는 또 "모르는 것은 모른다"라고 대꾸하겠다고 하면서, "천지를 창조하기 전에 하느님은 무엇을 만들고 있지 않았다. 만일 무엇을 만들고 있었다면 창조계를 만드는 일 말고 무엇을 만들고 있었겠는가?"라고 반문한다. 그에게 하느님이 만들지 않은 시간이란 존재하지 않는다. 따라서 하느님이 시간을 만들기 전에는 시간이 지나가는 것도 불가능하였다고 해석한다.

하느님은 모든 시간에 앞서 있다. 하느님으로부터 시간은 비롯되었다. 그래서 하느님은 '창조주', '조물주' 등 다양한 호칭과 더불어 '시간의 작동자'라고도 불린다.

이는 '빅뱅' 이론가들에게 기댈 언덕이 되었다. 시간은 어느 분명한 순간, 즉 '대폭발'의 순간에 탄생했으며, '대폭발'이 일어난 다음에야 비로소 '전'과 '후'에 대해 말할 수 있게 되었다고 한다. 따라서 시간이 탄생하기 '전'에 무슨 일이 일어나고 있었는가를 묻는 것은 부질없는 일이다. "우주 탄생 이전의 시간은 정의할 수 없다"는 생각으로 모아진다. '시간의 정의'가 그렇지 않아도 어려운데 우주 탄생 이전의 시간까지 정의를 내리는 것은 인간의 영역은 아닌 것 같다. 스티븐 호킹(Stephen Hawking, 1942~2018)도 "우주의 시작 이전에는 과연 무엇이 있었는가?"라는 질문을 하는 것은 마치 남극점에 서 있는 사람이 어느 쪽이 남쪽이냐고 묻는 것과 같다고 말한다.[31]

한때는 토머스 브라운 경(Sir Thomas Browne, 1605~1682)처럼 "우리는 시간을 완전히 이해할 수 있다. 우리가 아는 시간은 우리보다 겨우 닷새 전에 시작되었을 뿐이다"라는 당돌한 주장을 하기도 하였다.[32] 천지창조를 보면, 하느님은 첫째 날에 빛을 창조하고 이로써 낮과 밤을 나누어 시간을 작동시켰다. 그리고 여섯째 날에 하느님의 모습으로 사람을 창조하였다. 그러니 우스갯소리로 말하자면 시간은 사람보다 고작 닷새 먼저 태어난 셈이 된다. 물론 어이없는 주장이었지만 17세기에는 그럴듯하게 받아들여지기도 했다. 왜냐하면 그 당시에는 시간이 기원전 4004년 가을 어느 토요일 밤에 시작되었다고도 생각했기 때문이다.[33] 케플러 같은 이조차도 천지창조는 기원전 3992년에 이루어졌다

고 계산했다.[34]

시간은 인간적이다

인류가 하나의 종種으로서 인간을 인식한 이후 가장 별난 특성은 바로 정확한 시간을 알고 싶어 한다는 것이다.[35] 어느 철학자는 시간을 발견한 것이야말로 인류의 최대 업적이라고 말한다. 시간을 발견했다는 것은 과거와 현재와 미래의 존재를 깨달았다는 뜻이다. 그래서 역사가 생겨났고, 문학이 생겨났고, 철학과 종교가 생겨났다. 인류가 만물의 영장이 된 것도 다 무한히 흐르는 시간 속에서 역사와 문학과 철학을 통해 문명을 이룩했기 때문이다.

시간은 인간이 '발명'한 것이다. 시간은 우리가 정해 놓은 것일 뿐이다. 과거와 현재라는 것도 모두 임의로 정한 것이다. 그러면서 인간은 시간을 통제하려고 한다. 시간이 갈수록 시간을 지배하려는 욕구가 커졌고, 그래서 시계를 만들었고 시간을 손에 쥐려 하였다. 하지만 시간은 그저 뒤에서 앞으로 흐른다. 이를 되돌리지 못한다. 4차원 시간은 아직까지 인간의 영역이 아니다. 그저 수동적으로 그 흐름을 관찰만 할 뿐이다.

인간이 만든 시간이라 그런지 시간은 매우 인간적이다. 시간은 나기도 하고 내기도 한다. 시간은 없기도 하고 있기도 하고, 모자라기도 하고 남기도 한다. 아끼기도 하고 그냥 보내기도 한다. 그래서 시간은 금이기도 하고 "내가 헛되이 보낸 오늘 하루는 어제 죽어간 이들이 그토록 바라던 하루"이기도 하다. 시간은 잃어버리기도 하고 되찾기도 한다. 이처럼 시간이 우리의 삶 구석구석에 스며들어 있다.

일찍이 소피스트 안티폰(Antiphon, BC 480~411?)이 남긴 단편에는 그리스 최초의 시간관이 적혀 있다. 이 시간관에 따르면 시간은 실체를 가진 존재는 아니며 측정을 위한 심리적 개념 혹은 수단이라는 것이다. 이 견해는 지금 내놓아도 전혀 어색하지 않을 만큼 현대적이다.[36] 이는 프랑스 철학자 장 마리 귀요(Jean-Marie Guyau, 1854~1888)가 "시간이란 오직 마음 안에서만 존재한다"는 현대적 관점에 서서 "시간은 물리적인 상태가 아니라, 의식이 만들어 낸 것일 뿐"이라는 주장과 별로 다를 것이 없다.[37] 아주 짧은 펨토세컨드(femtosecond, 10조분의 1초)를 측정할 수도 있고, 반면에 아주 긴 110억 광년 떨어진 성단星團도 볼 수 있는 지금이지만, 시간은 여전히 심리적이다.

시간은 진정으로 객관적인 측정을 허용하지 않는다. 인간은 시간을 낭비할 수도 있고, 지킬 수도 있고, 저축할 수도 있고, 죽일 수도 있고, 상실할 수도 있고, 갈망할 수도 있다. 인간이 만든 시간은 그래서 인간적이다.

시간은 상대적이다

시간은 쏜살같이 지나가기도 하고 달팽이처럼 천천히 가기도 하고, 숨 가쁘게 돌진하려고 하는 어떤 순간에는 마치 멈춰버린 것 같기도 하다. "아름다운 여자의 마음에 들려고 노력할 때는 1시간이 마치 1초처럼 흘러간다. 그러나 뜨거운 난로 위에 앉아 있을 때는 1초가 마치 1시간처럼 느껴진다"는 아인슈타인의 말처럼 시간은 상대적이다. 즐거울 때 시간이 '날아간다'면, 시간이 부족하다 싶을 때, 그럴수록 시간은 더 빨리 달아난다.

우리에게도 익숙한 비슷한 속담들이 있다. "신선놀음에 도낏자루 썩는 줄 모른다"는 말처럼, 재미있는 일에는 시간이 빨리 흐른다. "지키는 냄비가 더디 끓는다"는 그 반대의 뜻이다. 시간은 이처럼 상대적이다. 우주팽창설이나 아인슈타인의 상대성이론 등으로 인해 불확실성, 상대성 등이 새로운 이슈로 등장했고 그에 따라 절대적인 시간은 없고 오직 상대적인 시간만이 있게 되었다.

시간은 불가역적이며 같은 속도로 전진한다는 전통적인 생각이 전깃불과 영화라는 기술상의 발전으로 달라졌다. 전깃불은 밤을 훤히 밝혀줌으로써 밤과 낮의 구별을 없앴다. 밤은 쉬는 시간으로만 알았는데 전깃불은 시도 때도 없이 일하게 한다. 또 앞으로만 가던 시간이 거꾸로도 간다. 사진이 시간을 고정했다면 영화는 시간을 해방시켰다고 한다. 영화에서는 시간을 뛰어넘어 앞으로도 뒤로도 갈 수 있다. 요즘은 시간여행을 소재로 한 영화들이 인기를 끈다. 그것도 장르별로 나누어지기까지 한다. 타임 루프(loop, 반복되는 특정 시간대에 갇히는 것)의 〈엣지 오브 투모로우〉, 타임 슬립(slip, 알 수 없는 이유로 시간을 거스르거나 앞질러 과거 또는 미래에 떨어지는 일)의 〈시간 여행자의 아내〉, 타임 리프(leap, 시간의 흐름을 거슬러 과거 혹은 미래로 가는 것)의 〈어바웃 타임〉, 그리고 타임 워프(warp, 과거와 현재가 뒤섞이는 '시간 왜곡' 현상)의 〈인터스텔라〉까지…. 〈당신, 거기 있어 줄래요〉나 〈다시, 봄〉 등의 한국영화도, 〈나인〉 같은 한국 드라마도 물론 있다.

영화 속에서나마 인간은 4차원의 시간을 다스리고 싶은 욕망을 이렇게 담고 있다. 그러나 인터스텔라에서처럼 시간의 차원을 인간에게 알리려 하였지만, 여전히 알 수 없다는 점만 확인시켜 주었다.

시간은 균형을 이룬다

"역사의 심판"이란 말을 자주 듣는다. 역사라는 법정에서 역사의 심판을 받는다는 뜻인데, 그것이 무슨 의미일까? BC 500년경, 철학자 헤라클레이토스는 '영원한' 변화가 모든 사물에 적용되는 근본 법칙이라고 보았다. 변화와 갈등의 세계는 혼란만이 아니라 시간을 통해 상반되는 것들에 질서와 균형을 잡아주는 원칙의 지배를 받는 것이다. 이 원칙은 시간이 재판관 노릇을 한다는 생각에 바탕을 둔 것이다.

또 일찍이 그리스의 아낙시만드로스(Ἀναξίμανδρος, BC 610~546)는 만물의 근원이 되는 존재를 아페이론(apeiron, 영원한 물질)이라 불렀는데, 세상의 모든 것들이 이것으로부터 생겨나고, 소멸하여 다시 이것으로 돌아간다고 하였다. 따라서 세상에서 크고 작은 생성과 소멸이 발생할 때 부분들은 변화를 겪지만, 전체로는 변화가 없다고 하였다. 아페이론으로부터 뜨거움(불)-차가움(공기), 건조함(흙)-습함(물) 등 서로 반대되는 힘을 가진 원소들이 나오고 이들의 결합으로 만물이 생겨나는데, 이때 한 가지 힘이 지나치게 커질 경우, 이 힘은 반대되는 힘에 의해 소멸되어 '시간의 질서'에 따라 다시 아페이론으로 돌아가게 된다고 설명하였다. 사계절의 순환처럼 여름과 겨울이 서로를 보상해 주면서 반복하는데 결국은 그런 순환의 결과 일 년의 균형이 유지된다는 것이다.[38] 시간의 질서가 곧 사물의 균형을 잡아주는 재판관이나 마찬가지다. 동양으로 치면 음양의 조화, 기의 작용 등으로 해석할 수 있겠다. 음양의 조정자가 시간이 되는 셈이다.

투키디데스, 타키투스 두 사람 모두 역사를 통치자와 기타 인물들의 행동을 평가하는 재판정이라고 생각했다. 타키투스는 "역사가의 임무는 인간의 행동을 다시 판단하여 관대한 행동이 망각으로 빠져들지 않게 하며, 유해한 의견의 소유자와 사악한 행동의 범죄자에게 후세의 재판정에서 그들을 기다리는 불명예를 미리 보여주는 것이다"라고 하였다.[39] 후대야말로 반박할 수 없는 공정한 심판자라고 단언했다. 소포클레스의 책에 등장하는 시간은 모든 것을 보고 듣는 존재였다. 진실은 시간의 딸이다. 진실이 시간이 흐르면서 변한다는 의미가 아니라 시간이 지나면서 진실이 밝혀진다는 의미이다.[40]

역사는 사라진 시간을 불러들이기도 한다. 잊혔던 기억을 되살리게 한다. 그 과정에서 단순히 지식의 양을 늘리기도 하고, 때로는 지난 기억을 새롭게 재구성하기도 한다. 이를 통해 다시 균형을 이루게 한다. "사라져버린 것들을 다시 존재하도록 불러들이는 사람은 창조의 기쁨과 같은 축복을 누린다"는 니버[Niebuhr 41]의 말처럼 역사가는 때로 사라진 시간을 다시 불러내기도 한다.

시간과 공간의 이중주, '역사歷史'

역사는 시간과 가장 밀접한 관계를 갖고 있다. 그렇기 때문에 역사가가 "역사란 무엇인가?"에 못지않게 관심을 가져야 할 질문이 "시간이란 무엇인가?"이다. 역사학자가 시간에 관심을 갖는 것은 당연하다.

시간은 연속되는 것으로 끊어짐이 없다. 다만 우리가 시간을 인식하기 위해 인위적으로 간격을 나눈다. 즉 어떤 시각時刻에서 어떤 시각까지의 사이로 간격을 나누어 시간을 구분하고 있다. 그 간격은 공간의 거리로 표시되기도 한다. 우리가 '걸어서 한 시간 거리', '하루 행군해야 하는 거리', '몇 광년이나 떨어진 거리'라고 할 때 공간의 거리는 시간으로 표시된다. 이렇듯 시간은 공간과 떼려야 뗄 수 없는 관계를 맺고 있다. 시간을 재는 기준이 모두 공간 속에 존재하기 때문이다. 태양이나 달의 운행, 괘종시계 추의 흔들림, 물시계에서 물의 낙하 등은 모두 공간 속에서 이루어진다.

1미터의 정의가 처음에는 "적도에서 북극까지 자오선의 1000만분의 1"로 그야말로 공간의 거리를 기준으로 했다. 하지만 그 길이가 정확하지 않아 그 후 기준이 몇 차례 바뀌었다. 그러다가 시간을 측정하는 기술이 원자시계 단계까지 나아가 어떤 것보다도 정확도가 높아지자 이제 길이를 시간으로 잰다. 1983년에 국제도량형위원회(CIPM)에서 "1미터는 빛이 진공 상태에서 2억 9979만 2458분의 1초 동안 이동한 거리"라고 정했다. 공간이 시간과 만나 1미터가 되었다. 이렇게 시간과 공간은 결합하였다. [42]

그래서 역사가는 "공간이란 무엇인가?"라는 질문도 아울러 던져야 한다. 시간과 공간은 서로 분리할 수 없다. '머지않다'는 시간개념과 '멀지 않다'는 공간 개념이 서로 비슷해 보이는 것도 이런 까닭이다. 시간과 공간이 함께한다는 것은 분명한 사실이다. 우리는 항상 '언제', '어디서'나 자신이 처한 상황 속의 특정한 장소, 특정한 시간에 놓여 있으므로 모든 사건과 과정은 '언제', '어디서'와 같은 시간과 공간에 속해 있다. 그런 점에서 역사는 인간이 만들어내는 시간과 공간의 이중주이기도 하다. 역사歷史의 한자 '역歷'은 "지날 과過, 전할 전傳, 갈 행行, 또는 지날 경徑"과 같은 의미로, 즉 '지나다'는 뜻이고, 사史는 "기록된 문서"란 뜻이다. 즉 역사는 "과거로부터 오늘날에 이르는 동안, 즉 시간의 경과에 따라 공간이란 무대에 남겨놓은 '중요한' 사실·사건의 자취, 또는 그에 대한 기록"이라고 할 수 있다.

오늘날의 '시간'에 해당하는 대표적인 한자어로는 '주宙' '구久' 등이 있고, '공간'에 해당하는 것으로는 '합合' '우宇' 등이 있다. '추이推移의 시간[宙]'과 '규구規矩의 공간[宇]'이라고도 말한다. "예로부터 지금에 이르기까지"를 '주'라 하고, "사방과 상하"를 '우'라 한다.[43] 춘추시대에 이르러 관자管子의 '주합宙合', 문자文子의 '우주宇宙'처럼 시간과 공간을 붙여 하나의 단어로 사용하기 시작하였다. 이 중 '우주'가 보편적인 용어로 자리 잡았다.[44]

'우주'라고 하면 지구 밖 천체가 있는 한없이 넓은 공간이라고만 알고 있었는데, 우주의 '주'가 '시간'이란 뜻을 갖고 있음은 잘 몰랐다. 우주에 시간이 포함되어 있음이 새삼스럽다. 우주에서 시간 측정의 기준을 얻은 것도 그러고 보면 우연은 아니었던 셈이다.

아인슈타인의 상대성이론에 따르면 시간과 공간이 결합되어 '시공(space-time)'이라는 하나의 대상을 형성한다는 사실을 받아들이지 않을 수 없다고[45] 하는데, 동양적 사고에서 시간과 공간은 이미 오랜 옛날부터 하나였다.

창덕궁에 가면 후원의 중심에 주합루라는 건물이 들어서 있다. 부

김홍도의 〈규장각도〉일부
규장각은 창덕궁 후원 주
합루의 아래층에 있었다.
국립중앙박물관 소장.

용정 연지芙蓉亭蓮池의 물고기가 어수문魚水門으로 뛰어올라 구름이 새
겨진 소맷돌의 계단을 거쳐 주합루에 오르게 되어 있다. 주합루는 이렇
듯 높은 곳에 자리잡고 있다. 장용영과 함께 정조의 정치 기반이 되었
던 규장각奎章閣이 이 주합루 아래층에 자리잡고 있었다. 규장이란 천
자의 시문 또는 조칙을 뜻하는 말로 조선에서 규장각은 1776년(정조 즉
위년) 3월에 설치되었다. 역대 왕들의 친필 · 서화 · 고명顧命 · 유교遺
敎 · 선보璿譜 등을 관리하던 곳이었는데, 학술 및 정책 연구기관으로
역할하면서 정조 혁신정치의 중추가 되었다. 이 규장각이 우주를 상징
하는 주합루 아래에 자리잡은 것도 나름의 상징성이 있어 보인다.

과거, 현재, 그리고
미래를 잇는 역사

역사와 시제時制

학문의 길로 들어서는 첫걸음은 석사학위논문이다. 아무래도 처음 해
보는 일이라 시행착오도 많고 어설프기도 하지만, 그래서 얻는 것도 많
은 입문과정이다. 이때 논문을 작성하면서 쉬운 듯하면서도 결코 쉽지
않은 일이 '시제'를 정확히 하는 것이다. 역사 논문의 경우는 더욱 그렇
다. 시제란 어떤 사건이나 사실이 일어난 시간 선상의 위치를 표시하
는 문법 범주로 동사의 세 시제[했다, 하고 있다, 하겠다], 즉 과거, 현재, 미
래를 말한다. 주술 관계는 기본인데 그게 안 되면 비문, 즉 문법에 맞
지 않는 문장이라고 꾸지람 받는다. 번역 투의 문장을 쓰거나 … 등도
잘못이지만, 그것보다도 더 기본적인 것이 시제이다. 시제를 잘못 쓰

면 역사논문으로서는 치명적이다. 막상 논문을 쓰고 검토하다 보면 시제를 헷갈리게 쓴 경우가 다반사로 눈에 띈다. 익숙한 듯하면서 익숙지 않은 것이 시제이듯 과거, 현재, 미래를 이해하는 것도 결코 쉬운 일이 아니다.

시제와 같은 시간개념은 인간 경험의 결과, 또는 오랜 진화의 결과이다. 언어의 발달에서 보면 시제가 점점 더 중요해지는데, 이는 우리의 시간 의식이 계속 진화하였다는 증거이다.[46] 인류가 말을 쓰기 시작하던 처음부터 시제가 명확히 구분되었던 것은 아니다. 따라서 시제가 중요해진다는 것은 언어 체계에서 시간 의식이 그만큼 진화했다는 것을 뜻한다. 또 이런 시간 의식의 진화는 사회가 보다 복잡해지고 문화가 다양해지는 현상, 즉 역사 발전의 결과인 셈이다. 우리의 역사의식이 시간의식에 바탕을 두고 있는 것처럼 우리가 아는 시간도 결국에는 역사의 산물인 것이다.

변화의 앞과 뒤, 그리고 지속

아리스토텔레스는 그의 저서 《자연학(Physics)》에서 "시간은 전前과 후後에 관련된 움직임에 대한 숫자이거나 치수이다"라고 시간의 정의를 내렸다. 이는 변화의 '앞'과 '뒤'를 지각함으로써, 시간을 인식하게 된다는 뜻이다. 여기서 앞이 과거, 뒤가 미래 그리고 변화하는 그 사이가 '지금' 곧 현재가 된다. 그래서 시간은 과거, 현재, 미래로 이루어진다.

한편, 시간은 과거에서 현재를 거쳐 미래로 움직인다. 어떤 것의 과거와 현재, 미래를 파악할 수 있다는 것은 그 어떤 것이 지속되고 있을 때에만 가능하다. '지속'은 과거, 현재 그리고 미래를 연결시킨다. 그런데 이 지속에 대한 해석이 그리 단순하지 않다. 일찍이 독일의 칸트는 '불변'을 통해 '지속'을 말하였다. 즉 "존재는 불변을 통해서만 시간의 다양한 부분에서 차례로 지속성이라 불리는 하나의 크기를 받는다." 이런 의미로 우리는 '불변'이라는 개념과 만나게 되며, 이 개념에 '안전성', '신뢰성', '동일성'이라는 하위 개념을 배열시킬 수 있다는 것이다.[47]

반면에 프랑스의 철학자 앙리 베르그송(Henri-Louis Bergson, 1859~1941)은 궁극적 실체는 '있음'도 '변화됨'도 아니고 '변화'의 연속적 과정 그 자체라고 주장했고, 이것을 '지속(durée)'이라고 불렀다.[48] 지속이란 "미래를 갉아먹는 그리고 전진함에 따라 점점 더 부풀어 오르는 과거의 연속적 진행"인 것이다.[49] 우리는 현재의 상황이 과거의 경험이나 미래의 기대치 혹은 욕망과 연결될 때 지속의 느낌을 경험한다고 했다. 그리고 지속의 느낌 또는 인식 위에서 시간을 의식한다고 했다.

요약하자면 칸트는 "불변"을, 베르그송은 "변화의 연속적 과정"을 각각 '지속'이라 불렀다. 너무 다른듯하면서도 뭔가 통하는 듯하기도 하다. 이를 어떻게 받아들일까?

게오르그 피히트Goerg Picht는 "안정적인 요소와 변화를 유발하는 요소들 사이에 비교적 지속적인 균형이 유지될 때에만 인생은 확장될 수 있다"고 하였는데, 여기서 '안정'은 말을 바꾸면 '불변'이라고 할 수 있다. 따라서 피히트의 말은 "불변과 변화의 지속적인 균형"이라고 바꿔 말할 수 있다. 그리고 베르그송의 "변화의 연속적 과정"에서 말하는 '변화'에는 '불변'도 포함되어 있다고 보인다. 이렇게 본다면, '불변'도 지속이고, "불변과 변화의 연속적 과정"도 지속인 것이다. 결국 시간의 길이에 따른 이해의 차이라고 생각된다.

어쨌든 지속이란 "시간의 지속"이고, 그 지속된 시간 안에는 '불변'도 있을 수 있고 "불변과 변화의 연속적 과정"도 있을 수 있다. 그래서 그런지 보르헤스(Borges, 1899~1986)는 "우리는 변화하는 것이며 또한 지속되는 것이기도 하다"[50]라고 하였다.

여기서 우리가 주목해야 할 것은 "지속은 과거와 현재 그리고 미래를 연결시킨다"는 점과 동시에 "지속은 특정한 시간 간격을 의미한다"는 점이다. 그래서 과거의 중요한 부분이 현재에도 지속되며 현재의 것에서 미래가 전개된다는 것을 통해 '지속성'이 체험될 수 있으며, 변화 곧 발전이 '지속적으로' 보증될 수 있다.[51]

시간의 단위, 시대구분

지속은 영원과는 다르다. 헤겔의 말을 빌리면 자연시간은 '지금-연속'으로서, 시간점點들의 무한연속이다. 이를 악무한惡無限으로서 '지속'이라 불렀다. 그리고 이를 진무한眞無限으로서의 '영원'과 구별하였다.[52] 아우구스티누스도 고정불변의 영원과는 달리, 어떤 길이를 가진 시간은 그 동일한 시간 안에서 더 이상 연장될 수 없는 "수많은 운동이 연속적으로 일어나는 동안 줄곧" 지속된다고 하였다. 어떤 길이를 가진 시간이 곧 시간의 단위가 될 수 있다.[53]

지속이란 변화의 앞과 뒤의 연속이지만, 이를 묶어 불변이란 틀로 하나의 크기를 받는다. 변화가 반복되다 보면 어떤 시점에서는 그저 일상적인 일로 받아들이게 된다. 즉 변화가 불변으로 바뀐다. 따라서 변화가 의미를 갖는 기간 그리고 변화의 시작과 끝을 구별해 낼 수 있는 기간, 그 기간들을 읽어내 시간의 간격들을 나누게 된다.

변화를 포함한 앞과 뒤가 지속되면서 어떤 등질성을 갖는 하나의 단위 시간으로 잘라진다. 그런 의미에서 단위 내에서는 불변이라고도 할 수 있다. 그 단위 시간은 관점 또는 기준에 따라 짧을 수도, 아주 길 수도 있다. 시대구분이 될 수도, 1분 단위의 구분일 수도 있다.

그리스어에서 유래한 단어로 '멈추다' 혹은 '정지하다'라는 의미로 에포케(epochē)라는 말이 있다. 여기서 파생되어 '세世'를 의미하는 epoch가 있다. 하나의 정신—이를 시대정신이라 할 수 있을 텐데—이 보편적으로 통용되는 '시간적 간격'을 의미한다. epoch는 age[期]보다는 길고 period보다는 짧다. 또 Period(시대)라는 단어는 '순환'을 의미하는 그리스어인 페리오도스(períodos, περίοδος)에서 유래했다. 특히 행성의 순환과 관련이 있다. 순환적 시간개념에서 그 순환의 단위가 시간의 구분단위가 되는 것이다.

시간의 간격을 나누는 데는 학문 분야마다 다양한 방식들이 있고 사용하는 용어들도 서로 다르다. 역사학에서는 시간의 간격을 나누는 것을 시대구분이라 한다. 시간은 옛날이나 지금이나 차이가 없이 똑같이 흘러간다. 그러나 그 시간 위에 그려지는 인간의 역사는 양적으로나 질적으로나 커다란 차이가 있다. 이처럼 사람들이 살았던 삶의 형식과 질은 시간의 흐름에 따라 분명히 구분할 수 있는 변화들이 있다. 따라서 이 변화를 어떤 기준에 따라 단계를 나누면 그 단계에 해당하는 시간들이 나뉜다. 장구한 인간의 역사를 이렇게 몇 개의 단계들로 나누어 보면 그 변화 발전의 모습을 좀 더 쉽게 이해할 수 있다. 시간을 구분한다고 해서 그저 100년이니 200년이니 해서 기계적으로 자르는 것은 아니다. 시간의 구분이라고 하면 먼저 원시·고대·중세·근대·현대라는 식의 구분이 떠오른다. 이런 식의 구분을 역사학에서는 시대구분이라고 한다. 시대구분이란 한 민족이나 나라의 역사에만 국한하지 않고 보편적인 기준에 의해 인류 역사 전체의 발전을 단계적으로 설명해보기 위해 제안된 방식이다.

과거, 현재, 미래의 관계들

시간에 대한 자료를 뒤지다 보면, 자주 거론되는 사람이 있다. 아우구스티누스! 아우구스티누스는 시간을 물리학의 영역에서 빼내 오늘날 심리학이라고 부르는 영역으로 정확하게 옮겨 놓았다고 평가받는다.[54] 그는 시간은 시간으로 잰다면서 더 짧은 시간으로 더 긴 시간을 재는 것이기 때문에 시간이란 '확장'되는 것이라고 한다. 그리고 그 확장은 영혼[정신]에서 일어나기 때문에 시간은 곧 '영혼[정신]의 확장'이라고 정의한다. 그 확장은 현재로부터 과거와 미래로 확장하는 것이다.

그는 우리가 세 개의 시제라고 부르는 것은 실제로는 단 하나라고 말한다. 과거, 현재, 미래는 그 자체로는 존재하지 않는다. 그것들은 우리 마음속에서 모두 현재다. 과거에 대한 현재는 기억이고, 현재에 대한 현재는 주시(注視, 주의를 집중하여 봄)이며 미래에 대한 현재는 기대다. 과거는 더 이상 존재하지 않으나 기억에 의해 환기되고, 미래도 아직 존재하지 않으나 기억을 통해 예기(豫期)된다는 것이다.

풀어 말하자면, 즉 과거에 일어난 사건들은 지금 우리의 기억 속에 존재하며, 현재의 사건들은 바로 지금 우리가 주목하는 것 속에 존재하며, 앞으로 다가올 사건들은 지금 우리가 품고 있는 기대와 전망 속에 존재한다. 인간의 마음은 기다림을 통해 미래로 뻗어나가고 기억에 의해 과거로 돌아가는 것이다.

과거가 사실대로 얘기될 적에는 기억으로부터 우러나는 것이고, 미래가 보인다고 말할 경우는 아직 존재하지 않는 것, 즉 닥쳐올 것 자체는 아니고, 이미 존재하고 보이는 것들, 현재 존재하는 것들에 의해서 예고될 수 있는, 즉 닥쳐올 것들의 인과 혹은 표징이 보인다는 것이다. 그래서 아우구스티누스를 과거나 미래 모두 현재라는 순간에서 비롯된다고 생각한 최초의 사상가라고 평한다. 하지만 그는 여전히 "시간이 뭔지 아직 모르겠다"고 하였다.

수잔 플레이쉬먼은 과거는 지식, 현재는 느낌, 미래는 욕망이나 의무 또는 가능성을 가리킨다고 지적하였다. 실러는 "시간의 걸음에는 세 가지가 있다. 미래는 주저하면서 다가오고, 현재는 화살처럼 날아가고, 과거는 영원히 정지해 있다"고도 하였다.[55]

얼굴에는 삼세三世가 있다

베첼리오 티치아노(Vecellio Tiziano, 1485/1488~1576)의 그림 〈신중함(분별)의 알레고리(우화), An Allegory of Prudence〉(1550~1565년경)가 흥미롭다. 과거, 현재, 미래의 삼세를 세 개의 얼굴로 그렸다. 아래 왼쪽에는 늑대, 중앙에는 사자, 오른쪽에는 개의 머리를 그렸고, 그 위에 각각 노년, 중

〈신중함(분별)의 알레고리〉
베첼리오 티치아노
이탈리아 베네치아 학파를 대표하는 화
가로 바로크 양식의 선구자가 되었다.
시간의 흐름에 따른 얼굴의 변화를 그리
고, 이를 각각 특정 동물과 연결시켜 해
석하였다.

년, 청년의 얼굴을 그렸다. 그리고 이들의 머리 위에는 세 개의 라틴어 문구가 있다.

　　과거(의 경험)에 따라, 현재는 분별 있게 처신한다. 미래의 행동을 망
　　치지 않도록.

이 라틴어 문장 자체는 중세 말기의 유명한 백과사전 편찬자이자 신화학자인 피에르 베르쉬르Pierre Bersuire의 저서에서 나오는 "분별은 과거의 기억과 현재의 명령 및 미래의 예측으로 이루어진다"에서 따온 것이다.[56]

삼세의 얼굴을 이렇게 비유적으로 그린 티치아노와는 달리, 전남 신안군의 임자도란 외딴 섬에 유배와 19개월을 지내면서 예술의 획기 적 전환을 이룬 '묵장墨場의 영수' 우봉又峰 조희룡(趙熙龍, 1789~1866)의

〈벽오사소집도碧梧社小集圖〉

1861년 벽오사 동인들이 모임을 가질 때 유숙이 그린 그림이다. 가운데 앉아 있는 인물이 조희룡이다. 서울대학교 박물관 소장.

화론에서는 얼굴에 담긴 과거, 현재, 미래의 모습을 색다르게 해석하고 있다.[57]

조희룡은 자화상을 그리면서 형形에 대한 사실적 묘사, 즉 형사形似는 그 본질이 아니라고 한다. 이미 화폭에 옮겨진 나의 모습은 나의 참됨이 왜곡된 형태로 담길 수밖에 없기 때문이다. 나의 신神은 존재 형태 그대로 화폭에 담길 수 없기에, 이미 화폭에 담긴 나는 나와 닮았지만, 동시에 닮지 않을 수밖에 없는 것이다. 그렇기에 "닮아도 나이고 닮지 않더라도 역시 나인 것"이며, 형태를 빠짐없이 묘사한 그림이 아니더라도 나의 참됨, 나의 신이 화폭 위에 적절히 잘 표현된 그림은 나의 자화상이라고 말한다. 그리고 이어서 시험 삼아 유리로 내 얼굴을 비추고 또 하나의 유리로 마주 대해 비추어 본다. 비친 것으로써 전하여 비추면 내 얼굴은 이미 그 참됨을 잃게 된다. 하물며 얼굴을 붓과 먹에 전하고, 붓과 먹을 채색에 전하고, 채색을 흰 비단에 전한다면 흰 비단이 어찌 그 닮음을 보존할 수 있겠는가? 동인들에게 들어 보여주니 혹은 닮았다 하고 혹은 닮지 않았다 하지만, 닮아도 나이고 닮지 않더라도 역시 나인 것이다. 얼굴에는 삼세가 있는데, 삼세라는 것은 불교에서 말하는 과거와 현재, 미래이다. 예전의 풍만한 뺨과 밝은 눈은 과거이며, 지금의 허연 귀밑머리와 주름진 얼굴은 현재이며, 이로부터 수명을 얼마나 얻을는지 알 수 없으나 훗날의 삽살개 눈썹과 닭 살갗은 미래인 것이다. 지금의 허연 귀밑머리와 주름진 얼굴로써 예전의 풍만한 뺨과 밝은 눈을 보자면 이미 다른 사람이니, 그림 속의 내가 닮거나 닮지 않은 두 명의 내가 됨이 어찌 이상하겠는가? 현재의 나를 닮지 않았다면 과거의 나와 닮지 않았다는 것은 어찌 알겠는가? 또 미래의 나와도 닮지 않으리란 것을 어찌 알겠는가?[58]

라 하였다. 그림은 순간의 외형을 포착해 똑같이 담아내는 것이 아니라, 그리려는 대상을 파악하고 그 참됨을 화폭에 옮기는 모든 과정을 통해, 화가의 천재天才를 바탕으로 닮거나 닮지 않음 사이에서 이루어지는 것이라 하였다. 이는 그림이란 형사形似와 신사神似의 영역을 넘어서는 새로운 개념의 닮음에 관한 것이란 뜻이다.

과거, 현재 그리고 미래 시간의 흐름 속에서 얼굴의 외형은 어쩔 수 없이 변한다. '시간이라는 예술가'의 활동이 그렇게 만든다.[59] 하지만 그 시간이 만든 변화 속에서도 나의 참됨은 관통하고 있다. 따라서 이를 포착해 화폭에 옮기는 데 그림의 진수가 있다는 것이다. 이처럼 과거, 현재, 미래 시간의 흐름 속에 관통하는 진리, 그것을 읽어내는 것이 역사의 본질이 아닐까 생각해본다.

시간에 대한
다른 생각, 다른 역사

시간에 대한 다른 생각들

밀렌버그James Muilenburg는 "서구 사람의 마음과 영혼에 지대한 영향을 끼친 두 부류의 위대한 사람들이 있는데 헬라(Hellas, Greece를 성경에서 부르는 이름)인들과 이스라엘인들로서, 한 부류의 사람들은 주로 공간의 세계 속에서, 또 다른 부류의 사람들은 주로 시간의 세계 속에서 살았고 생각했다"[60]라고 하였다. 그들의 사고는 서로 달라 뚜렷한 대조를 이룬다. 그러다 보니 시간에 대해서도 서로 다른 생각들을 갖고 있었다. 왜 그렇게 다른 생각을 갖게 되었는지, 그것이 역사에 대해 어떻게 다른 생각으로 이어지는지 등에 대해 살펴보기로 하자.

고대 그리스인들은 해와 달 등 천체의 순환에서 시간을 찾았다. 그들은 역사 속의 시간은, 끝나면서 다시 시작되는 무한한 시간이고, 수레바퀴처럼 돌고 도는 것으로 여겼다. 그래서 그리스인들은 이런 영원한 순환노선에서 벗어나는 것을 구원으로 여겼다. 시간 자체로부터 자유로워지는 것이 그들이 바라는 목표였다.

반면 이스라엘인들은 시간을 과거에서 미래로 향하는 직선적인 것으로 이해하였다. 그렇게 생각하게 한 바탕은 종교였다. 그것은 시간에 대한 성서적 이해였고, 그것이 그들에게는 '실재적 시간'이었다. 하느님의 백성은 시간 안에서 하느님이 예정한 계획의 목표에 도달하는 완성의 지점을 향해 나아간다. 과거의 특정한 지점에서 현재를 거쳐 미래의 특정한 지점으로 향하는 거스를 수 없는 진행이라는 의미에서 시간은 본질적으로 "직선적"이며, 역사는 그 목표를 향해 나아가는 직선적 노선이다. 시간은 역사 안에서 그리고 역사를 통해서 초월적인 시간의 주관자에 의해 미리 정해진 대로 직선으로 흐른다고 생각했다.

시간에 대한 이런 생각의 차이는 그리스인들은 주로 공간의 세계 속에서, 이스라엘 사람들은 시간의 세계 속에서 살고 있던 데서 오는 차이였다.

시간의 고리, 순환적 시간관

먼저 순환적 시간관에 대하여 좀 더 살펴보자. 여기서는 시간의 창조를 부정한다. 예를 들면 플라톤은 신, 즉 조물주는 무로부터 세상을 창조한 것이 아니라 이미 존재하고 있는 물질의 혼돈스러운 상태에 질서를 부여하여 세상을 조성한 것이라고 하였다. 신은 단지 혼돈의 상태

(chaos)를 질서의 상태(cosmos)로 변형시켰을 뿐이라는 것이다. 창조가 아니고 혼돈에 질서를 부여한 것이라고 이해한다.

아리스토텔레스도 마찬가지 생각이었다. 아리스토텔레스는 시간의 창조가 불가능함을 보여준다. 시간에 시작이 있다는 것은 생각할 수 없다고 말한다. 왜냐하면 시작이라면 그 시작 전에는 무슨 일이 있었는지 물어야 하는데 그에 대한 답을 말할 수 없기 때문이라는 것이다. 그는 시간이 반복되는 주기의 순환, 즉 시간의 고리를 이룬다는 그리스적 사고를 분명하게 언급한다. "인간사는 순환궤도를 이루며 다른 모든 것들에도 순환궤도가 있다. … 심지어 시간 자체도 순환궤도라고 생각된다"라고 하였다.[61]

이처럼 "시간은 창조가 불가능하다"는 생각은 자연스럽게 순환으로 이어진다. 그리하여 플라톤은 "역사는 윤회한다.", 즉 "만사는 윤회할 것이다. 아테네 교단에서 강의하던 플라톤은 언젠가는 아테네의 같은 장소에서 같은 철학을 가르칠 것이다"라 하였다. 환적 윤회적 시간개념이다. 이러한 그리스인들의 윤회 개념 때문에 그들에게는 천당이 없고, 죽으면 어두운 지하세계에 머물다가 다시 환생하는 것으로 믿고 있다. 시간은 마치 둥근 원처럼 고리를 따라 순환한다고 해서 이를 "시간의 고리"라고 부른다.

이렇게 엄밀하게 또는 완벽하게 반복되는 순환이라면 그 안에서 사건의 일회적 고유성은 찾기 어렵다. 유일한 사건이란 논리적으로 결국 없게 되기 때문이다. 따라서 고유성을 찾아야 하는 역사가의 입장에서 볼 때 순환적 시간관은 역사가 숨쉬기 힘든 공간이 되어버리고 만다.

그리스인들의 시간개념은 순환적이고, 영원히 반복된다는 점에서

아테네의 수호신 아테나에게 바친 신전으로 아테네의 중심에 우뚝 솟은 아크로폴리스 위에 기원전 5세기경 세워졌다. 고대 그리스 문명의 최고 걸작으로 인정받고 있다.

불교의 윤회적 시간과 유사하다. 윤회는 시간이 고리를 이룬다고 생각한 동양인들의 순환적 시간개념이다. 힌두교에서는 해와 달, 날씨를 관장하는 신들처럼 시간과 관련된 신들을 비교적 하찮게 여긴다. 왜냐하면 이들은 영겁이 한 번 끝날 때마다 우주와 함께 '죽고', 위대한 신들이 세상을 다시 만들면 다시 태어나는 그런 존재이기 때문이다.[62]

이처럼 힌두교와 불교는 사물의 순환을 믿는다. 여러 세기 혹은 시대의 끝에서 다시 시작점으로 되돌아온다. 한 세상의 종말은 다음 세상의 시작이며, 파멸의 시간도 새로운 황금시대의 전주곡이 된다. 순환적 시간개념에서 종말은 없다. 있다면 시작으로 이어지는 종말만 있을 뿐이다. 이들도 시간의 세계보다는 시간의 순환이 일어나는 공간의 세계 속에서 살고 생각했던 것이다. 이러한 시간개념은 그리스인들이 가지고 있던 개념과 같았다.[63]

시간의 화살, 직선적 시간관

다음 직선적 시간관에 대하여 살펴보자. 이스라엘의 유대-기독교인들은 성서의 천지창조설에 결박되어 있었다. 초대 기독교인들의 시간관은 아우구스티누스에 의해서 더욱 심화되고 명확하게 확립되었다. 아우구스티누스의 시간관은 기독교 신앙 안에서 이루어진 독자적이고 창의적인 숙고의 결과였다.

아우구스티누스는 시간의 문제를 기독교의 창조론과 연결시킨다. "무로부터의 창조(creatio ex nihilo, creation out of nothing)"라는 성서의 진리를 근거로 세상의 창조를 믿는다. 이것은 그리스 철학과는 전적으로 다른 것이었다. 아우구스티누스는 "확실히 세상은 시간 안에서 만들어진 것이 아니라 시간과 동시에 만들어졌다"고 하였다. 시간은 세상과 함께 나타나게 되었다고 본다. 창조된 세상이 없다면 시간도 있을 수 없다는 것이다.[64] 이렇게 시간 자체도 창조의 일부가 된다.

이처럼 시간은 신성한 천지창조에서 시작한다. 그리고 나아가 시간은 신의 목적이 궁극적으로 완성되기까지 직선으로 흐르는 과정이며 그 과정의 끝은 이곳 지상에서 신의 선민인 이스라엘의 최종적 승리라고 믿었다.

이런 시간관을 직선적 시간관이라고 부른다. 직선으로 흐르는 시간이라고 해서 "시간의 화살"이라고도 부른다. 직선적 시간관은 창조에서 시작하고, 화살이 도달하는 끝, 즉 종말이 있다고 본다. 그 종말은 물론 신에 의해 완성된다. 이것이 직선적 시간관, 직선적 역사관이다.

시간은 하느님의 창세작업과 함께 시작되었고, 말세에 종결된다고

본다. 〈창세기〉가 세상의 기원을 말한다면, 〈요한계시록〉은 시간의 종
말을 그리고 있다. 창세와 말세를 연결하는 것이 시간이고, 그것은 순간
순간 하느님이 인간 각자의 구원을 위해 인간 각자에게 의미를 부여하
는, 인류의 수만큼이나 다양한 카이로스Kairos65들로 포만된 시간이다.

'시작'과 '종말'이 있는 시간, 창조주가 그의 피조물들에게 부여한 존
재이유를 실현시키는 계획된 순간(카이로스)들의 집합이 곧 시간이라는
것이다. 이때 '시간'이란 창세와 말세 사이를 의미한다. 이 아직 끝나지
않은 직선적 시간이 하느님의 인간 구원의 역사 시간인 것이다.66

기독교적 세계관에서의 시간은 일정 시점에서 시작하여 최후 심판
의 시점을 향해 직선으로 진행하는 시간이다. 이런 직선적 시간관은 이
슬람교도 유대-기독교와 같은 계보에 들어있다고 볼 수 있다. 그 점에
서 이슬람교도 순수한 유대-기독교적 전통의 계승자이며, 시대의 종
말, 부활과 최후의 심판, 내세에서의 영원한 행복 혹은 징벌이라는 개
념을 분명히 전제하고 있다. 세계사에서 시간의 시작과 끝이 있음을 믿
는 유대교 · 기독교 · 이슬람교라는 세 경전 종교는 순환적 시간개념을
믿는 그리스나 아시아의 종교들과는 다르다.67

직선과 진보적 역사관

서양인들의 역사의식은 그리스나 로마의 순환론적 시간관보다는 유대
교와 기독교의 직선적 시간관에서 더 많은 영향을 받았다. 유대인의 구
약성서가 기독교와 이슬람교에서 행사하는 영향력 때문에, 현대 세계
에서 가장 역동적이고 광범위하게 퍼져 있는 문명들은 모두 직선적 시

간개념을 물려받아 그것을 되풀이해 강조했다.

이런 흐름은 중세 내내 기독교적 신성의 시간이 주도하며 이어지다가 르네상스를 맞으면서 달라졌다. 르네상스 자체가 과거의 새로운 탄생이란 뜻이기 때문에 이때가 되면 순환론적 시간관이 부활한다. 따라서 역사에 관심이 높아지면서, 고대로의 회귀와 같은 순환론적 역사관이 주도하게 된다.[68]

하지만 그 후 이 생각이 또다시 근본적으로 바뀐다. 바로 진보사관, 발전사관의 등장 때문이다. 그 결정적인 계기는 19세기에 완성된 진화론이었다. 이를 뒷받침한 것은 물론 다윈이 《종의 기원》(1859)에서 제시한 생물진화론이었다.

생물은 단순한 것에서 복잡한 것으로, 하등한 것에서 고등한 것으로 진화한다는 개념은 생물뿐만 아니라 자연계 전반으로 확산되어 갔다. 살아 있는 우주 또한 늘 그대로라는 오래된 신념에도 의심이 생겼다. 그리고 인류사회도 시간 속에서 진화한다고 보기 시작했다. 이렇게 진보는 근대사상의 핵심이 되었다.

헤겔이나 마르크스의 역사관이 여기에 속한다. 이에 따라 역사의 목표는 과거가 아니라 미래에 설정되었다. 이것이 근대역사학의 출발점이 되었다. 원시사회에서 고대사회를 거쳐 중세사회, 근대사회로 발전한다는 시대구분 개념도 생겨났다.

18세기에 나타난 진보사상은 19세기의 실증주의와 사회주의에 고스란히 계승되었다. 실증주의의 창시자 오귀스트 콩트는 인류가 물신숭배에 의해 지배되는 신학적 단계와 추상적 이념에 의해 지배되는 형이상학적 단계를 넘어 과학에 의해 자연을 지배하는 실증적 단계로 이행할 것이라는 낙관적 견해를 펼쳤다. 진보에 대한 믿음은 실증주의자들과 사회주의자들 모두에게 영감을 주었다. 천년왕국[69]에 대한 세속적 희망이 사회주의를 고무시켰다. 마르크스는 프롤레타리아의 활동이 인간의 착취를 종식시키고 공산주의가 '역사의 수수께끼'를 해결할 것이라고까지 확신했다. 근대적 진보 이념은 천년왕국 신앙에 힘입은 바가 컸다. 인류가 더 나은 세상으로 나아가고 행복한 미래가 가까이 있다고 확신하는 점에서 진보 이념과 천년왕국설은 맥이 통하였다.[70]

순환과 직선의 공존

어떤 사회든 순환과 직선의 시간 인식을 모두 가지고 있다. 다만 시대에 따라 또는 문화에 따라 이중 어느 하나를 더 중시하는 경향이 있다. 그 차이는 단지 시간체계에만 나타나는 것이 아니라 사상, 문화 그리고 역사인식 등 여러 측면에서 서로 다른 모습으로 나타났다.

굴드는 "시간의 화살과 시간의 순환 가운데 어느 쪽이 맞습니까?"라는 질문에 대해, 단 한 가지 가능한 해답은 "둘 다 맞기도 하고 둘 다 틀리기도 하다"라고 했다. 고유성은 역사의 본질이지만 우리는 역사의 밑바닥에 흐르는 일반성, 곧 서로 구별되는, 시기들을 초월하는 질서에 관한 원리도 추구하기 때문이다.[71] 다시 말하자면 역사 해석에서 고유성=특수성과 일반성=보편성, 둘 중 어느 하나만을 택할 수는 없는데 시간의 화살은 역사의 고유성에, 시간의 순환은 일반성에 각각 방점을 둔다. 따라서 화살과 순환 중 어느 하나만이 맞는다고 할 수는 없다.

순환적 방식과 직선적 방식은 둘 다 오랜 역사를 갖고 있으며, 역사가 시작된 이래 거의 줄곧 공존해왔다. 하지만 천체 주기의 불완전성이 드러나고 과학적 연구가 진정한 주기의 존재에 의문을 던졌기 때문에, 직선적 방식이 차츰 우위를 주장하게 되었다.[72]

그럼에도 불구하고 현실 속 인간의 시간은 지금도 여전히 순환적 시간과 직선적 시간의 사이를 왔다갔다 하고 있다. 그런 점에서 시헌력과 같은 우리네 전통 역서는 이를 공존시키고 있다는 점에서 의미가 크다. 1895년 시헌서의 권두서명은 《대조선개국오백사년세차을미시헌서大朝鮮開國五百四年歲次乙未時憲書》이다. 권두서명에 '대조선개국오백사년'이라는 연호年號와 을미乙未라는 간지명干支名을 동시에 사용하였다. 연호는 시간의 직선적인 흐름을 표기하며, 60년이라는 고정 주기를 갖는 간지기년법은 시간의 순환적인 흐름을 표기한다.[73] 따라서 권두서명을 통해 우리는 시헌력서 안에 직선적인 시간관과 순환적인 시간관이 공존하고 있음을 알 수 있다.

《대조선개국오백사년세차
을미시헌서》(1895)의 첫 장
한국천문연구원 천문우
주지식포털 제공.

나선형 시간관

화살은 어떤 목표를 향해 날아간다. 그래서 시간의 화살, 즉 직선적 시간은 목적론적 역사 해석으로 이어진다. 하지만 그것이 사학자들에게 갖는 영향력은 오랫동안 서서히 쇠퇴했고, 그 개념이 일찍이 조장했던 목적론적 역사 해석은 이미 버림받았다. 현재의 역사 서술 방식에는 무궁한 진보도 존재하지 않고, 그렇다고 전통주의자들이 바라는 것처럼 무한정 되돌아가는 순환도 존재하지 않는다. 그 대안은 나선형 시간관이다.[74]

비코는 역사적 순환의 존재를 믿었지만, 그렇다고 역사가 완전히 순환한다고 보지는 않았다. R.G. 콜링우드는 비코의 순환론에 대해 "그건 원형이 아니라 나선형이다. 역사는 완벽하게 반복하는 것이 아니고, 오히려 각 시대는 앞 시대와는 차별되는 형태의 새로운 모습으로 나타나기 때문이다"라고 설명했다.[75]

심원한 시간을 다루는 지질학에서도 "역사는 순환의 묶음으로 반복되지만[시간의 순환], 역사의 방향성을 가리키는 시간의 흐름이 인지될 수 있으려면 각 순환은 서로 달라야만 한다[시간의 화살]"라고 하여 '차이를 지닌 반복'으로 직선과 순환을 결합하려는 시도들이 있었다.[76]

시간의 상징으로서 수레바퀴는 회전과 운동, 끊임없는 회귀와 지속적인 변화가 동시에 결합된 물체이다. 달리는 마차의 수레바퀴가 같은 형태로 돌아가는 것은 순환성에 해당하고, 바퀴가 굴러 길 위를 달리는 것은 선형성에 해당한다. 직선적이면서도 순환적인 삶과 죽음의 구조를 반영하는데 바퀴만큼 적합한 상징물은 없을 것이다.[77]

시곗바늘은 12시에서 다음 12시로 순환하며 돌아가지만 시간은 선형적으로 더해져 하루가 된다. 하루의 시간도 아침부터 저녁까지 직선적으로 이어지지만 매일 순환적으로 반복된다. 개별적인 한 해의 선형구조는 그 순환적 반복의 결과로, 서서히 다시 역사적 발전이라는 선형적 방향으로 이어진다. 매해마다 역사의 고유성은 그렇게 보장된다.

시간의 순환성과 선형성은 서로를 배제하지 않으며 오히려 서로를 보완한다. 비슷하게 반복되는 자연현상과 단일하게 발생하는 것처럼 보이는 역사적 사건도 그저 순환만 하고 있는 것은 아니다. 보다 엄밀히 말하면 자연현상조차도 실제로 똑같이 반복되는 것만은 아니다.[78]

동양에서는 일정한 주기마다 왕조가 교체되는 것으로 보는 순환사관이 주류였다. 이런 생각은 소옹邵雍이 《황극경세서皇極經世書》에서 말한 원元·회會·운運·세世의 순환적 우주연대기에 잘 나타나 있다.[79] 이처럼 일정 시간이 흐르면 운명이 바뀌어 새 왕조가 탄생한다고 보았다. 이런 순환은 천명으로 인간의 힘 밖에 있는 것으로 인식되었다.

그렇다고 순환 그 자체에 머물지는 않았다. 이런 나선형 시간관은 사마천에게도 보인다. 《사기》를 저술하여 중국 '역사의 아버지'라고 일컬어지는 사마천은 지속적인 역사의 진보를 믿었다. 그렇다고 그 진보의 방향이 직선적이라고 생각하지는 않았다. 〈평준서平準書〉에서 "물이 차면 쇠하고 때가 극에 달하면 구른다. 한 번은 굴절하고 한 번은 발전하여 지속적으로 변한다[物盛則衰 時極則轉 一質一文 終始之變也]"라 하였다. '문文'과 '질質'의 두 원리가 서로 대결과 보완을 통해 역사가 진행되며 그 과정에서 발전과 굴절이 교대한다는 뜻이다. 그런데 여기서 특히 "때가 극에 달하면 구른다[時極則轉]"라 하여 그 변화를 구를 '전轉'으로 표현하였다. 이것은 역사와 시간이 원형을 그리며 진행된다는 관념을 반영한 것으로 사마천이 순환적 시간관을 가졌다고 해석될 수 있는 부분이다.[80] 사마천은 적어도 인간의 역사가 기본적으로 동일한 성격의 문제를 주기적으로 직면하는 과정을 피할 수 없다는 것을 인정한 셈이다. 이런 의미에서 그의 역사관을 순환사관이라 할 수 있다. 하지만 그가 말한 '순환', 즉 "동일한 성격의 주기적 반복"은 변화나 발전이 배제된 개념은 아니었다. 단순한 반복은 더더욱 아니었다. 다시 말하자면 그것은 직선도 아니었고, 평면의 원을 그리며 운동하는 것도 아니었다. 그는 시간과 역사는 내적인 계기를 갖고 입체적 원을 그리며 나선형으로 진행한다고 보았던 것이다. 그래서 그의 시간관은 '나선형 시간'의 범주로 이해하는 것이 보다 타당할 것으로 해석한다.

순환적 시간관의 갱신, 합벽론

우리가 갖고 있던 전통적 시간관 내지 우주관은 어떠했을까? 그 한 모습을 신후담(愼後聃, 1702~1761)의 〈서학변西學辨〉에서 발견할 수 있다. 그에 따르면 하늘과 땅은 원리적으로는 태극, 즉 천리天理에 근거하고, 질료적質料的으로는 각각 음기와 양기가 응결하여 형성되는 것에 불과하다고 본다. 다시 말해 천지는 어떤 초자연적 존재에 의해 "처음으로 만들어지는 것[始制]" 즉 창조되는 것이 아니라, 기 운동의 결과로 "열리는 것" 즉 개벽開闢되는 것이었다.[81] 천지는 합벽(闔闢, 우주 변화의 순환 법칙), 즉 닫혔다 열렸다 하는 것이다.[82] 이는 창조론과는 다른 합벽론이다. 이는 순환적 시간관이 갱신된 모습이다.

그리고 최한기는 나아가 "시간[時]이란 모두 기의 운행을 가리킨다"고 주장하기도 했다. [83] 그는 우주를 가득 채운 기가 끊임없이 운행한다는 사실을 전제로, 시간이란 그 기의 운행을 가리키는 것이라고 단정하였다. 시간은 기의 운행과 분리될 수 없고 오직 기의 운행을 통해서만 확인된다. 과거, 현재, 미래의 구분과 하루, 한 달, 일년, 평생의 시간 변화가 모두 기 운행의 질서를 의미하고, 그 시간들을 인지

최한기의 **지구의** 地球儀
최한기가 제작한 것으로 여겨지는 이 지구의는 그의 저술인 《지구전요地球典要》를 저본으로 하여 세계지도를 청동제 구상球狀에 그린 것이다. 숭실대학교 한국기독교박물관 소장으로 보물 제883호이다. 문화재청 제공.

하기 위해서는 기 운행의 질서를 포착해야 한다는 것이다. 그런 의미에서 시간의 본질을 기의 운행으로 보았다.

홍대용으로부터 최한기에 이르기까지 조선 후기 선진적인 천문학자들이 갖고 있던 시간관은 이처럼 기론적 우주론을 바탕으로 한다. 전통적으로 동양적 시간관의 상징처럼 여겨져온 순환론적 시간관을 기론적 우주론에 기반을 두어 새롭게 해석하였다. 이렇게 본다면 홍대용이나 최한기 류의 시간관은 천문·우주론 방면의 새로운 지식을 통해 갱신된 순환론이다.

고리의 역사, 화살의 역사

역사에는 둘 다 필요하다는 것은 말할 필요도 없다. 문제는 그 둘 다를

어떻게 구하느냐에 있다. 직선적 시간관에서 보면 역사는 불가역적인 사건들의 연속이다. 각 사건들은 고유하지만 어떤 방향을 향해 인과관계를 가지며 나아간다고 본다. 순환적 시간관에서 보면 사건에 나타나는 차이는 반복되는 순환의 한 부분일 뿐이며 시간은 영속적이고 항구적인 구조를 갖고 있다고 본다.

굴드가 "역사는 특정한 시점을 구별해주는 고유성과 사건 이해의 기초가 되는 법칙성이라는 두 가지" 모두와 연관된다고 했을 때, 고유성은 직선에서, 법칙성은 순환에서, 각각 나타나는 장점들이다.[84] 역사가 중에는 뭉치는 파와 쪼개는 파의 두 집단이 있다고 한다. 거대이론을 추구하는 파와 미시적 정확성을 중시하는 파라 할 수 있다. 전자에서는 미묘하지만 중요한 차이들이 무시당하기 십상이고, 후자에서는 형태나 방향이 없어 혼돈에서 벗어나기 어렵다.[85] 거시와 미시가 다 필요하듯이 역사와 시간의 관계에서 우리는 직선과 순환의 시간관이 다 필요하다. 그리하여 이를 통합하려는 노력들도 있어 왔다.

나선적 시간관이 생각할 수 있는 대안이기는 하지만, 두 시간관을 다 담는 그릇은 아니다. 따라서 직선과 순환 그 자체의 의미를 각각 역사관과 연계시켜 있는 그대로 이해하는 것이 중요하지 않을까? 역사는 고유성을 갖는다. 그런 점에서 기본적으로 순환보다는 직선의 시간관과 통한다. 다만 단순 반복의 순환에서는 역사를 부정하지만, 나선적 순환관은 동일한 성격의 주기적 반복이 아니기 때문에 각 시점의 고유성을 갖는다. 그런 점에서 역사는 양쪽에 다 통한다.

2장

역법의
세계사

해와 달의 주기 맞추기, 메톤주기

달력이란?

달력이라고 하면 '달'과 '력'이 합쳐서 된 말인데, '달'은 달[月]의 순환, 즉 영측[盈仄, 차고 기욺] 주기에 따라 정하였고, '력'은 해[日]가 순환하는 1년을 단위로 날짜를 정하였다. 그러니까 12달로 구성된 1년의 날짜를 세는 것이 달력이다. 달력에는 일 년 동안의 월, 일, 요일과 일식 · 월식, 절기, 기상 변동, 그 밖의 각종 행사일 등을 날짜에 따라 적어 놓았다. 책력册曆 또는 역서曆書라고도 부른다.

시간에 쫓겨 바삐 살 필요가 없었던 옛날 사람들에게는 하루의 시간보다 일 년의 어디쯤인지를 아는 것이 더 필요했다. 왜냐하면 주요 생업이 계절의 흐름을 읽어야 하는 농사짓는 일이었고 또 국가 입장에서도 세금 거두는 때를 정하고 알리는 일은 통치와 관련된 중요한 일이었기 때문이다. 하루의 시간은 좀 더 늦게 근대에 들어와서야 본격적으로 관심을 갖게 되었다. 거기에는 기술적인 문제가 있었다. 정확한 시간은 별도의 기계가 있어야 알 수 있었다. 하지만 낮이니 밤이니 하는 대충의 시간은 기계가 없어도 알 수 있었다. 낮은 해의 움직임으로, 밤은 별의 움직임으로…. 옛날에는 그 정도의 시간이면 됐다. 그래서 우선 중요한 것은 달력이었다.

엇갈리는 천체의 주기들

눈에 보이는 천체의 순환은 시간을 측정하는 원초적 수단이었다. 지금까지 알려진 모든 문명에서 최초의 측정 기준이 천체의 주기적 운행이었던 것은 결코 놀랄 일이 아니다. 천체의 주기적 현상에 따라 달, 날짜 등의 시간 단위를 정해 나가는 체계를 역曆이라 하고 역을 편찬하는 원리를 역법이라 한다. 달력을 만드는 방법이 곧 역법인 셈이다. 따라서 역법은 천체를 관찰해서 만들었다.

이때 천체에서 가장 눈에 띈 것은 태양이었다. "내일은 해가 뜬다"라는 말처럼 인류가 경험한 시간 내에 태양은 어김없이 떠올랐다. 그것도 매우 정확하게 반복적으로 밤과 낮을 구분해 주면서…. 인도의 《브라비시아-푸라나》에 따르면, "태양은 '눈에 보이는 신', '세계의 눈', '낮의 창조자'이다. 어떤 신도 태양과는 비교가 되지 않는다"[86]고 하여 태양을 시간의 근원으로 보았다. 이처럼 태양은 지구상의 거의 모든 문화에서 가장 기본적인 시계로 이용되었다. '하루'뿐만 아니라 '한 해'란 기간도 거의 모든 곳에서 태양년을 따랐다.

한편 해가 뜨면 낮, 지면 밤이 된다. 태양이 그만큼 우선이었지만, 밤 또한 낮과 전혀 다른 측면에서 못지않게 인류에게 시간 측정의 기준이 되었다. 밤하늘에서 달은 가장 크고 가장 밝은 존재였다. 그리고 달의 변화는 규칙적이면서도 29.5306일이라는 비교적 관찰하기에 적당한 시간 내에 일어났다. 초기 역법은 그래서 거의 다 태음력이었다. 그런 까닭에 시간 측정 기준으로는 태양보다 달이 먼저였다. 강렬함은 태양이 앞섰지만 은은함은 달 만한 것이 없었다.

이렇듯 어디서든 시간은 천체의 규칙적인 순환운동을 관찰하는 데서 시작하였다. 천체는 우리 인간에게 세 가지 주요 주기를 제공한다. 곧 ①지구의 자전으로 낮과 밤이 생기는 '하루'의 주기, ②달이 지구의 주위를 돌면서 차고 기우는 '한 달'의 주기 그리고 ③지구가 태양 주위를 공전하기 때문에 생기는 '한 해'의 주기 등이다.[87]

그런데 이 천체들은 서로서로 엇갈리면서 움직일 뿐 아니라 정확한 듯 정확하지 않았다. 달력은 일단 1년을 단위로 하는데, 태양의 1년 주기는 하루의 주기로 나눌 때 정수로 떨어지지 않는다. 달의 주기로 나누어도 마찬가지다. 그래서 이들의 주기를 맞추기가 어렵다. 그럼에도 불구하고 실생활에서는 하루의 주기는 물론 달의 주기, 태양의 주기가 다 필요했다. 농경사회에서는 태양력을 사용해야만 씨뿌리기에 적당한 시기를 알 수 있다. 어촌에서는 밀물과 썰물의 때를 알아야 하니 음력이 필요하였다. 그래서 어떻게 하든 이 주기들을 하나의 달력에 욱여넣어야 했다. 그것만 해도 복잡한데 측정 기술이 발달하면서 주기들이 조금씩 다르다는 것도 알게 되었다. 그러다 보니 달력 만들기는 더욱 어려워졌고, 달력의 역사도 복잡해졌다.

천체의 운행은 규칙적이지 않다기보다 규칙적이긴 한데, 서로 아귀가 딱 맞아떨어지지 않는다는 것이 문제였다. 그중에서 인간의 삶에 가장 밀접했던 해와 달, 이 둘의 움직임을 맞추는 것은 매우 어려운 수학 문제였다.

오늘날 달의 주기를 측정했을 때 한 달은 29.5306일로 태음력의 1년, 즉 12개월은 354.3672일이 된다. 태양력의 1년은 365.2422일이다. 달력을 만들려면, 이렇게 다른 태음력의 1년 주기와 태양력의 1년 주기를 어떻게든 맞춰야 했다. 이 문제는 지금도 어려운데 고대의 천문학자들에게는 얼마나 어려웠을까? 이렇게 해도 저렇게 해도 정수로 떨어지지 않는 한 해의 날들을 정수로 완벽히 맞추기 위한 여정, 이것이 달력의 역사라 해도 과언이 아니다. 그만큼 완벽한 달력을 만드는 것은 오랜 시간이 걸리는 어려운 과제였다. 사실상 태양년과 태음년을 완벽히 일치시키는 방법은 없다. 다만 일상생활에 불편하지 않을 정도로 근접시킬 뿐이었다. 그래서 하는 말인데, "신이 정말 있다면, 그는 유머 감각이 풍부한 존재이거나 수학엔 문외한이 아니었을까?" 이런 농담이 절로 나온다고 한다. 신은 정말 인간의 머리로는 도저히 이해할 수 없는 수수께끼 같은 존재이다.[88]

메톤주기, 윤달 두기

태양에 비해 달의 변화는 주기가 짧았고 변화가 뚜렷해서 관찰하기가 쉬웠다. 메소포타미아와 레반테 지역에 살던 고대 셈족은 달을 통해서 시간을 파악했다. 모하메드는 순수한 음력만을 사용했다. 다만 달을 기준으로 한 음력의 경우에도 태양력의 1년에 맞추어야 했다. 왜냐하면 어차피 1년이란 개념은 태양의 주기에서 오는 것이기 때문이었다.

1삭망월은(초승달과 다음 초승달 사이의 간격) 29.5306일 × 12월 = 354.3672일이고, 1태양년은 알다시피 365.2422일이므로 음력 12달은 1태양년보다 약 11일이 모자라다. 그래서 태음년을 태양년에 맞추기 위해 날짜를 더해야 했다. 적절할 때 열세 번째 달, 즉 윤달을 끼워 넣어야 했다.

고대 천문학자들은 지구 둘레를 도는 달의 공전주기를 약 29.5일로 하고, 태양년은 약 365.25일로 계산하면, 235삭망월이 19태양년과 거의 일치한다는 것을 알아냈다. 19년 주기가 지나면 19년 전과 같은 날짜에 같은 모양의 달[月相]이 뜨고 계절도 같아진다.[89]

19년을 삭망월로 계산하면, 음력 19년은 19년 × 12삭망월 = 228삭망월이 된다. 한편 양력 19년은 19년 × 365.2422일 = 6939.6018일인데 이를 삭망월 29.5306일로 나누면 234.9969로 약 235삭망월이 된다. 따라서 235삭망월(양력 19년) − 228삭망월(음력 19년) = 7삭망월이다. 양력 19년이 음력 19년에 비해 7삭망월이 많다. 따라서 19년 동안 음력에 7번의 윤달을 더하면 19년간의 날짜가 약 6,940일로 같아진다. 즉 주기가 일치하게 된다. 그래서 음력에서 19년 동안 12개년은 평년으로 12개월을 두고, 나머지 7개년은 윤년으로 13개월을 두도록 했다.

BC 433년에 이 주기를 처음 발견하여 도입한 이가 페리클레스 시대의 아테네 천문학자 메톤(Meton of Athens)이었다. 그의 이름을 따서 이 19년 주기를 '메톤주기(Metonic cycle)'라고 부른다. 이 주기의 시작점은 BC 432년 6월 27일인 하지로 삼았다. 이 주기가 바빌로니아 천문학자에 의해서 처음 발견되었는지 혹은 그들과 메톤의 합작이었는지는 분명하지 않지만,[90] 이 같은 계산법은 현대과학과 비교해도 놀랍도록 정확한 것이었다.

재미있는 사실은 이와 같이 태양과 달의 주기를 맞추기 위해 사용한 19년 7윤법의 메톤주기와 똑같은 것을 중국에서도 BC 600년경 춘추시대에 '장章'이라고 하여 이미 알고 있었다는 점이다. '음력 19년 + 7삭망월'은 양력 19년과 6,940일로 일치하는데, 6,940이라는 숫자를 장이라 불렀다. 주기 맞추기에는 중국이 메톤보다 앞섰던 셈이다.

육십갑자와 치윤법

음력에서 1년은 열두 달로 이루어졌지만, 지구와 달과 해의 순환주기를 일치시키기 위해서는 33개월마다 윤달을 집어넣어야 했다. 그런데 어떤 역법도 29.530864일이라는 한 달의 시간을 그대로는 처리할 수 없었기 때문에, 달의 길이도 달라질 수밖에 없었다. 따라서 어느 달을 긴 달(30일)로 정하고 어느 달을 짧은 달(29일)로 할 것인지도 결정해야 했다.

BC 1500년경에 이미 십간十干과 십이지十二支를 순차로 조합하여 만든 육십갑자六十甲子가 사용되었을 것으로 본다. 이 간지干支는 곧 달력에 등장했다. 간지로 날짜를 헤아리는 것은 시간에 대한 순환적 개념을 부여했고, 순서가 정해져 있는 육십갑자는 다른 계산법을 능가했다. 게다가 AD 1세기경에는 연속된 12년을 상징하는 열두 동물을 정

하기도 하였다.[91]

이런 개념을 도입한 달력을 통상 음력이라 부른다. 우리가 사용하는 음력은 달의 차고 기움을 기준으로 한 달과 날짜를 정하고, 계절을 알리기 위하여 1년이란 태양주기에 따라서 24기氣를 둔다. 《예기禮記》의 〈월령편月令篇〉에 의하면 중국에서는 이미 BC 600년경에 24기가 쓰였다는 것을 알 수 있다. 날짜가 바뀌고 달이 바뀌는 것은 달을 보고 계산했고, 한 해가 바뀌는 것은 태양을 보고 계산했다. 태양과 달 모두를 기준으로 했다. 따라서 통상 음력이라 부르는 역법은 순태음력은 아니고, 태음태양력이 된다. 이처럼 태양과 달의 주기를 함께 쓰다 보니 양 주기가 어긋나게 되고 따라서 이를 맞추기 위해 윤달을 두게 되었던 것이다.

앞서 본 것처럼, 메톤주기에 따라 19년에 7번의 윤달을 두게 되는데, 실제로는 3~4년마다 태음력에 추가로 1개월(27일~29일)씩을 넣는다. 추가 월이 들어가는 해를 윤년이라 한다. 이때 어느 해의 어느 달에 윤달을 둘 것인가가 중요해진다. 그래서 나름의 원칙을 정해 처리하였는데, 이를 치윤법置閏法이라 한다. 일상생활에서 아직도 적지 않은 비중을 차지하고 있는 음력에서 윤달을 정하는 치윤법은 복잡하다.

1년에 계절의 변화, 즉 태양의 움직임에 따라 15일을 기준으로 나누어 24기를 두는데, 이는 12절기節氣와 12중기中氣로 나누어진다. 이때 12절기는 입춘, 경칩, 청명, 입하, 망종, 소서, 입추, 백로, 한로, 입동, 대설, 소한 등이고, 12중기는 우수, 춘분, 곡우, 소만, 하지, 대서, 처서, 추분, 상강, 소설, 동지, 대한 등이다. 한 달의 절월은 절기부터 다음 절기 전날까지이다.

달의 삭망일주기간(1삭망월)에 들어있는 중기에 따라 그 음력달의 순서가 정해진다. 예컨대 우수가 들어있는 삭망주기에 속하는 음력달은 정월이고, 이어서 2월, 3월, 4월 … 의 순서로 정해진다. 춘분, 하지, 추분, 동지가 각각 음력 2월, 5월, 8월, 11월이 된다. 그런데 이 중기는 태양의 주기에 따라 정해지는데, 1년을 354일을 기준으로 나누다 보니, 태양주기인 365일과는 차이가 생기게 되고, 그 차이 때문에 중기가 들어있지 않은 삭망월이 있을 수 있게 된다. 그달은 중기가 없다고 하여 '무중월'이라고 한다. 그러니까 그달은 열두 달 중 어느 하나의 달이 될 수가 없다. 중기가 있어야만 열두 달 중 하나의 자격을 갖기 때문이다. 따라서 그 달은 그 대신에 윤달의 자격을 갖게 된다. 이런 방식으로 윤달을 둔다. 경우에 따라서는 한 달에 두 개의 중기가 들기도 하고 무중월이 1년 동안에 두 번 들기도 한다. 중기를 가지지 않는 달을 윤달로 하는 것이 원칙이지만, 1년 동안에 윤달을 두 번 둘 수는 없다. 그래서 음력 11월을 동짓달로 고정하고 1년 동안 무중월이 두 개 있으면 처음 것만을 윤달로 한다.

이처럼 태음력에서는 19년 동안 7번의 윤달을 넣어 책력과 계절을 일치시켰다. 윤달은 덤으로 있는 달이기 때문에 일진日辰과 관계가 없고, 음陰의 달로써 모든 일에 부정을 탄다거나 액이 끼지 않는 달로 인식하였다. 윤달을 덤달, 여벌달, 공달로도 부른다. 어쨌든 덤이란 좋은 것인가 보다.

태양력의 역사, 율리우스력에서 그레고리력으로

태양력의 세계 제패

태양력(Solar calendar)은 지구가 태양의 둘레를 한 번 공전하는 동안을 1년으로 하는 달력이다. 이에 상대되는 음력, 즉 태음태양력은 달뿐만 아니라 해의 운행까지도 고려하여 만든 역법이다. 태음태양력에서는 메톤주기를 통해 달의 주기와 해의 주기를 맞추는 묘수를 찾아야 했기 때문에 매우 복잡하고 어려운 과정을 거쳤다. 물론 그 덕분에 실생활에 유용한 많은 정보를 담고 있다.

태양력은 해의 운행 하나만 보고 만든 역법이다. 그래서 언뜻 보면 음력보다는 쉬울 것 같다. 하지만 그래도 못지않게 복잡하다. 매달의 길이도 요일도 다르고 게다가 윤년도 넣었다 뺐다 복잡하다. 매년 바뀌지 않는 달력을 만들 수도 있었는데, 사람들은 그렇게 하지 않았다. 대신 지금 세계가 모두 이 울퉁불퉁한 태양력을 사용한다. 율리우스력을 거쳐 그레고리력으로 수정되어 지금에 이르는 바로 그 태양력이다.

여러 역법 중에서 어떻게 태양력인 그레고리력이 세계 공통의 역서 자리를 차지하게 되었는지 그 과정을 따라가 보자. 결론부터 말하자면 로마제국, 기독교, 제국주의의 역사가 그 바탕이 되었음을 알 수 있다. 서유럽에서 13세기 후반에 기계시계[92]와 대포가 거의 비슷한 시기에 출현한 것이 결코 우연이 아니었듯이,[93] 강자에 의하여 통일을 이룬 시간은 그런 점에서 권력이었고 정치였다.

세르반테스와 셰익스피어는 같은 날에 죽었나?

달력을 말할 때 흔히 나오는 얘깃거리가 있다. 세계적인 대문호, 세르반테스(Miguel de Cervantes Saavedra, 1547.9.29.~1616.4.23)와 셰익스피어(William Shakespeare, 1564.4.26.~1616.4.23)에 대한 이야기이다. 세르반테스는 스페인이 낳은 최고의 소설가로, 첫 근대 소설이자 문학 전체를 통틀어 가장 중요한 명작이라 평가받는 《돈키호테》의 작가로 유명하다. 한편 셰익스피어는 영국이 낳은 국민 시인이며 현재까지 가장 뛰어난 극작가로 손꼽힌다. 그런데 기록에 나타난 대로만 보면, 이 세계적인 대문호 두 사람은, 태어난 날짜는 다르지만 죽은 날짜는 모두 1616년 4월 23일로 똑같았다. 두 사람이 공교롭게도 같은 날에 죽었다는 것이다. 세계적인 대문호 두 사람이 똑같은 날에 죽었다니…, 세인의 관심을 모을만한 얘기였다.

달력에 대해 쓴 책 중에는 "정말 같은 날에 죽었나?"라는 의문을 제기하면서, 실제로는 다른 날인데 왜 달력으로는 같은 날이 되었는가를 따져보곤 한다. 수수께끼 같은 이런 이야기에 달력의 고단했던 사연이 들어있다. 이유는 간단하다. 세르반테스는 그레고리력에 따랐지만, 셰익스피어는 여전히 율리우스력을 따르다 보니 서로 다른 날임에도 불구하고 우연히 같은 날짜가 되었던 것이다. 실제의 날짜가 일치하지는 않았던 것이다.[94]

여기서 말하는 율리우스력이나 그레고리력이라 하는 것이 바로 대표적인 태양력이다. 지금 세계가 공통으로 쓰고 있는 양력이 그레고리력이다. 아직도 러시아 유즈노사할린스크 주에서는 율리우스력을 따르고 있어, 2017년의 크리스마스를 1월 7일에 맞았다고 한다.

윌리엄 셰익스피어(위), 미겔 데 세르반테스(아래)
세계적 대문호인 두 사람이 공교롭게도 같은 날에 죽은 것으로 되어 있지만, 이는 적용한 역서가 달랐기 때문에 나타난 결과였다. 실제로는 셰익스피어가 열흘 더 살았다.

태양력의 기원

태양력의 기원은 이집트로 알려져 있다. 이집트에서는 일찍부터 나일강이 범람할 때면 동쪽 하늘의 일정한 위치에 이집트어로 '소티스'라 불리는 시리우스(Sirius, 큰개자리 α별)가 나타난다는 사실을 알아냄으로써 태양력을 만들 수 있었다.

나일강은 6,400㎞(4,000mile)짜리 거대한 시계이자 달력이기도 했다. 나일강은 매우 규칙적으로 범람하였다. 이에 따라 일 년은 3개의 계절, 즉 ①범람과 ②성장 그리고 ③수확의 계절이 규칙적인 순환을 이루었다. 그런데 이 나일강이 범람할 때면 공교롭게도 새벽 동쪽 하늘 태양이 떠오르는 그 자리에 시리우스 별이 정확히 떠올랐다. 시리우스는 중국이나 우리나라에서는 천랑성(天狼星, the Dog Star)이라 불렀다. 밤하늘에서 가장 밝은 이 별은 1년을 주기로 새벽에 태양이 떠오르는 자리에 정확히 떠올랐다. 그 시기는 나일강이 범람하는 때와 일치했다. 그래서 이집트에서는 시리우스가 70일 동안 보이지 않다가 새벽에 태양과 함께 뜨는 날을 새해 첫날로 정했다.[95] 태양을 기준으로 하지만 그 시작을 시리우스 별 그리고 나일강의 범람과 맞춤으로써 태양년을 보다 정교하게 만들 수 있었다.

고대 이집트 달력은 BC 3000년 무렵에 이미 태양의 움직임을 자연스럽게 관찰한 결과 기존의 태음력을 수정하여 만들었다고 한다. BC 18세기경 1년을 365일로 하고, 이것을 30일로 이루어진 12달과 연말에 5일을 더하는 식으로 달력을 만들었다. 그 후 시리우스와 태양의 관계를 좀 더 자세히 관측하여 1년을 365.25일로 계산하였다. 이는 율리우스력에 채용되어 4년마다 1일을 더하는 윤년을 두게 하였다. 이렇게 만든 이집트의 태양력은 이후 태양력들의 토대가 되었다. 현재도 이집트 · 에티오피아 등의 콥트교회 등에서 이 태양력을 사용하고 있다.

이후 태양력은 고대 로마력 그리고 율리우스력을 거쳐 그레고리력으로 바뀌면서 현대 달력으로 이어졌다. 이하 태양력의 역사에 대해 살펴보자.

고대 이집트의 상형문자 달력
태양력의 시원을 이루는 달력으로 지금 보아도 그 정확성과 편의성이 놀랍다.

고대 로마력

'캘린더calendar'라는 말은 라틴어 '칼랜대kalendae'에서 유래했다고 한다. 칼랜대는 고대 로마력에서 매달의 첫날을 그렇게 불렀다. 고대 로마에서는 매달의 첫날에 새 달의 시작과 그 달의 일수를 알렸다. 이 첫날이 회계장부[account book]에 기재되어 있던 모든 부채를 갚아야 하는 날임을 알리기 위한 것이었다고 한다. 회계장부를 라틴어로 칼렌다리움kalendarium이라 불렀는데 '칼랜대'는 여기서 유래한 것으로 본다.

그런데 칼랜대에서 말하는 '달'의 일수는 실제 달[月]의 운행과는 달랐다. 로마를 세운 로물루스Romulus가 만들었다고 하는 역법에는 1년을 10개월의 달과 달로 세지 않는 50여 일의 겨울로 구성하였다. 그리고 각 달의 이름은 신의 이름을 딴 4개의 달과 다섯부터 열까지의 숫자 뜻을 가진 이름을 붙였다. 이때 매달의 일수는 30일 또는 31일이었다.

지금 양력의 한 달 일수에 해당한다. 1년은 10개월 304일이고 여기에 1년에 포함되지 않는 50여 일이 있었다. 따라서 실제로 1년은 355일이었다.

이와 같은 로물루스의 역법은 이후 누마 폼필리우스Numa Pompilius의 역법으로 바뀐다. 10개월+겨울로 구성된 1년에서 겨울을 둘로 나누어 총 12개월로 만들었고, 태양년과 맞추기 위해 간간이 윤달을 넣어주었다. 이런 시간 계산 체계는 달의 변화와 태양의 진행을 함께 고려한 역법으로 태음태양력에 해당한다.[96] 이 누마역법은 이후 율리우스력이 나올 때까지 약 700년 가까이 사용되었다.

율리우스력

율리우스력은 BC 45년에 율리우스 카이사르(Gaius Julius Caesar, BC 100~BC 44)가 사회개혁의 일환으로 도입했다. 카이사르는 이집트에서 태양을 기준으로 한 해를 얼마나 정확하게 정하는지를 배웠다. 그리고 나일강의 범람이나 동쪽 하늘의 시리우스를 통해서 시간을 측정하는 방법도 보았다. 이런 경험을 토대로 카이사르는 태음력과 태양력이 섞여 있던 달력을 순수한 태양력으로 바꿨다. 새로운 달력은 BC 45년 1월 1일부터 적용하였다.

율리우스력은 왜 필요했을까? 카이사르 시대에 오면, 그때까지 사용하던 누마 역년曆年이 천문년과 비교해 약 3개월이나 차이가 났다. 달력상으로는 겨울인데 실제 계절은 가을이었다. 또 춘분의 날짜가 겨울의 어느 날에 해당되기도 했다. 이에 카이사르는 알렉산드리아 출신의 그리스 천문학자 소시게네스^{Sosigenes}의 조언에 따라 이집트의 태양력을 도입하여 이를 바로잡도록 하였다. 그는 1년을 365.25일로 정하였는데 통상적인 역년, 즉 평년은 365일로 하고 4년마다 366일의 윤년을 도입하여 이에 맞추기로 하였다.[97] 또 1년 355일이었던 달력을 365일로 만들었기 때문에 각 달의 길이도 새로 조정해야 했다. 그는 12달에 교대로 30일과 31일을 나눠서 넣고 2월만 29로 하고 윤년에는 30일이 되도록 하였다.[98] 카이사르는 1년의 시작을 3월에서 1월로 되돌려 놓았다.

이런 방식에 맞춘 새 역법을 BC 45년부터 시행하도록 하였다. 그러다 보니 BC 46년의 연간 일수는 445일이나 되어야 하였다. 카이사르는 이 해를 '혼돈의 마지막 해'라고 불렀지만, 다른 사람들은 그냥 '혼돈의 해'라고 불렀다. 비록 혼란이 있었지만, 대다수 로마인은 이를 객관적이고 정확한 달력이라 여겨 받아들였다. 이제야말로 왕이나 사제의 변덕이 아니라 과학에 기초를 둔 명실상부한 달력이 생겨난 것이었다. 카이사르가 만든 태양력은, 역년과 천문년을 서로 일치시키려면 4년마다 단 하루만 추가하면 된다는 이점이 있었다. 그 이전의 기나긴 여러 윤날과 임의적인 윤날의 추가 형식은 이로 인해 사라지게 되었고 한 해가 보다 분명하게 규정될 수 있었다.

율리우스력 제정의 의의는?

카이사르의 달력은 로마 문화의 자랑이었다. 이 개혁은 로마는 물론, 멀리 영국에서부터 이라크에 이르는 전 세계의 시간을 바꾸게 함으로써 카이사르의 무한한 권력을 상징적으로 보여주었다. 거대 제국을 이룬 로마의 입장에서는 법을 집행하거나 교역을 할 때, 제국 어디에서나 통용될 수 있는 공통의 기준이 있어야 했다. 시간을 일치시키는 것도 꼭 필요한 공통의 기준 중 하나였다. 율리우스력의 제정과 확산은 그것이 과학에 근거한 정확한 달력이라는 장점과 더불어, 로마가 제국이란 무한한 힘을 가졌기 때문에 가능한 일이었다.[99]

카이사르의 달력은 사람들의 의식 속에 시간에 대한 새로운 생각을 심어 주었다. 그때까지 시간은 자연현상이 반복되는 주기이거나, 권력의 도구일 뿐이었다. 그런데 이제는 더 이상 그렇지 않았다. 이제 달력은 객관적이고 실질적인 도구로서 농사, 무역, 교회 의식, 일상생활 등에 기준이 되었다. 아르노 보르스트(1925~2007)는 "사람들은 누구나 카이사르가 하늘과 땅, 동양과 서양, 시간과 역사의 시작과 발전을 통일시킨 것을 눈으로 확인하지 않을 수 없었다. 이것은 우주적 시간의 시작이기도 했다"고 하였다.[100] 이처럼 유럽 역사상 처음으로 팍스 로마나의 도래와 함께 숫자와 계산을 통한 시간 측정이라는 과학을 접하게 되었다.

그레고리력으로 바꾸기

여러 가지 장점에도 불구하고 율리우스력에는 문제가 남아 있었다. 1년의 길이를 계산하면서 '365.25일'로 '대략' 정하는 오류를 저질렀다. 1년은 실제로는 365.2422일로 365.25일보다 조금 짧다.[101] 아주 작은 차이라고 하지만, 그 차이 0.0078일은 11분 24초로 128년마다 하루가 된다. 400년 동안 축적되면 그 시간이 사흘이나 된다.

한편 325년에 열린 니케아 공의회에서는 부활절을 "춘분 이후 첫 보름달이 뜬 뒤 오는 첫 번째 일요일"로 정하였다. 춘분은 3월 21일이었다. 그런데 세월이 흘러 16세기에 이르자 달력은 실제 날짜보다 열흘이나 뒤처지게 되었다. 1582년에는 춘분의 날짜가 3월 21일이 아니라 3월 11일로 밀려나 있었다. 1582년이 되면, 0.0078일의 차이가 1,257년

크리스토퍼 클라비우스
달력위원회를 이끌며 그레고리력을 만드는 데 주도적 역할을 하였다.

간 누적되어 9.8일, 즉 열흘이나 되었던 것이다. 이렇게 부활절 날짜를 정하는 기준인 춘분이 실제와 너무 어그러져 있어 이를 바로잡아야 했다. 당시 교황과 기독교인들이 달력을 고치려 했던 궁극적인 목적은 춘분 날짜를 바로잡는 그 자체에 있었다기보다는 고난주간(Passion Week)을 '제날짜'로 돌려놓으려는 종교적인 이유에 있었다. 그 목적이야 어쨌거나 남아도는 열흘은 바로잡아야만 했다.

이를 해결하려면, 세 가지 문제를 풀어야 했다. ①달력과 계절이 일치하도록 윤년 규칙을 바꾸는 문제, ②남아도는 열흘을 없애는 문제, ③월령[lunar phase, 月齡]과 부활절 날짜를 계산하기 위한 새로운 규칙을 만드는 문제[102]가 그것이었다. 이를 위해 교황 그레고리우스 13세

는 유명한 제수이트 천문학자이자 수학자인 크리스토퍼 클라비우스 (Christopher Clavius, 1538~1612)를 위원장으로 한 달력위원회를 구성하였다. 이 위원회는 세 가지 문제를 모두 해결했다.[103] 클라비우스가 달력위원회를 이끌었고, 이탈리아 의사이자 천문학자인 알로이시우스 릴리우스(Aloysius Lilius, 1510~1576)가 그레고리력의 해결안을 실제로 작성하였다.[104]

달력과 계절이 일치하도록 하기 위해 윤년 규칙을 어떻게 바꿨을까? 달력위원회는 달력이 실제와는 약간 어긋나더라도 이해하고 사용하기에 간편해야 한다고 결론지었던 것 같다. 문제는 오차의 범위를 최소한으로 줄이는 것이었다. 클라비우스는 율리우스력을 기준으로 1년은 365.25란 원칙 대신 현실적으로 훨씬 더 정확한 근사치 365.2422일로 바꿨다.[105]

알로이시우스 릴리우스
400년마다 사흘의 윤날을 줄이는 윤세기 규칙을 세워 율리우스력의 문제를 해결하였다.

일단 평균 수치가 결정되자 릴리우스는 다음 단계의 문제를 숙고하기 시작했다. 그것은 어떻게 카이사르의 1년 즉 365.25일과 '진짜' 1년, 즉 365.2422의 차이를 좁힐 수 있느냐 하는 문제였다. 율리우스력의 365.25일과 365.2422일의 차이, 즉 365.25-365.2422=0.0078은 11분 24초로 128년마다 하루가 된다. 그는 이 오차가 402년이면 사흘 정도가 된다는 사실을 발견하였다. 이 발견을 토대로 매 400년마다 사흘의 윤날을 줄이는 윤세기 규칙을 세웠다. 즉 4의 배수인 해는 윤년, 100의 배수인 해는 평년으로 하되,

400의 배수가 되는 해는 윤년으로 하도록 하였다. 그러니까 1600년은 100의 배수이지만 400의 배수가 되기 때문에 윤년이 된다. 지금까지 경험한 두 번째 예는 바로 새천년을 맞은 2000년이었다.

이 방법은 완벽하게 정확하지 못한 표를 기초로 했고 사사오입으로 대략 산정한 수치를 기본으로 제작되었음에도 놀라울 만큼 정확하여 3,300년에 하루 정도의 오차가 생길 뿐이었다. 106

그레고리력의 전파

클라비우스는 릴리우스가 달력 개혁에 대하여 작성한 글을 편집, 인쇄한 후 1577년에 유럽 전역의 법원과 대학에 보내 자문을 구했다. 1578년에 그레고리우스 13세는 서유럽의 모든 군주에게 제안서를 보내, 달력이 천체 운행과 일치하도록 달력을 개정하라고 요구했다. 드디어 새로운 합의가 이루어져 마침내 달력을 고쳤다. 1582년 2월 24일, 80세의 그레고리우스 13세 교황은 몬드라고네에 지금까지도 보존되어 있는 책상에 앉아 교서에 서명하였다. 라틴어로 된 이 공문서는 본문의

CALENDARIVM
GREGORIANVM
PERPETVVM.
Orbi Christiano vniuerso à GREGORIO XIII. P. M. propositum. Anno M. D. LXXXII.

GREGORIVS EPISCOPVS
SERVVS SERVORVM DEI
AD PERPETVAM REI MEMORIAM.

〈인테르 그라비시마스 Inter Gravissimas〉
그레고리력의 시작을 알린 1582년 그레고리우스 13세의 교황 칙령.

첫 글자를 따서 '인테르 그라비시마스'라고 부른다.[107]

춘분을 3월 21일에 딱 맞추기 위해 1582년 10월 4일 목요일 그다음 날을 10월 15일 금요일로 한다는 칙령을 내렸다. 길고 지루한 논란 끝에 마침내 율리우스력은 그레고리력으로 바뀌었다. 새로운 달력은 1582년 10월 5일부터 14일까지의 모두, 즉 열흘을 지워버렸다. 열흘은 영원히 사라졌다. 그리고 이 해는 율리우스력을 사용하는 마지막 해가 되었다.

그레고리우스는 관료적 문제들을 모두 헤쳐나가 수많은 사람이 실패했던 개혁을 이루어냈다. 이 사실만으로도 새 달력에 그의 이름을 붙여 줄 만한 기여를 한 것이다. 물론 이것은 점차 쇠퇴해 가는 교황의 권위에 따를 의사가 있는 교황의 관할 하에 있던 몇몇 가톨릭 국가에 국한된 것이었지만….[108]

개정된 율리우스력은 '그레고리력'으로 불리게 되었다. 이 개혁은 달력의 역사에서 엄청난 진전을 의미했다. 예전에는 128년마다 하루의 차이가 발생했지만, 그레고리력은 3,300년에 겨우 하루의 오차가 발생한다. 이러한 장점에도 불구하고 그레고리력이 세계로 전파되는 데는 수 세기가 걸렸다. 가톨릭 국가들은 그레고리력을 채택했으나 신교 국가들은 이를 외면했고, 아시아권에서는 여전히 태음태양력을 사용했다.

영국이 그레고리력을 채택한 것은 그로부터 170년이 지난 1752년이었다. 유럽의 주요 국가 중에서는 가장 늦었지만, 그렇다고 유럽 전체에서 가장 늦었던 것은 아니었다. 스웨덴은 1753년, 러시아는 1918년, 그리스는 1924년에 각각 채택하였다. 교역과 통상이 확대되던 시대였음에도 이렇게 오랫동안 서로 다른 달력을 사용하고 있다는 것을 보면, 시간 생활의 관습을 고치는 일이 얼마나 어려운 일인지를 짐작하게 한다. 일본은 1873년에, 우리나라는 1896년부터, 중국은 1912년부터[109], 터키는 1927년에 각각 채택하였다.

이처럼 그레고리력은 20세기 초반에 이르러서야 전 세계적으로 확산되어 오늘날 국제적 표준이 되었다. 그레고리력이 세계적으로 전파될 수 있었던 데에는 제국주의의 역할이 컸다.[110] 비록 제국주의는 문제가 있었지만, 어쨌든 그레고리력이 합리적이었고, 이미 제국주의에 의해 글로벌화 되었기 때문에 세계가 결국은 이를 받아들일 수밖에 없었던 것이다. 이는 칭기즈칸이 비록 잔인하고 문명의 파괴자로 기억되긴 하지만, 동서양을 이어주는 역할을 했다고 하여 '글로벌 맨'으로 평가받는 것과 같은 이유이다.[111]

2,000년 전 율리우스 카이사르가 만들었고 그로부터 1,600년 후 교황 그레고리우스 13세가 고친 이 달력은 지금 세계의 달력이 되었다. 인류가 같은 달력을 공유하기 시작한 것은 이제 겨우 100년이 조금 넘은 셈이다.

신성에서 세속으로, 이행기의 시간

왜 이리 긴 시간이 걸렸을까?

율리우스력은 뭐니 뭐니 해도 과학에 기초한 달력이었다. 그런데 그 과학에, 즉 1년의 시간 측정에 잘못이 있다는 사실은 진작부터 알려져 있었다. 1년을 365.25일로 계산한 카이사르의 달력은 실제에 비해서 느리게 움직이고 있었다. 실제의 1년이 이보다 짧다는 것은 일찍이 AD 127~145년에 알렉산드리아에서 활동한 그리스의 천문학자 프톨레마이오스Claudius Ptolemaeos 112 등의 학자들이, 로저 베이컨(Roger Bacon, 1214 ? ~ 1294)113보다 몇백 년이나 먼저 그리고 그레고리우스 교황이 이 오류를 수정하기 1,400년 전에 이미 알고 있었다. 하지만 오류를 아는 것과 그것을 고치는 일은 별개의 문제였나 보다.

과학의 잘못은 과학으로 바로잡으면 될 일인데, 바로잡기까지 1,400년이란 긴 시간이 걸렸다. 왜 이리 긴 시간이 걸렸을까? 그 답은 기독교라는 신성神聖에 있었다. 신성, 즉 하느님의 시간이 세속의 시간을 지배하였기 때문에, 과학을 과학으로 바로잡을 계기를 찾기가 어려웠던 것이다.

프톨레마이오스
그리스의 위대한 천문학자로 천동설에 근거를 둔 수리천문서 《천문학대집성》을 썼다. 《알마게스트》란 이름으로 더 잘 알려진 이 책은 중세 전체를 통틀어 가장 널리 읽힌 교과서였다.

BC 3000년 초기부터 16세기 후기에 이르기까지 시간을 통제하는 권한은 종교계에 있었다. 종교계는 진보에 대한 열정을 가로막고 이성의 힘에 맞서는 관습과 전통의 오만한 아집으로 중요한 혁신을 가로막고 있었다. 그레고리력이 오늘날 세계표준력으로 전 세계에 통용되기까지에는 종교계가 갖고 있던 신성의 권력을 넘어서기 위한 세속의 숱한 도전이 있었다. 그리고 마침내 이를 극복해낸 결과였다.[114] 그것이 유럽의 세계 지배로 이어졌다.

기독교의 공인과 새로운 시간 체계

콘스탄티누스 대제(Flavius Valerius Constantinus I, 306~337년 재위)가 313년 밀라노 칙령으로 기독교를 공인하였다. 이때부터 기독교라는 신성이 세속의 시간을 지배하게 되었다. 하지만 콘스탄티누스 자신이 종교로서 기독교를 완전히 받아들이고 세례를 받은 것은 337년 마지막 숨을 거두면서였다.

콘스탄티누스가 교회와 국가를 하나로 합쳐 놓음으로써, 카이사르와 아우구스투스 이래 계속되어 온 종교와 정부, 종교와 시간의 분리는 그 대단원의 막을 내리게 되었다. 더 나아가 380년에는 테오도시우스 대제가 다른 종교를 금지하고 기독교를 사실상 국교로 확정지었다. 이런 변화는 이후 수 세기 동안 유럽 전체에서 일상생활에 그리고 달력의 날을 계산하는 방식에까지 지대한 영향을 미쳤다.

콘스탄티누스는 기독교를 공인했을 뿐만 아니라, 종교적인 영감을 받아 새로운 시간 계산 체계를 만들었다. 율리우스력에서 12달, 365일과 ¼일이라는 체제를 그대로 둔 채, 그 안에서 세 가지 변화를 꾀했다. 우선 7일이 기본이 되는 주週라는 개념을 도입했고 그중 하루인 일요일을 거룩한 날로 선포했다. 그리고 기독교의 경축일을 지정해 공인하였다. 마지막으로 부활절을 달력과 연계시켜 통일시키려 하였다.

콘스탄티누스가 처음으로 이 달력의 개정안을 발표한 것은 321년이었다. 이로써 원래의 로마력에 있던 칼렌드스나 노네스, 이데스와는 전혀 달리 일요일로 시작하는 7일간의 주 개념이 처음으로 도입되었다. 다만 로마 전역에서 7일 단위의 주가 사용되는 데는 그 뒤로도 한두 세대나 더 걸렸다.

가톨릭교회의 지배와 아우구스티누스

406년 12월 게르만족의 침입으로 로마제국에도 혼란이 닥쳤다. 예측

가능했던 생활들이 무너지기 시작하였다. 그렇다고 로마제국의 모든 제도가 무너져 버린 것은 아니었다. 실제로 이러한 혼란과 쇠퇴 속에서 오히려 더욱 강력해진 것이 있었다. 바로 가톨릭교회였다. 가톨릭교회는 원래 콘스탄티누스가 로마의 정치력을 확고히 하기 위하여 세웠던 교회였는데, 이제 교회의 권위와 영향력이 로마를 능가하게 되었다.

이로 인해 유럽에서는 새로운 사회질서가 탄생했다. 특히 시간에 대한 인식에서 기독교 신학자들이 '신성한 시간'이라고 새롭게 정의한 것은 완벽하고 영원하며, 하느님과 동일시되는 개념이었다. 로마의 정치력이 쇠퇴하고 그 잿더미 속에서 교회가 부상하면서 '신성한 시간'은 곧 '세속의 시간'을 능가하게 되었다.

이런 새로운 질서를 가장 잘 표현한 사람이 아우구스티누스였다. 주교이며 신학자였던 그는 《고백론》과 《신국론》을 저술했는데, 여기서 그는 제국이 와해되는 현상을 보면서 '인간의 나라[地國]'보다 '신국神國'을 택하는 철학적 지향을 보였다. 세속보다는 신성을 택했던 것이다.[115] 창조자의 세계는 완벽한 세계로서 영원불변한 속성을 갖는다. 완벽한 세계는 시작도 끝도 없으며, 따라서 전진과 후퇴가 없으므로 시간을 잴 수도 없다. 창조주 자신은 시간의 외부에 존재한다. 기독교적인 의미에서 아우구스티누스가 말하는 '신성한 시간'이란 이렇게 이상적인 시간을 말한다.

실제로 그의 신비주의 신앙과 신앙지상주의는 '과학적'으로 미래를 계획하고 예측하려는 세력과 대립하였고, '신성'과 '세속'의 대립은 이후 1,000년 동안 지속되었다. 다만 그 대립에서 신성이 절대적 우위를 점한 까닭에 과학적 관점에서 달력을 바꾸는 일은 관심에서 멀어져 있었다.

중세의 시작, 멈춘 시간

고대의 끝에서 고대의 마지막을 상징하는 로마의 두 사람이 있었다. 보에티우스(Anicius Manlius Boethius, 475?~524)와 그의 후임이었던 카시오도루스(Flavius Magnus Aurelius Cassiodorus, 480~575?)였다.

보에티우스는 524년에 처형되었는데, 이는 지적 추구에 인색했던 중세의 시작을 알리는 첫 신호였다고 한다. 보에티우스는 로마 말기 철학자로, 음악 이론가로 손꼽히는 인물이다. 수학 · 기하 · 천문 · 음악 등 네 학과의 입문서를 저술하였고, 특히《철학의 위안De Consolatione Philosophiae》은 세계 3대 옥중 문학으로 평가받고 있다. 그는 당시 혼란스러운 정쟁에 휩싸여 투옥되었다가 파비아Pavia에서 처형되었다. 보에티우스에 대한 가혹한 수감과 처형으로 고대 세계는 비극적 종말을 고했다고 한다. 이로 인하여 시간을 연구와 사색의 대상으로 보는 고대의 시각은 사라졌다. 오직 몇몇 전문적인 수도사들에게 부활절을 산출하는 일만 남았을 뿐이었다. 그것이 그나마 과학의 숨 쉴 공간이 되었다. [116]

한편, 카시오도루스는 '비바리움(양어장)'이라는 수도원을 설립하였고, 중세 문헌학의 기초를 세웠다. 고대 세계가 붕괴된 다음의 시대를 살았지만, 그는 고대의 정통적인 지식을 그대로 가지고 있었다. 카시오도루스는 고대 사상과 기독교 사상을 동시에 수용하여 수도원은 예배하는 곳이며 동시에 학문의 정신을 보존하는 곳이라고 주장했다. 그는 당시 각 도시의 도서관과 학교가 약탈당하고 버려지는 와중에 고대 원고들을 구하는데 필사적인 노력을 기울였다. 《수학의 변론》에서는 시간 계산과 수학이 천문학에서 얼마나 중요한가를 설명하였다. 카시오도루스의 목적은 지식을 보존하고 지적 사고를 고무하는 것이었다. 그 덕분에 그나마 시간 계산의 기초를 보존할 수 있었고, 800년 후 로저 베이컨이 과학의 진실을 고집스럽게 주장할 수 있는 바탕을 만들어 주었다.

그러나 고대의 정통적 지식을 갖고 있던 카시오도루스의 죽음은, 시간이 중요시되고 달력이 사람들의 일상과 종교 생활을 지배했던 시대의 종말을 알리는 것이나 다름없었다. 이후 중세의 사람들은 꽃이 피는 때나 철새가 날아가는 때를 보며 대충 시절을 가늠할 뿐이었다. 드디어 시간에 대한 생각은 그 자리에서 멈추었다. 최소한 그렇게 보였다. 그렇다고 과학적 호기심의 불꽃이 완전히 꺼져버린 것은 아니었다. 그나마 몇몇 수도사들과 학자들이 한 가닥뿐일지라도 시간의 명맥을 이어나갔다.[117]

샤를마뉴

서유럽을 통일하고 황제에 즉위한 카롤링거 왕조의 군주인 샤를마뉴(Charlemagne, 샤를 대제, 742~814)에 의하여 가톨릭교회는 다시 한번 위대한 승리자가 되었다. 그는 "최초의 기독교 근본주의 지도자"로 불릴 만큼 기독교를 강요하였다.

샤를마뉴 시대의 어느 날 이슬람에서 건너온 알 라시드(재위 786~809)의 시계 선물은 유럽의 후진성을 깨우치게 하였다. 그 선물은 "놀라운 기계 제작 솜씨로 만들어져 물로 돌아가며, 작은 청동 종이 열두 시간을 알려주는 시계"였다.[118] 이는 유럽인들에게 놀라움과 감탄의 대상이 되었고, 배움과 진보에 대한 욕구를 자극하였다. 이로 인하여 샤를마뉴는 문학과 건축학, 예술을 장려하기 위해 모든 성직자가 기초 지식에 정통해야 한다는 법령을 선포했다. 789년에 "가르칠 자격이 있는 사람들은 가르쳐야 한다"고 명령하였고, 같은 해에 "모든 수도원과 주교의 집에서 성시와 악보, 성가 그리고 천문도와 문법을 가르치도록 하라"[119]는 포고령도 내렸다. 달력을 새로운 정치적·종교적 시대를 여는 웅대한 계획의 일부로 삼았던 카이사르와 콘스탄티누스의 선례를 따라 샤를마뉴도 자신의 달력을 바꾸려고 하였다. 그의 업적 중 가장 중요한 것은 디오니시우스와 비드가 사용했던 anno Domini, 즉 AD라는 기원 후 표기를 널리 쓰도록 한 일이었다.

그러나 거기까지였다. 학자들은 거의 교육 받지 못했다. 과학도 이해하지 못했다. 학문이 성장하기는 불가능한 환경이었다. 이때 이미 달력은 카이사르의 개혁 이후로 태양년과 거의 7일이나 어긋나 있었다. 하지만 이를 수정할 수 있는 시대가 아니었다.

800년에 샤를마뉴는 교황 레오 3세로부터 신성로마 제국의 황제라는 칭호를 받는다. 이로써 샤를마뉴는 세속적인 권력과 교회의 종교적 힘을 융합시켰다. 기독교가 절대적 지위에 올라, 부활절 날짜를 비롯한 모든 방면의 규정이 교회의 권한 하에 놓이게 되었다. 이는 500년 전쯤 콘스탄티누스가 로마 주권과 교회를 융합했던 것과 궤를 같이한다.

그 후 843년 베르됭 조약(Treaty of Verdun)을 맺었다. 이는 프랑크왕국을 셋으로 나누어 근대 서유럽의 테두리, 즉 프랑스, 독일, 이탈리아의 틀을 짜는 계기가 되었다. 그런데 조약에서 "누구든지 그리스도를 믿어야 한다"는 원칙도 정했다. 이 말은 교황이나 황제도 보다 높은 권위에 복종해야 한다는 뜻이었다. 이 조약은 달력과 시간 측정을 둘러싼 여러 과학적 노력에 치명적인 타격을 주었다. 그 결과 대부분의 유럽인은 고립된 농촌 공동체에서 더 넓은 세상을 모르고 살아야 했다.[120]

이미 정립된 공식이나 법칙에 머물 뿐, 더 이상의 상상력이나 창조력을 발휘할 수 없게 했던 중세적인 경향은 더욱 강화되었다. 이것은 일찍이 "단순히 달력 만드는 일을 넘어서 시간을 계산하고 부활절을 계산하는 것은 신에게 맡겨야 한다"라고 말했던 아우구스티누스의 생각을 그대로 이어받은 것이었다. 시간은 오직 하느님의 것이고 그에 따라 살아갈 뿐이었다. 시간을 이해하고 측정하고 기록하고 사용私用하는 것은 죄악이었으며, 그것을 남용하는 것은 도둑질이었다.[121]

유럽인들의 사고는 교육을 받은 지성인들조차 중세 시대에 꼭 갇혀 있었다. 새로운 학문에 대해 완전히 무지했다. 새로운 것이라면 이교도와 사탄의 산물이라고 비난하면서, 뭐든지 거부했다. 달력은 신에게 종속되었고, 그 누구도 감히 도전할 수 없는 믿음과 숭배의 시간표라고 여겼다. 그 굳은 신념이 깨어지기 전에는 달력의 개혁은 이루어질 수 없었다. 율리우스력에서 그레고리력으로 달력을 개정하는 데 그렇게 오랜 시간이 걸린 이유가 여기에 있었다.

암흑시대, 거기에도 빛은 있었다

세상에서 시간이 완전히 멈춘 것 같은 시대에, 비드(Bede, 672/673~735)[122]는 홀로 시간의 흐름을 지켰다. 《영국 교회사》를 쓴 비드는 《시간에 대하여》와 그 증보판《시간의 인식에 관하여》라는 책을 썼다.

　비드는 시간을 세 가지로 나누되 이를 계층적으로 분류하여, 성스러운 시간이 절대적 우위를 점하던 당시에 그나마 세속적인 시간이 존재할 수 있는 공간을 열었다. 어떻게 하였을까? 그는 우선 시간을 세 가지 유형으로 나누었다. 첫째는 자연에 의해서 정해진 시간으로 365와 1/4로 된 태양년 등이고, 둘째는 관습에 의해 정해진 시간으로, 예를 들어 양력이나 음력과는 관계없이 30일이나 31일쯤을 한 달로 잡는 것 등이다. 그리고 셋째는 인간이나 신의 권력에 의해 정해진 시간으로 4년마다 열리는 올림피아드나 7일마다 돌아오는 안식일 등이다. 그런 다음, 이 세 가지 시간 유형들을 계층화하여 하느님의 시간, 즉 신의 권력에 의해 정해진 시간을 가장 우위에 놓았다. 이렇게 함으로써 한 손에는 과학을, 다른 한 손에는 무소불위의 신을 담을 수 있었다. 이렇게나마 신성과 세속의 간격을 좁히려 하였다.

　그러나 그 시도는 더 이상 이어지지 못하였다. 샤를마뉴의 통치 기간(768~814) 중 유럽에 스며든 '시간에 대한 광범위한 무관심'에 묻혀버렸다.[123] 그럼에도 불구하고 몇 세기 후, 시간의 인식에 혁명을 가져다줄 진정한 변화들은 진행되고 있었다.

신성에서 세속으로

유럽 출신의 개척 사상가들이 아랍의 문화 중심지를 방문하기 시작하면서 시간에 대한 연구를 시작하였다. 그들은 아랍의 문화를 보고 들으며 충격을 받고 부끄러움을 느꼈으며, 자신들이 얼마나 무지했던가를

깨달았다. 한 학자는 이것을 가리켜 '라틴의 빈곤'이라고 하였다.[124]

당시 유럽인들이 시간에 대하여 완전 무지했던 것은 아니다. 헤르만 폰 라이헤나우[125]는 기독교의 달력이 우주 질서에서 상당 부분 벗어나 있다는 사실을 알고 있었다. 그러나 공의회가 달력의 변경을 금지했기 때문에 그 아래에서 학자들은 오차를 참고 견딜 수밖에 없었다.

13세기 중엽에 들어서면서 변화의 계기가 마련되었다. 이는 대학으로부터 왔다. 당시 대학은 신앙과 논리, 신성과 세속에 대해 논쟁하는 지적 대결의 장이 되어 있었다. 이 대결을 통해 자신과 우주를 보는 유럽인들의 눈이 달라지고 있었다. 시간에 대한 기본적인 인식도 이제 '대략'에서 '정확함'으로 바뀌어 갔다.

교회는 대학의 새로운 학문이 신앙과 논리를 분열시켜 기본 교리가 무시될 경우, 신앙에 위협이 될까 두려워하여 경계의 시선을 늦추지 않았다. 그럼에도 대학은 아주 빠른 속도로 성장하였다. 볼로냐대학이 1088년에 최초로 공식적인 설립 허가를 받은 이래, 1150년에 파리대학이, 1167년에 옥스퍼드대학이 뒤를 이었다. 13~14세기를 거치면서 10여 곳의 대학이 정식으로 인가를 받아 문을 열었고, 학생들이 몰려들기 시작했다.

대학의 철학이나 신학에서는 자연이 증명하는 진실과 교회에서 주장하는 진실을 놓고 어떻게 할 것인가가 주요 논쟁거리가 되었다. 이런 논쟁이 전혀 새로운 것은 아니었다. 로마제국의 쇠퇴기에 성 아우구스티누스가 이미 '신의 나라'와 '인간의 나라'를 구분했었다. 두 나라를 오가던 이 거대한 추가 고대 카이사르와 초기 황제들의 시절에는 세속적인 방향으로, 콘스탄티누스와 아우구스티누스 시절에는 신성을 포용하는 쪽으로 기우는 등 두 나라 사이를 왕복했다. 이 논쟁은 대학의 등장과 함께 새로운 국면을 맞았다. 이제 세속적 논리의 시대로 향할 것인가, 신비주의와 신앙에 머무는 쪽을 택할 것인가, 추가 어느 쪽을 향할지 정해야 할 때가 되었다.

이때 아벨라르(Pierre Abélard, Petrus Abaelardus, 1079~1142)가 깃발을 들었다. 그는 종교적 신앙은 합리적 전제와 부합되어야 한다고 하여 단지 교회의 권위에만 기댄 설교를 비판하였다. 이 때문에 그는 가톨릭교회로부터 이단으로 비난받고 추방되었다. 아벨라르는 12세기의 달라진 환경에서 이성과 휴머니즘을 내세워 전통적 신학에 반기를 든 것이었다. 그 뒤를 이어 논리와 자연을 통해 진실을 찾으려는 지식인들은 점점 많아졌다.

코르도바의 아랍인 이븐 루시드(Ibn Rushd, 1126~1198)는 아리스토텔레스의 우주에 대해 역사상 가장 철저하고 계몽적인 해설서로 꼽는 《아리스토텔레스 주석》을 저술하였다. 아베로에스Averroes라고도 불리는 이븐 루시드는 신성과 세속의 딜레마를 풀기 위해 '이중적 진실[이중진리]'로 불리는 철학적 논쟁을 제시했다.

> 대립이 생길 경우 우리는 단순히 이렇게 말할 수 있다. '이것은 철학자로서 나의 논리가 이끌어내는 결론이다.' 그러나 하느님은 거짓이 없으므로 나는 하느님의 계시에 충실하며 신앙을 통해 그것에 따른다.[126]

이는 신성과 세속이라는 대비적인 진실이 과학을 위한 '자연적 논리'와 '하느님의 계시'로 공존할 수 있다는 것이다. 둘 다 옳다는 것으로 해결하려 하였다.

토마스 아퀴나스(Thomas Aquinas, 1224/1225~1274)는 신성과 세속을 절충하고자 했다. 그는 1274년 죽음을 맞기 직전까지 집필한 방대한 신학대전에서 아리스토텔레스가 주장한 과학적 법칙을 적용해 하느님의 완벽성과 창조, 인간 영혼의 실재 그리고 기독교 미덕의 윤리적 기초를 증명하고자 하였다. 중세의 위대한 철학적 절충을 제공하여 두 진실 사이의 거대한 분수령, 양측의 지성인들이 숨을 돌릴 공간을 마련해 주었다. 신 중심의 입장을 유지하면서도 인간의 상대적 자율을 확립해 주었다. 아퀴나스의 이러한 절충은 인간 중심적인 세속적 근대사상을 낳는 운동의 기점이 되었다고 평가받기도 한다.

그런 변화가 일어난 데에는 대학이나 로마의 성당에서 끝없이 계속된 논쟁이나 스콜라학의 결과이기도 하지만, 점점 세력을 얻고 있던 상인, 무역상, 은행가, 군인, 관료, 선주 등 실질적인 변화의 필요성을 느끼고 있던 사람들의 힘이 더 큰 역할을 하였다.[127]

로저 베이컨의 과학과 세속화

1200년대 중반 선동적이기까지 한 로저 베이컨이 등장했다. 달력의 개혁을 위해 노력하였던 그는 경험주의와 과학의 객관성에 대한 충실한 대변자였다. 베이컨은 학자들이 탁상공론을 지양하고 행동할 것을 요구했다. "논리는 불충분하며 실험이 필요한 것이다"라 하여 과학을 받아들이지 않는 것은 하느님을 모욕하는 것이라고까지 말하였다. 그리고 아랍 과학의 우월함을 인정할 수밖에 없게 된 것은 기독교인들의 창피라고 경고하였다. 그러면서 가장 수치스러운 일은 기독교인들이 시간을 계산하는 데 숫자를 정확하게 계산하지 않고 대충 사사오입을 시켜 버리는 버릇이라고 했다.

베이컨은 단순히 수학적 해결책만을 원한 것은 아니었다. 그는 비드의 구분에서 끌어와 시간을 세 가지로 분류하여 철학적인 테두리 안에서 그의 주장을 폈다. 세 가지는 "①자연이 명시하는 시간, ②권위가 명시하는 시간, 그리고 ③관습과 변덕이 명시하는 시간" 등이었다. 그는 자연의 시간을 햇수, 계절, 월, 일로 측정할 수 있는 시간으로 정의했고, 권위적 시간은 정치나 교회의 달력에서 쓰는 시간으로, 관습의 시간은 사람들이 임의로 나누어 놓은 시간, 즉 한 달을 29, 30, 또는 31일로 나눈 시간으로 정의했다. 그리고 베이컨은 앞서 본 비드와는 달리 '자연의 시간'이야말로 바로 하느님의 시간이며 '권위적 시간', 즉 교회에서 정한 시간은 잘못되었다고 주장했다. 신성의 입장에서 세속을 절충시키려 했던 비드와는 달리 베이컨은 신성을 부정하고 세속, 즉 자연=과학의 입장에 섰다. 그리하여 로마 교황청이야말로 달력을 시정해야 할 권리와 의무를 갖고 있다고 피력했다. 그러나 여전히 베이컨의 의견은 받아들여지지 않았다.[128]

교회의 세속화와 과학이 바꾼 달력

흑사병이 휩쓰는 동안에 유럽은 시간의 인식에 결정적인 전환점을 맞았다. 1300년대 초, 기계로 움직이는 시계가 등장하면서 시간을 세속적 시간의 단위로 생각하기 시작했다. 처음에는 이 시계가 중세의 사고방식에 거의 영향을 주지 못했지만, 새로운 세대의 시계 제작자들에게 시계가 가져다주는 장기적인 효과는 상상을 뛰어넘는 것이었다.

상인들과 무역상들에게 시간은 예전보다 더욱 확실하게 돈벌이와 연계되었다. 시계를 대하면서 시간이 제한되어 있음을 느끼게 됐고, 순간순간에 최선을 다하게 만들었다. 시간이 있는 동안 각자의 삶에 최선을 다하라는 것을 강조하게 되었다.

여기에 덧붙여 교회도 세속화되어 갔다. 프랑스 국왕 필리프 4세(Philippe IV, 1268~1314, 프랑스 카페왕조 11대 왕)가 1303년에 보니파키우스 교황을 납치하려는 시도가 있었다. 억류 3일 만에 끝났지만, 이 사건은 유럽 역사에서 아벨라르나 베이컨이 지성에서 새로운 세속주의의 시작을 보여주었듯이 정치에서 새로운 세속주의의 경향을 보여주는 또 하나의 씨앗이 되었다.[129]

세속화와 함께 나타난 인본주의는 인간의 복지, 가치관, 존엄성을 강조하면서 관념론, 겉치레, 절대론을 우선하는 교회와 교황권에 반대하였다. 1460년에서 1500년 사이, 유럽의 경제가 되살아나고 유럽인들의 사고방식과 영향력이 확산되면서 이러한 경향이 사회의 전 계층으로 퍼졌다.

1470년 발명된 인쇄기는 이 시대의 가장 중요한 발명품이었다. 무엇보다도 인쇄기는 달력의 대량 생산을 가능케 하였다. 일반 서민들도 쉽게 읽을 수 있는 표준화된 달력이 최초로 제작되었다. 최초로 인쇄된 달력은 문맹자도 날짜를 셀 수 있도록 기호를 사용하였고, 축제일은 성자의 초상이나 그림으로 표시했다. 달력은 이처럼 세속화하였다.

마르틴 루터(Martin Luther, 1483~1546)가 "율리우스 카이사르 시대로부터 1,500년이 지난 지금, 10일이 늦어지고 있다"라고 하면서, 어떻게 시간을 측정할 것인가 하는 문제는 교황이 아니라 세속에서 주관해야 할 일이라고 주장하기에 이르렀다. 코페르니쿠스(Nicolaus Copernicus, 1473~1543)를 거치면서 중세의 해묵은 질서는 막을 내렸다. 과학은 교리에, 세속은 신성에 더 이상 종속되지 않았다. 이렇게 하여 달력을 고칠 수 있는 환경이 비로소 마련되었다.

　다만 그레고리우스의 개혁이 진행되는 동안 과학의 역할에 관심을 보인 사람은 별로 없었다. 이 개혁이야말로 종교가 아니라 정확한 과학을 존중하는 새로운 인식에 의해 추진되는 것이라는 점에서 중요한 의의를 지녔지만, 그때는 이를 미처 깨닫지 못했다.[130] 그럼에도 결국은 유럽이 이렇게 지난한 과정을 거쳐 과학이 바꾼 달력을 선점함으로써 궁극적으로 세계에 대한 우위를 점하는 계기가 되었으니 절묘한 반전이었다.

부활절에 담긴 시간들

기독교의 대표 축제, 부활절

부활절을 정하는 시간 계산은 매우 복잡했다. 부활절에는 태양, 달 그리고 기독교를 조합하는 복잡한 날짜 계산이 담겨있다. 그런데 그 복잡한 시간 계산 덕분에 과학을 인정하지 않던 중세에서조차도 과학은 생명을 유지할 수 있었다. 부활절 덕분에….

기독교의 3대 주요 축제는 성령강림절, 부활절 그리고 크리스마스이다. 모두 '예수 그리스도의 축제'라고 할 수 있는데 앞의 두 가지 축제는 유대인의 관습으로부터 온 것이며 마지막 하나는 로마의 관습에서 유래한 것이다.[131] 성령강림절은 예수의 부활으로부터 50일이 지난 뒤에 찾아오는 축제다. 두 번째로 오래되었지만 종교적으로 가장 중요한 축제는 바로 부활절이다. 부활절은 고난절과 십자가형, 예수 부활의 기억을 바탕으로 한 축제다. 부활절의 이름은 파사Passah라는 단어에서 파생되었는데 이탈리아어로는 파스카Pascha, 영어로는 이스터Easter라고 한다. 기독교의 존립 근거가 거기에 있을 만큼 부활절은 핵심적인 기념일이다.

부활절은 160년 로마에 도입되었고 알렉산드리아에서와 마찬가지로 히브리 유월절 다음의 일요일에 거행되었다. 이 날은 실제로는 춘분 후의 첫 보름 다음의 일요일에 해당되었다. 그래서 춘분[태양의 주기]이 지나고 처음 돌아오는 보름[달의 주기] 이후 맞는 첫 번째 일요일[종교의 주기]이 부활절이 된다. 그런데 이처럼 중요한 부활절의 날짜를 정하는 것이 쉽지 않았다. 나아가 이를 종파와 지역을 넘어 통일하기까지는 또 오랜 시간이 걸렸다.

니케아 공의회와 부활절 날짜

기독교는 역대 로마 황제들로부터 극심한 박해를 받아왔다. 그러던 것에 극적인 변화가 찾아온 것은 콘스탄티누스 대제 때의 일이었다. 313년 밀라노 칙령을 내려 기독교를 공인하기에 이르렀다. 탄압에서 공인으로의 엄청난 반전이었다. 이렇게 박해의 시대가 막을 내렸다. 거기서 멈추지 않았다. 테오도시우스 대제는 380년에 기독교를 국교로 선포하였고, 이어서 기독교 이외의 다른 종교는 금하는 조치까지 내렸다. 이제 기독교가 박해는커녕 제국을 지배하게 되는 기독교 제국의 시대(313~590)가 되었던 것이다.

기독교의 공인과 함께 325년에는 니케아 종교회의에서 기독교의 교리인 삼위일체를 정통 교리로 채택하게 된다. 또 로마 세계를 위해 새 수도를 제공해 주었는데, 그곳이 바로 비잔틴이라고 불린 콘스탄티노플이었다. 그 후 비잔틴은 1600년경 이슬람이 지배하면서 지금의 이스탄불로 이름이 바뀐다.

나케아 공의회Council of Nicaea

기독교 교리를 정리하기 위하여 동서 교회가 니케아(지금의 이즈니크)에 함께 모여 개최한 종교회의이다. 325년 콘스탄티누스 대제가 소집하였다. 이 공의회에서 부활절 날짜를 통일함으로써 종교를 통한 황제권 강화를 실현하였다.

기독교가 공인됨에 따라 제국 차원에서 기독교의 교리가 반영된 시간체계를 갖추는 것이 필요했다. 그래서 콘스탄티누스는 우선 천지창조에서 비롯된 7일 1주의 개념을 도입하였고, 일요일을 주님을 섬기는 '거룩한 날'로 선포했다. 그리고 무엇보다 중요한 부활절 날짜를 달력과 연계하여 통일시키려 하였다. 그런 개정안을 321년에 발표하였다. 이때 부활절 날짜를 통일시키는 것은 제국의 권위를 지키는 것과 맥이 닿는 행위였다. 그에게는 부활절 날짜가 언제인지보다는 그것이 설사 정확하지 않더라도 어떻게 하면 기독교의 여러 분파가 같은 날에 그리스도의 부활을 기념하게 만들까 하는 것이 더 큰 과제였다. 이것은 정치적으로 한 나라의 국교를 만드는 데 아주 중요한 숙제였다.

콘스탄티누스는 부활절 숙제를 해결하고 부활절 축일을 같은 날로 통일하기 위하여, 325년에 니케아에서 첫 기독교 공의회를 열었다. 공의회가 역사적으로 중요한 이유는 300년 동안 중앙권력이 없던 기독교에 중앙집권적인 조직이 만들어졌다는 점이다. 그때까지는 각 주교마다 교리가 다 달랐다. 그렇다고 해서 하등 이상할 것도 없었다. 콘스탄티누스는 이런 제멋대로의 방식에서 벗어나 하나의 통일된 규범으로 다스릴 수 있는 중앙집권적인 종교 체계를 확립하고 황제인 자신이 그 종교의 수장이 되고자 하였다.

이를 위해 그는 통일된 교리를 만들도록 명령하였다. 그렇게 만들어진 교리가 이후 수 세기 동안 가톨릭교회의 중심이 되어 시간의 측정을 비롯한 일상생활의 모든 면을 지배하였다. 니케아 공의회가 갖는 의미는 그리스도의 본질이나 부활절 날짜보다도 교회와 국가를 하나로 합치려는 콘스탄티누스의 야심을 성문화해 주었다는 점에 있었다.

기독교의 공인과 이후 공의회에서 부활절 날짜를 통일함으로써 황제=종교 권력을 완성시켰다. 여기서 시간을 정하는 일이 나라의 일체감을 조성하고 나아가 황제의 권위를 높이는 데 결정적인 역할을 했음을 알 수 있다. 종교를 통한 황제권의 강화가 부활절 날짜 정하기를 통해 상징적으로 확인되었던 셈이다.

공의회 이후 수 세기에 걸쳐 교회는 세속적인 권력, 부와 강력하게 결합하였다. 교회는 처음에 로마제국을 지탱하기 위한 부속물로 출발했는데, 나중에는 독립적인 실체가 되어 기독교 세계 전체에서 무소불위의 권력을 휘두르기에 이르렀다. 시간을 포함해서 진짜 '만사에 두루 능통'하는 종교가 되었다. 얼마 전까지만 해도 불법으로 탄압받던 이 종교가 어느 틈엔가 이제는 로마제국을 대신해서, 그로부터 수없이 많은 세대가 바뀌는 동안 수백만의 목숨과 영혼에게 무소불위의 권력을 휘두르는 가장 강력한 실체가 되었던 것이다.[132] 누가 이를 예측이나 했을까?

부활절 날짜 정하기

그러면 당시 부활절은 어떻게 정했을까? 니케아 공의회가 열리던 325년 당시에 부활절은 단식하면서 준비해야 했고, 유대력 니산월(the month of Nisan, 양력으로 3~4월경)의 보름달이 뜨는 날과 연관 관계가 있어야 한다는 것에는 의견을 같이했다. 그런데 종파에 따라서 항상 일요일이 되도록 할 것이냐, 아니면 유대의 음력을 따라서 날짜가 움직이도록 할 것이냐에 대해서는 의견들이 달랐다. 논란 끝에 부활절을 결정하는 천문학적 기준일을 춘분으로 잡아서 태양년과 율리우스력을 그리스도의 부활과 연결시키자는 의견이 나왔고, 거기에 의견들이 모아졌다.

부활절은 춘분이 지나고 나서, 첫 보름달이 뜨고 난 후 맞는 첫 번째 일요일이 되어야 하며, 단 유대력의 유월절 시작에 해당되어서는 안 되는 것으로 정해졌다. 이렇게 기준일을 잡으면 춘분일과 달의 주기 그리고 7일의 요일이 서로 상관되는 공식을 만들 수 있었다. 춘분에는 태양의 주기가, 보름달에는 달의 주기가 그리고 일요일에는 기독교의 주週 주기가 각각 반영되었다. 세 개의 주기가 복합되었는데 그중에서 특히 태양의 주기와 달의 주기를 맞춰야 하는 데 어려움이 따랐다. 이 때문에 부활절이 매년 바뀌게 되었다. 당시 과학 수준으로는 따라가기 힘들었다. 그래서 대부분의 교회는 춘분을 3월 21일에 고정시켰는데, 알다시피 율리우스력은 1년에 11분의 오차가 있어 128년에 하루의 차이가 생긴다. 이는 훗날 부활절 날짜의 오차로 이어지게 되는 원인이었다. 이처럼 시간을 초월해서 존재하는 그리스도와 역사적인 그리스도의 양립은 초기 기독교에서 많은 갈등을 낳았다.

복잡한 계산 덕분에 과학이 숨 쉴 여지가 있었다

신성한 시간이 세속의 시간을 지배하던 때, 아우구스티누스조차도 단 한 가지 영역에서는 시간 측정을 인정했다. 그것은 바로 부활절을 예측하고 계산하는 것이었다. 부활절의 정확한 날짜는 천문학과 수학에 능통한 사람만 계산할 수 있었기 때문에 부활절의 날짜를 계산하는 일은 이후 수 세기에 걸친 암흑 시절에 과학이 명맥을 유지하는 실낱같은 고리였다. 과학을 신의 영역을 침범하는 신성 모독이라 비난하던 기독교도들이 그리스도의 부활절 날짜를 계산하는 데 과학의 힘을 빌리지 않을 수 없었다는 것은 아이러니라고 하지 않을 수 없다.[133]

만일 니케아 공의회에서 태양력에 따라 일정한 날짜에 부활절을 기념하기로 결정했더라면 중세 과학의 역사는 달라졌을 것이다. 그러나 그렇게 하지 않았다. 그 덕분(?)에 시간계산학자들은 수백 년 전에 율리우스 카이사르가 없애 버렸던 태음력을 다시 사용해야만 했다. 생각지도 않게, 그들은 고대로부터 내려온 수수께끼에 맞닥뜨리게 되었다. 중국과 바빌로니아 그리고 제정 이전의 로마 달력 제작자들이 그랬듯이 이들도 354일 주기의 태음력과 365와 1/4일 주기의 태양력을 융합시키는 문제를 해결해야만 했다. 그래서 여기에 과학이 숨 쉴 틈을 남겨 주었다. 중세 암흑기, 신성 모독 등으로 과학을 부정하는 중에도 부활절 날짜 계산에 필요한 과학을 인정함으로써 과학이 유지되었고, 르네상스의 실마리를 제공했다고 하니 부활절이 바로 '신의 한 수'였나 보다.

공의회를 통해 모든 기독교인이 같은 방법으로 부활절 문제를 다루기로 결의했음에도 불구하고 모든 도시가 알렉산드리아 학자들이 만든 부활절 산출법을 따르지는 않았다. 동유럽의 교회들은 따랐던데 반해 서유럽의 교회

니케아 공의회 모습을 다룬 성화

삼위일체를 정통 교리로 채택하고 부활절 날짜 정하기 등 교회법을 발표하였다. 부활절 날짜를 계산하는 데 태양과 달의 주기를 맞춰야 하는 어려움 때문에 과학이 명맥을 유지할 수 있었다.

들은 로마를 따랐다. 로마제국이 붕괴하면서 제국은 동과 서, 그리스어와 라틴어, 헬레니즘과 로마문화로 서로 사이가 벌어지고 갈라져 나갔다. 특히 이후에 일어난 그리스와 라틴계 교회 분열의 전초가 되었다는 점에서 부활절 문제는 작지만 중요한 사건이었고 지금까지도 두 교회는 서로 다른 날에 부활절을 기념하고 있다.

서력 기원의 탄생과 부활절

시간의 역사에서 획기적인 사건 중 하나가 서력 기원의 보편화였다. 그

계기가 된 것이 부활절 날짜 정하기였다. 부활절은 매년 날짜가 바뀌었는데, 그래서 단지 날짜만이 아니라 몇 년인가가 중요했다. 종래에는 집정관이나 황제의 즉위년을 기원으로 삼아 연도를 표기했는데, 부활절 날짜 계산은 다가올 미래를 위한 것이었기 때문에 종전의 연도 표기로는 담아낼 수가 없었다. 황제의 재위년이 언제 끝날지 알 수 없었기 때문에 "○○황제 ○○년"이란 식으로는 미래의 연도를 담을 수 없었다. 그래서 고안해 낸 것이 바로 예수 탄생을 기원으로 하는 서력 기원이었다.[134]

기원후식 표기(AD)는 디오니시우스 엑시구스(Dionysius Exiguus, Denys le Petit, 470~544)가 창시하여 AD 525년부터 사용한 것으로 알려져 있다. 디오니시우스는 부활절 날짜에 대하여 알렉산드리아의 주교 시릴루스가 계산해 낸 표를 갱신하여 532년에서 627년까지 95년을 연장해 부활절 날짜를 산출했다. 이때 연도 표기를 위해 어디서부터 셀 것인가를 정하기 위해 기원이 필요했다. 그 기원을 예수 탄생의 해로 잡았다. 그 해를 라틴어로 anno Domini, 즉 '주님의 해'로 칭하였고, 약자로 'AD'라 표기하였다. 'AD'라는 표기법은 이렇게 만들어졌다. 부활절이 달력에 미친 영향은 이런 데도 나타나고 있다. 최초로 서기를 사용해 책을 집필한 것은 디오니시우스의 친구였던 카시오도루스였다. 그와 그의 수도사들은 서기 562년에 부활절과 기타 다른 절기를 산출하는 책에 연대를 서기로 표기했다. 그의 연대기적 기술 방법의 도입은 후세에 큰 영향을 끼쳤다.[135] AD 표기법은 9세기 샤를마뉴 시대에 일반화하여 오늘에 이른다. 서력 기원의 탄생은 미래를 위한 것이었고 그 배경이 된 것이 부활절이었다. 이렇게 부활절에는 미래를 위한 단서들이 들어있었다.

　그 후에 그리스도가 실제로 탄생한 해는 디오니시우스가 정한 기원년보다 4년이 빠르다고 알려졌다. 그렇다고 기원년을 바꾸지는 않았다. 예수 탄생 전의 연도 표기에 서기를 거꾸로 한 기원전 연력(BC, before Christ)을 쓰기 시작한 것은 1627년부터인데, 페타비우스라고도 알려진 프랑스 예수회 소속 천문학자인 데니스 페토(Denis Pétau, 1583~1652)가 파리의 끌레망 대학에서 가르치면서 처음으로 연도에 BC를 표기했다고 한다.[136]

　예수 그리스도의 탄생을 기점으로 하는 서력 기원 표기법은 종교나 나라에 상관없이 현재 세계 모든 나라에서 사용하는 연도표기의 기준이 되었고, 역사를 기록하는 연대기의 기준이 되었다. 서력 기원은 세계 공통이 되었다. 그것도 그레고리력 탄생을 그렇게 방해했던 기독교에서 유래했는데도 말이다. 과학을 반대했던 기독교에서 유래한 달력이 지금 세계의 기준이 되었으니 기독교의 영향은 참 아이러니하다.[137]

프랑스 혁명력의
아이러니

프랑스 혁명정신과 혁명력

시간의 통제자가 곧 지배자라는 전통적 인식 때문이기도 하겠지만, 정치 개혁 시기에 달력 개정도 따라오곤 했다. 중국에서는 왕조가 바뀌면 으레 역법을 바꿨다. 정치가 역법에 영향을 미친 대표적인 예는 프랑스에서도 찾을 수 있다. 그런 상징적 사건 중 하나가 프랑스 혁명력이었다. 그런데 여기서 우리는 또 묘한 인간사의 아이러니를 만난다. 합리적으로 보이는 개혁이 결코 합리적인 결과로 이어지지 않는다는 것이었다. 그것이 또한 '인간'이 만든 달력의 매력이기도 하다.

    1789년 프랑스 혁명으로 루이 16세를 폐위시키고 난 뒤, 혁명정부가 맨 먼저 착수한 일 가운데 하나는 새로운 달력을 제정하는 일이었다. 거기에 혁명의 미학을 담고 싶어 했다. 혁명의 명분이 봉건을 지양하고 근대로 가는 것이었기 때문에 봉건적 관념에서 해방된 달력을 만들고자 하였다. 그렇게 하기 위해서는 상징적으로 중세를 지배했던 기독교 전통을 빼야 했고, 근대의 합리적 정신을 담아야 했다. 그리고 혁명정신 중의 하나인 평등의 미학도 실현해야 했다. 이를 어떻게 반영하려고 했을까?

먼저 기독교적 발상이 담겨 있는 7일 1주라는 개념을 없앴다. 주週 단위의 시간표가 가진 분명한 현실적 이점에도 불구하고 일주일을 10진법에 따라 열흘로 바꿨다. 그래서 3주 30일로 한 달을 정해 12달로 1년을 만드는 방법이었다. 이런 방식으로 달력을 만들면 매달 똑같은 모양의 달력이 되기 때문에 복잡함을 일거에 해소할 수 있었다. 그런 점에서 볼 때는 매우 합리적인 시도였다. 사실 이런 달력은 일찍이 이집트 고대 왕국에 있었는데 그때는 그런 사실을 알지 못했던 것 같다. 그러니까 프랑스 혁명력은 사실 전혀 새로운 것은 아니었다.

또 추분을 원년의 원일, 즉 새해 초하루로 정하였는데 이 점이 눈길을 끈다. 그 이유는 두 가지였다. 첫째는 프랑스 공화정의 첫 번째 기념일이 1792년 9월 22일인데 이 날이 마침 추분이었기 때문이고, 둘째는 추분이 낮과 밤의 길이가 같다는 점에서 만인의 평등을 상징했기 때문이다.[138] 자유·평등·박애라는 프랑스 혁명의 정신을 역법에 반영해보고자 하는 뜻을 이렇게 담았다.

혁명력의 실패

1793년 10월 6일 혁명정부의 국민공회는 이런 내용을 담아 시간에 대한 광범위한 개혁을 단행했다. 혁명정부는 전단을 배포하면서까지 새 달력의 사용을 강권했다. 하지만, 유럽의 다른 나라들이 전통적인 12진법 체계를 그대로 유지하고 있던 현실에서 프랑스만 10진법 체계를 사용하는 것은 결코 쉽지 않았다.[139]

더구나 새롭게 설정된 시간을 일상에 적용하다 보니, 불편함으로 인하여 실행 불가능한 경우가 속출했다. 1주가 7일인 기존의 달력과 달리 1주가 10일이므로 휴일이 줄어들어 사람들의 불만을 샀다. 또한 다른 국가와 회담을 하거나 교역을 할 때 일정 착오가 발생하면서 불편이 가중되었다.

프랑스 혁명기에 등장한 새로운 달력은 나폴레옹이 유럽을 정복하는 데 오히려 방해가 되었다. 결국 나폴레옹이 황제로 등극한 후 프랑스 혁명력은 폐기되었다. 1806년 1월 1일에 사라졌고 그날 다시 그레고리력으로 되돌아갔다. 프랑스에서는 1793년 10월 십진법을 기반으로 하는 새로운 달력을 만들어 1805년까지 12년 동안 사용하였던 셈이다. 그런데 실제로는 이미 1795년 4월 7일에 십진법 달력이 폐기되고 종전의 달력이 복원되어 있었다. 굳이 나폴레옹이 1805년에 혁명력의 폐기를 선언할 필요도 없었다.

이렇게 혁명력은 사라졌지만, 1871년 4월의 파리코뮌과 5월의 프랑스 4차 혁명 때 잠시 복원되기도 했다. 일주일의 체계는 러시아 혁명 때도 잠시 폐지되기도 하였으나 결국은 실패했다. 스탈린은 1929년 한

달을 5일 단위의 주가 여섯 개가 되도록 나누었다. 그러나 1941년에 전쟁이 발발하면서 7일을 한 주로 하는 달력이 다시 복원되었다. 정치가 시간을 지배하려 했지만 결국은 관습을 이기지 못했다.[140]

선점 효과

현재의 달력인 그레고리력은 매달의 날짜 수도 다르고, 또 날짜와 요일이 매번 달라진다. 그런 점을 불편하게 여긴 사람들이 이른바 '국제고정력(international fixed calendar)'이나 '세계력(the world calendar)'을 만들어 보려 하였다. 매년 날짜와 요일이 고정될 수만 있다면, 분명 편리함이 있을 것이다. 하지만 그런 편리함에도 불구하고 이런 시도들은 모두 실패

QWERTY 순서로 정렬된 옛 타자기 자판
자판 윗줄 왼쪽부터 특별한 이유 없이 여전히 QWERTY 순서로 배열되어 있다. 여기서 선점효과 'qwerty effect'란 말이 나왔다.

하였다. 왜 그랬을까?

이 이유를 '선점 효과'에서 찾는다. 특정 제도가 불합리한 면이 있더라도 널리 퍼져 있어 바꾸기 어려운 현상을 '선점 효과'라고 한다. 타자기가 처음 나왔을 때 자판을 보면, 왼쪽 제일 위에 특별한 이유 없이 'QWERTY'의 순서로 글자들이 배열되어 있었다. 이후 인체 공학 이론에서 그 배열이 불합리하다고 지적하여, 보다 편리하고 합리적인 배열로 바꾸려는 시도들이 있었다. 하지만 이미 사용자들에게 익숙해져 버렸기 때문에 자판 바꾸기는 성공하지 못했고, 지금도 여전히 'QWERTY'의 자판을 그대로 쓰고 있다. 여기서 선점 효과를 'qwerty(쿼티) effect'라 부르게 되었다.

프랑스 혁명력이나 국제고정력, 세계력 모두 달에 따라 날짜가 들쑥날쑥하고 날짜와 요일이 달라지는 그레고리력의 단점을 보완하는 나름 합리적인 체계의 달력이었다. 그러나 선점 효과가 만든 관습의 벽을 넘지 못하였다.

새해를 맞으면서 새 달력을 열어보며 맞는 새로운 기분을 국제고정력이나 세계력에서는 느낄 수 없었다. 사람들에게는 그런 새 기분을 앗아가는 달력이 오히려 더 불편했을 수 있다. 새해에는 휴일이 며칠이나 있나 세 보기도 하고, 연휴가 언제인지, 설날은, 또 추석은 등등을 살펴보는 재미는 사람들에게 합리성보다 더 가치 있는 것이었다. 새 술을 새 포대에 담으라는 말처럼 새해는 새 달력에 담기는 게 인간적이었나 보다.

3장

문명의 흐름을 바꾼
기계시계

자연의 시계에서 기계시계로

자연의 시계, 기계시계 전사前史

시간을 어떻게 헤아릴 것인가? 시간이 지나가는 것을 어떻게 잴 것인가? "말[馬]들은 말로 헤아린다"는 말처럼 "시간도 시간, 즉 시간 간격에 의해 헤아린다." 그러려면 반복적이며 등질적인 시간 간격을 이루는 뭔가가 있어야 했다.

그래서 인간이 찾은 것은 천체의 주기적 순환운동이었다. '일 년', '한 달', 그리고 '하루' 등의 시간이었다. 그 시간들은 역법을 통해 달력을 만드는 데 활용되었다. 여기서 '일 년'이나 '한 달'은 긴 시간이었지만, 그것들은 '하루'라는 단위로 나누어 셀 수 있었다. 이는 천체 관측만으로도 가능한 일이었다. 하지만 '하루' 내의 시간 측정은 천체 관측으로는 해결할 수 없었다. '하루'라는 천체 운행에서 가장 짧은 시간을 측정하기 위해서는 다른 방법을 찾아야 했다. 먼저 닥치는 문제가 "하루를 어떻게 나눌 것인가?"였다. 지금 우리는 하루를 24시간으로 나누는데 이는 고대 이집트인한테서 물려받은 유산이다. 그리고 다시 하루를 시, 분, 초로 나누는 방식은 "이집트 관습을 헬레니즘적 관점에서 수정하고 다시 바빌로니아 기수법記數法을 혼합한 결과"라고 한다.[141]

그러면 이제 시, 분, 초는 무엇으로 어떻게 측정할 것인가? 우선 자연현상들을 활용하였다. 옛날에는, 아니 불과 반세기 전까지만 해도 계명고효鷄鳴告曉 또는 계명축시鷄鳴丑時라는 말이 있듯이 닭의 울음소리로 아침을 맞곤 했다.[142] 정확성과는 거리가 멀었지만, 그래도 해가 뜨는 시간은 알 수 있었다. 훗날 기계시계가 발명되어 사용되기 전까지는 자연현상을 활용하여 시간을 측정할 수밖에 없었다. 자연현상을 활용해 하루 내의 시간을 측정하는 도구들로는 해시계, 물시계, 아스트롤라베, 모래시계, 향香시계, 불시계(양초, 램프) 등이 있었다.

그중 해시계와 물시계가 시간을 재는 두 가지 기본적인 수단이었다. 해시계는 낮 동안에 어느 시점인지를 알려주고, 중력을 이용하는 물시계는 그것이 작동된 후로 얼마나 많은 시간이 흘렀는지를 알려준다. 밤 시간은 아스트롤라베로 그리고 천체와 상관없이 짧은 시간은 모래시계 또는 향시계 등으로 측정하였다. 해시계나 '아스트롤라베' 같은 초기의 측시기測時器를 이해하려면 천체 운행과 거기에 내재해 있는 수학을 이해하여야 했다. 물시계나 모래시계는 지구의 중력을 활용한 것이고, 향시계, 불시계는 시간을 향기로 또는 불빛으로 느끼게 해 주는 운치 있는 측정 수단이었다.

하지만 아무래도 이런 자연의 시계들은 정확성을 기하기가 어려웠다. 이와 같은 시간 측정의 어려움에 대하여 세네카(Lücius Annaeus Seneca, BC 4?~65)가 비유하기를, "시계들이 서로 일치하기를 바라기보다는 차라리 철학자들이 서로 동의하는 것을 바라는 것이 더 쉽겠다"라고 말하였다.[143] 그만큼 정확한 시간을 재기가 어려웠다.

탈진기의 발명과 기계시계

인간 이성에 대한 절대적 신뢰 아래 이루어진 합리주의는 모든 분야에서 과학 만능의 분위기를 이끌었다. 합리주의는 갈릴레이의 측량술로부터 비롯되었다. 그 측량술이 혁명적인 변화를 일으킨 부분은 다름 아닌 시간을 측정하는 시계에서였다. 특히 13세기 말경 서유럽에서 발명된 기계시계는 시계의 기능을 극적으로 발전시켜 시간 측정사의 획기를 이루었다.

기계시계란 자연의 주기가 아니라, 동력으로 발생하는 인위적 주기를 활용하는 것이다. 즉 동력을 이용하여 움직이게 함으로써 일정한 간격으로 시간을 균등하게 잴 수 있는 기계장치를 말한다.[144] 물시계와 기계시계의 근본적 차이는, 물시계가 물항아리에서 흘러들어오는 물의 양을 재는 계속적 과정으로 시간을 측정한다면, 기계시계는 시간을 특정 단위로 나누어 반복적으로 기계적 동작[진동]을 하게 하여 시간을 측정한다.[145] 기계시계는 1280~1300년 사이에 제작되었을 것으로 추정할 뿐 아쉽게도 누가, 언제 이를 발명했는지는 모른다.

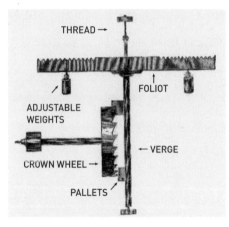

THREAD →

FOLIOT

ADJUSTABLE
WEIGHTS

← VERGE

CROWN WHEEL →

PALLETS

버지VERGE와 폴리오트FOLIOT로 구성된
탈진기ESCAPEMENT의 개요도
탈진기는 기계시계의 핵심 장치이다.

기계시계를 가능하게 만든 결정적 발명품은 '버지verge'와 '폴리오트foliot'로 구성된 탈진기였다.[146] 탈진기(脫進機, escapement)는 폴리오트가 한 번 흔들릴 때마다 톱니바퀴를 1피치(pitch, 기어의 이와 이의 간격)씩 회전시키는 장치로 '시계의 심장'에 해당한다. 시계의 정확도를 결정하는 핵심 기계장치이다.

우리가 알 수 있는 최초의 탈진기는 1328년경 월링포드의 리처드가 세인트 올번스 수도원을 위해서 만든 것이었다고 하며, 이런 시계 중에서 뛰어난 것은 1348년에서 1364년 사이에 고안된 이탈리아 파도바의 조반니 데 돈디Giovanni de Dondi의 천문시계(astronomical clock, the Astrarium)였다. 이는 1365년에 그린 그림으로 남아 있다. 도르래와 추를 이용한 시계 모습을 그린 최초의 것이었다. 이것은 그런 류의 시계가 사용되기 시작한 지 이미 수십 년이 지난 후의 일이었다. 이 장치는 추가 서서히 떨어지면서 톱니바퀴를 통해 일정한 간격으로 축을 돌려 바늘을 움직이게 했다. 이를 중량시계 또는 분동시계라고도 불렀다. 이런 기계시계의 주요 부품으로는 크라운 톱니바퀴, 수직굴대, 바퀴멈추개, 수평막대 등을 들 수 있다.

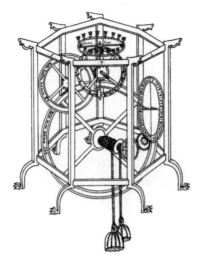

조반니 데 돈디가 1350년경 제작한 천문시계   돈디의 설계도를 바탕으로 현대에
의 아랫부분 그림(1364년)   복원한 것

　　최초로 나온 기계시계는 너무 커서 다루기가 힘들었다. 따라서 더
작고 휴대하기 편한 장치에 대한 욕구가 일어나게 되었다. 이러한 요구
에 부응하기 위하여 15세기부터는 시계의 동력 전달원으로 구동 무게
대신 스프링, 즉 태엽을 사용하게 되었다. 태엽을 시계의 추진력으로
도입한 데에는 15세기 초반경에 개발된 퓨지(fusee, 태엽이 풀릴 때의 구동력
감소를 보완하는 원추 도르래) 장치의 역할이 중요하였다.[147] 이러한 발전으
로 가정용 시계를 만들 수 있게 되었다.

　　16세기는 시간 측정기구의 발전에서 획기적인 전환기였다. 독일의
시계 발명가인 뉘른베르크의 페테르 헨라인(Peter Henlein, 1480~1542)이
나선형 모양의 시계태엽을 발전시켰다. 이 태엽이 시계에 사용되면서
크기를 획기적으로 줄일 수 있었다. 이렇게 하여 회중시계가 탄생하였

페테르 핸라인이 발명한 회중시계
나선형 모양의 시계태엽을 사용하여 손안에 넣을 수 있을 만큼 크기를 획기적으로 줄였다. 독일 뉘른베르크 역사 박물관 제공.

다. 그리하여 안경이나 다른 인공 부속품과 마찬가지로 몸에 지니고 다닐 수 있게 되었다. 헨라인은 세계 최초의 휴대용 시계를 발명한 사람으로 알려져 있다. 다만 그 이전에 만들어졌다는 주장도 있다.[148]

진짜시계, 진자시계

기계시계가 출현한 시기는 13세기 후반이지만, 과학적 이론을 바탕으로 만들어진 시간 측정 장치를 진정한 시계라고 한다면, 진짜 시계는 17세기 이후 네덜란드의 크리스티안 하위헌스(Christiaan Huygens, 1629~1695)로부터 시작되었다고 본다. 그는 효율적이고 정확하게 시각을 나타낼 수 있는 새로운 설계의 진자시계를 발명하였다. 진자시계의 출현은 폴리오트 단계에 비하여 정확도 측면에서 놀랄만한 진전을 이

루었다. 기술의 역사에서 극적인 전
환을 이루며 고정밀 기기의 시대를
열었다.[149] 현재 그가 만든 시계 중
가장 오래된 시계는 1657년 작품으
로 레이던의 보어하브 박물관에 전
시되어 있다.

갈릴레오 갈릴레이(Galileo Galilei,
1564~1642)도 정밀시계에 관심을 가
졌던 천문학자였다. 그는 1583년경
에 진자의 등시성을 발견하여, 진자
를 시계에 응용할 수 있으리라는 생
각을 먼저 제시했다. 그래서 학계에
서는 그를 진자시계의 창안자로 보

크리스티안 하위헌스Christiaan Huygens
네덜란드 헤이그에서 출생, 1656년 진자
시계를 발명하였고, 1673년에는 《진자시
계》란 책을 저술하여, 시계의 제작, 진자
를 포함한 일반적 진동 시스템 등에 대한
이론들을 완성하였다.

기도 하지만, 실제로 작동하는 최초의 진자시계를 만든 것은 하위헌스
였다.

하위헌스가 만든 시계는 문자반과 바늘을 갖춘 표시 장치를 진자의
움직임으로 제어하도록 한 진짜 진자시계였다.[150] 진자는 지극히 간단
한 장치지만, 시계의 역사에서 가장 중요한 발명품이었다. 무엇보다 그
때까지의 시계들에 비해 정확도를 획기적으로 높였다. 14세기 유럽에
서 기계시계가 나오기 시작했을 때 하루 오차는 무려 15분에 달할 정
도로 정확도가 낮았다. 진자시계는 이를 하루에 10초 정도로 줄일 수
있었다. 진자시계가 등장하기 전에는 시각을 가리키는 시곗바늘로써
분침조차도 쓸모를 찾기 어려웠고 대부분의 시계는 시침 하나만으로

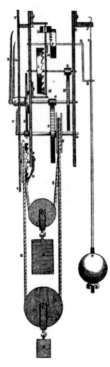

하위헌스가 처음으로 제작
한 진자시계

시각을 표시했었다. 진자시계 덕분에 분침도 널리 사용하게 되었고, 1670년에는 런던의 윌리엄 클레멘트에 의해 시계에 초침까지 도입할 수 있었다.

이처럼 하위헌스의 진자시계 발명으로 인하여 정밀시계에 대한 관심이 높아졌고, 진자는 관심의 초점이 되었다. 시계의 기계 부분인 '무브먼트' 설계가 빠르게 발전한 것은 이런 관심이 낳은 결과였다.[151]

그 후 1675년 리처드 타운리Richard Towneley 가 닻 구조 탈진기(anchor escapement)의 변종인 직진식 탈진기(deadbeat escapement)를 발명하여 이후의 거의 모든 진자시계에 채용되었다. 또한 이때 하위헌스와 로버트 훅이 나선형 밸런스 스프링을 추가한 밸런스 휠(balance wheel)을 발명하여 진자와 동일한 조화 진동자(harmonic oscillator)

의 원리를 도입한 후, 비로소 실용적인 회중시계가 탄생했다. 이후 회중시계는 신사의 필수 휴대품으로 보편화되어 갔다. 20년 뒤에 그는 더 정교한 시계를 만들기 위해 전통적인 평형축에 나선형 태엽을 덧붙이면 평형축이 진자처럼 고유 진동수를 갖게 될 거라는 의견을 제시했다. 이로써 근대식 시계 구조의 청사진이 등장하게 된다. 이 제안은 정확하면서도 휴대하기 간편한 시계, 즉 회중시계를 개발할 길을 열어주었다. 이 구조는 시계의 표준이 되었고, 그 후 200년 동안 사실상 거의 바뀌지 않았다. 이처럼 하위헌스의 진자운동을 활용한 기계시계의 발명은 측정의 역사에서 획기적 사건이었다. 이로 인해 과학 및 기술 일반에 정확한 측정의 중요성이 널리 인식되기에 이르렀다. 진자시계는 1930년대 쿼츠시계가 등장하기까지 세계에서 가장 정확한 시계였다.

크로노미터Chronometer, 대항해시대의 동반자

대항해시대를 맞아 먼바다를 항해하는 기술의 필요성이 더욱 커졌다. 이때 배의 정확한 위치를 아는 일이 무엇보다 중요했다. 그것은 위도와 경도의 측정으로 얻을 수 있었다. 위도는 지구의 회전축이 보편적 근거점이 되기 때문에 현지의 진정오[apparent noon]에 태양의 고도를 직각기나 아스트롤라베 등으로 측정하면 쉽게 알 수 있었다. 하지만, 경도는 그런 자연적인 참고점이 없어 임의로 경도 0을 설정하여 본초자오선으로 삼고 측정하려는 지점과의 시간차를 통해 경도를 계산해야 했다. 이때문에 "배에서 어떻게 정확한 시간을 측정할 것인가?" 하는 것이 세계적인 과제가 되었다. 배는 파도에 흔들리기 때문에 진자시계를 사용할 수 없었다. 따라서 진자운동이 아닌 다른 방법으로 시간을 측정하는 기술을 개발하여야 했다.

18세기 중엽에는 정밀시계가 완전한 형태를 갖추었지만, 휴대용 정밀시계를 만드는 문제나 바다에서 정밀시계를 이용해 경도를 알아내는 문제는 아직도 해결되지 않은 상태였다.

영국에서는 현상금을 걸고 세계에 널리 항해용 시계를 공모했다. 이를 해결한 것이 영국의 존 해리슨(John Harrison, 1693~1776)이었다. 그

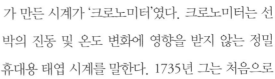

가 만든 시계가 '크로노미터'였다. 크로노미터는 선박의 진동 및 온도 변화에 영향을 받지 않는 정밀 휴대용 태엽 시계를 말한다. 1735년 그는 처음으로 균형시계에 온도 보정장치를 설치하여 이를 개발하였다. 그는 이후 이를 더욱 향상시켰다. 세계 최초의 정밀 해양시계인 크로노미터는 모든 정밀 회중시계의 초석이 되었다.[152] 그리고 대항해시대의 동반자로 유럽이 바다를 정복하여 제국주의 패권을 장악하는데 크게 기여하였다.

해양 정밀시계, 크로노미터
marine chronometer

18세기 후반에는 실용성에 대한 요구가 거세졌고, 산업혁명이 일어나자 일상적 기능을 갖춘 산업용 시계들도 개발되기 시작했다. 이런 기계들은 이제 생산과 각종 상황을 끊임없이 기록할 수 있게 되었다. 이처럼 16세기에서 19세기까지는 시간 측정에 관한 과학과 시계 제조술의 황금기였다.

회중시계에서 손목시계로, 몸의 일부가 되다

시계는 19세기에는 회중시계, 20세기에는 손목시계로 대중화한다. 19세기에 들어오면, 기술적으로나 미학적으로나 과거를 주름잡았던 화려하고 장엄한 바로크 스타일의 시계들은 낡은 유행이 되었다. 이제는 작은 크기의 시계를 더 찾게 되었다. 황금으로 된 작은 회중시계가 주인의 신분을 자랑스럽게 드러내는 상징물이 되었다.

시간이 지나면서 또다시 유행이 바뀌었다. 회중시계를 대신하여 더 작은 손목시계가 왕좌에 올랐다. 크기도 크기지만 여는 데 시간이 걸리는 회중시계와는 달리 손목에 찬 시계는 손목만 보면 언제든지 시간을 확인할 수 있었다. 손목시계는 제1차 세계대전을 거치면서 널리 보급되었다. 시간의 정확성과 동시성이 전쟁에서의 승패를 좌우하는 관건임이 확인되면서 나타난 현상이었다.[153]

손목시계는 19세기에 보급되기 시작했다. 19세기 후반에는 미국에서 시계를 대량 생산하기 시작했다. 스위스가 곧 이를 따라잡아 사업을 크게 확장하면서 시계산업 전체를 장악하게 되었다. 스위스는 20세기 손목시계 시장을 이끌면서 대중화해 나갔다.

지난 2세기 동안 시계기술은 이전에는 결코 불가능했던 완벽함과 정밀성을 획득할 수 있었다. 시계장치들은 점점 현실적이고 다루기 쉬운 방식으로 바뀌었으며 더 광범위하게 사용되고 더 정확한 장치로 발전되었다.[154] 그리고 더 작아졌다. 이제 몸의 일부가 되어 항상 손목에 차고 다닌다. 시계는 편리함과 동시에 인간의 굴레가 되어버렸다.

시계가 만든 근대

시간, 근대, 유럽

세계를 지배하고 있는 유럽, 그렇게 된 계기는 시간과 관련이 있다. 혁명 중에서 가장 혁혁한 것은 의심할 나위 없이, '시간혁명'이라고 한다. 지금까지 살펴본 것처럼 서유럽에서 기계시계가 처음 등장한 이래, 비약적인 발전이 있었고 정확한 기계시계의 발명은 시간의 개념 자체를 크게 바꾸었다. 그와 함께 시간의 측정에 바탕을 둔 새로운 형태의 문화가 생겨났다. 그에 따른 사고의 변화는 근대적 사고, 합리적 사고로 나타났다.

근대의 특성으로는 합리주의를 첫손에 꼽는다. 합리주의는 시간·공간의 균질화, 인과의 법칙 등에 의해 확립되는 근대적 실증주의와 맥을 같이한다. 그런 점들이 근대의 기술문명을 선도했다. 이를 바탕으로 과학혁명, 또 산업혁명을 이끌었다. 한때 아랍의 문화를 보고 '라틴의 빈곤'을 절감했던 유럽이 1548년에 거꾸로 술탄을 위한 선물로 시계 네 개와 한 명의 시계공을 보냈다고 한다. 이를 통해 유럽은 그들의 기술적 우월성을 뽐냈다. 또 중국으로 건너간 시계는 거기에 '과학을 통한 신앙의 전파' 수단으로서의 역할도 덧붙여 있었다.[155]

이처럼 기계시계는 근대의 문을 열었고, 서유럽에게 세계 지배의 길을 열어준 획기적인 발명품이었다. 기계시계가 열어놓은 근대는 어떤 모습이었는지 이어서 살펴보기로 하자.

근대의 합리주의

왜 합리주의를 근대의 특성으로 꼽고 있나? 그 답을 찾기 위해 합리주의란 무엇인가에 대해 먼저 살펴보자.

합리주의에 대하여는 여러 가지 정의가 있지만, 그중 하나를 예로 들면, "이성적 · 논리적 · 필연적인 것을 중시하는 태도"라고 한다. 무엇을 통해 이런 태도가 가능할까? 수학에 기초를 둔 연역법과 자연과학에서 관찰실험의 귀납법이 이를 가능하게 한다고 한다. 그런 태도의 시작을 갈릴레이의 측량술과 같은 과학의 발달에서 찾고 있다. 측량술, 이는 곧 자연의 수학화, 계량화를 말한다. 이런 계량화의 발달로 "모든 것을 측량할 수 있다"고까지 말하게 된다.

어떤 현상을 막연하게 말로 설명하는 것보다 측량된 숫자로 계량화하여 표현하면 사람들은 이를 합리적이라고 받아들인다. 온도라는 기준으로 측정하여 0℃에 물이 얼음으로 변하고, 100℃에 수증기로 변한다고 말하면 그 계기성이 분명해진다. 또 물이 '차갑다', '미지근하다', '뜨겁다' 등의 표현보다는 물의 온도가 '4℃', 또는 '30℃', '40℃' 등으로 표현하면 사람마다 느끼는 정도에 차이는 있겠지만, 모두 물의 뜨겁기에 대해서는 합리적인 판단을 내릴 수 있다. 날씨에 대해서도 "오늘 비 올 확률 60%" 이렇게 표현하는 것이 "가끔 흐리다가 때때로 비가 내리겠습니다"라는 예보보다는 훨씬 합리적으로 다가올 것이다. 계량화의 마법이기도 하다.

한편 '합리적'이란 예측 가능하도록 원인과 결과가 납득할 수 있게 엮어져 있다는 뜻이기도 하다. 즉 인과관계에 의한 설명이 가능해야 한다는 뜻이다. 근대의 자연과학은 모두 "원인 ↔ 결과"의 계보로 묶여 있다. 인간의 행동도 앞과 뒤가 이치에 맞게 일치할 때 합리적이라 한다. 이것이 근대 합리주의의 모습이다.

역사학에서도 근대역사학 성립 여부를 가늠하는 지표 중 하나가 "사회발전을 인과관계 위에서 분석·종합하는 역사서술"이다. 단순히 사건의 나열이 아니라 "발전적 또는 발생적 역사"일 것을 목표로 하는 근대 역사학에서는 "인과관계에 의한 역사서술"이 필수요건이란 뜻이다.[156] 여기서 역사에서도 인과관계=합리주의=근대로 이어짐을 알 수 있다.

왜 정확한 시계가 필요했는가?

샤를마뉴의 통치 기간 중 유럽에서는 "시간에 대한 광범위한 무관심"

에 놓여 있었다. 《봉건사회La société féodale》라는 책에서 마르크 블로크Marc Bloch는 중세인들이 시간의 중요성을 별로 의식하지 않았다는 사실을 강조했다. 이런 무관심이 지배했지만, 그런 속에서 기계시계를 만들어 내야겠다는 필요성은 중세 수도원에서 나타났다. 왜냐하면 수도원에서는 시간을 잘 지키는 것이 미덕이었고, 예배시간이나 식사시간에 늦으면 처벌을 받기 때문이었다. 그래서 달력의 개혁을 오랫동안 가로막았던 교회가 아이러니하게도, 정확한 시간의 필요성을 제공했다는 점에서 뜻밖에 기계시계 발달의 제1공로자가 되었다.[157] 시계를 가리키는 영어 단어 clock은 어원적으로 중세 라틴어인 clocca와 프랑스 단어인 cloche와 관련 있는데, 이 단어들은 모두 '종'을 의미한다. 교회의 종소리는 중세 생활에서 시간을 알리는 뚜렷한 역할을 했다.

13세기 후반에 기계시계가 출현했지만, 처음에는 이 시계가 중세의 사고방식에 거의 영향을 미치지 못했다. 중세에 시간이 가장 필요했던 곳은 수도원이었는데, 수도원에서 필요한 시간은 기도시간뿐이었다. 따라서 시계의 '얼굴'인 문자반이 없어도 문제가 되지 않았다.

14세기까지는 오직 교회만이 시간의 측정과 구분에 관심이 있었다. 중세인들은 급할 것이 없었다. 그래서 14세기에 기계시계가 나타났어도 시간에 별로 관심이 없었다. 그래서 중세의 기록물들에는 사건의 시기나 그 기간이 부정확한 경우가 많았다.[158]

14세기를 지나면서 변화가 일기 시작했다. 특히 달력의 시간 계산에 오차가 있음을 알면서도 교회에서 정한 권위적 시간 때문에 이를 바로잡지 못하던 현실에 대한 불만이 늘어났다. 신성과 세속의 갈등이었다. 이 때문에 대학이나 로마의 성당에서 끝없이 논쟁이 계속되었다.

프라하 구시가 시청사의 천문시계

1410년에 최초 설치된 천문시계로 여전히 작동하는 시계로는 가장 오래되었다. 시계 장치는
세 개의 부분으로 구성되어 있다. 맨 위에는 '사도들의 행진'으로 시각을 알리는 종이 울릴 때
시계 상단의 문에서 12사도가 나와 회전을 한다. 가운데는 천문 눈금판으로 하늘의 해와 달
의 위치와 다양한 천문학적 정보들을 표시한다. 맨 아래 것은 달력 눈금판이다. 체코 고딕시
대의 과학과 기술이 집약된 결정판이다.

당시 대학은 신앙과 논리, 신성과 세속이 논쟁하는 지적 대결의 장이 되어 있었다.

기계로 움직이는 시계가 등장하면서 시간을 세속적인 것으로 생각하기 시작했다. 이런 변화를 이끌었던 보다 근본적인 요구는 점점 세력을 얻고 있던 상인, 무역상, 은행가, 선주 등 정확한 시간에 대해 실질적인 필요성을 느끼고 있던 사람들로부터 왔다. 상인들과 무역상들에게 시간은 예전보다 더욱 확실하게 노동이나 돈벌이에 연계되었다.[159] 이들에게는 사업이나 정부의 일을 수행하는데 보다 정확하게 측정되는 시간이 필요하였다. 상업과 교통에 생활을 의존했던 르네상스 시대의 보통사람들은 비교적 빡빡한 약속 시간을 짜고 이를 지키기 위해 시간을 알 필요가 있었다. 이처럼 시계는 사회적 요구 때문에 그 기능은 물론, 형태도 다양하게 바뀌면서 발달하였다. 16세기 말을 지나면서 시간의식도 그 이전과는 현저하게 달라졌다.

시계가 만든 근대의 시간관

기계적 자연관

기계시계의 발명은 사람들의 생각에 큰 변화를 가져왔다. 기계시계가 발명되자, 우주가 시계처럼 정밀한 기계라는 논리가 제시되었다. 이는 "시계 같은 우주"라는 사상으로 발전되었고 궁극적으로 기계적 자연관이 17세기의 주도적 사상이 되었다. 이런 기계론적인 유추는 인간사회도 '준 시계'라는 주장이 나오게 했다.[160]

이러한 사상은 17세기 과학혁명의 시대에 전면으로 부상하였다.

17세기 초 케플러(Johannes Kepler, 1571~1630)는 우주를 물활론적인 마법적 개념으로 파악하던 이전의 태도를 일축하면서 우주가 시계와 비슷하다는 주장을 폈다. 보일(Robert Boyle, 1627~1691)도 우주는 스스로의 자율성을 획득한 시계와 같다고 하였다.[161]

이처럼 17세기에 들어와 기계적 자연관이 발달한 데에는 기계시계가 핵심적인 역할을 했다. 기계적 자연관이 나오게 된 데에는 정확한 시간 측정을 위해 편리하게 응용 가능한 자연의 주기를 발견했기 때문이었다. 갈릴레이는 진동하는 추에 대한 수학적 사고를 거듭한 끝에, 진자는 길이에 따라 고유의 진동 주기를 갖는다는 결론을 내렸다. 기계식 진자시계를 보다 정밀한 장치로 개량시킨 장본인이기도 한 크리스티안 하위헌스는 모든 자연현상은 '기계적 논리'로 설명된다고 주장하였다.

18세기에 들어오면 시간이라는 개념이 자연을 이해하는 데 필수적이라는 생각이 널리 퍼지기 시작했다. 코페르니쿠스 이론이 기존의 공간개념을 대폭 수정했듯이, 기계적 자연관은 시간의 개념을 대폭 확대시켰다.

시간의 균질화

중세와 근대는 무엇이 다를까? 중세에는 신이 있고, 근대에는 신이 없다. 중세에 우주는 신비함의 상징이었고, 따라서 신의 존재를 믿었다. 그러나 갈릴레이의 측정술 등 근대 과학의 발달로 신비함은 사라졌다. "신화와 종교의 신성한 자리를 대신 차지한 것은 과학기술과 경제였다." 세계를 설명하는데 더 이상 신비롭고 불가측한 힘에 의존하지 않게 되었다. 기술적 수단과 계산이 '신비'를 대체하였다. 이는 종교개혁과 탈주술화로 이어졌다. 과학은 세계를 주술로부터 해방시켰다. 기계적 자연관의 영향으로 종교에서 성스러운 공간과 세속적인 공간의 구별이 와해되어 갔다. 이는 중세에서 근대로의 변화를 이끌었다.

중세에서 낮과 밤은 정말로 달랐다. 밤은 폭력, 낮은 안전이었고, 밤은 수면, 낮은 노동이었다. 밤은 사탄의 영역, 낮은 신의 영역이었다. 불어에서는 밤을 여성형으로, 낮을 남성형으로 하여 이 두 요소에 내재하는 성적인 성격을 강조하고 있다. 이처럼 "밤과 낮이 엄연히 다른 이원적 시간이며, 밤이란 귀신들의 세계라는 중세 때의 생각"이 근대 과학의 발달에 따라 여지없이 무너졌다. 밤과 낮의 기능적 차이가 사라졌으며, 성스러운 공간인 성내와 요정들이 사는 숲의 구별도 없어졌다. 마침내 시간과 공간이 균질화되었다. 전기의 시대가 되면, 인간은 빛으로 "길들인 밤"을 만들어 낮과 밤의 차이를 아예 없앴다.[162]

위계의 평준화 현상

이러한 균질화는 서구 문화의 다양한 영역에서 위계가 평준화되는 현상을 낳았다. 종교에서 성스러운 공간과 세속적인 공간의 구별이 무너졌고, 귀족사회의 붕괴와 민주주의의 발흥이 뒤따랐다.[163]

정확한 기계시계의 발명은 시간의 개념 그 자체에 엄청난 영향을 미쳤다. 서유럽 전역에 기계시계가 도입되면서 나타난 중요한 변화는 1시간=60분이라는 시간 단위를 균일하게 채택하게 되었다는 것이다. 철에 따라 달라지던 시간의 길이도 기계시계의 출현으로 같아지게 되었다. 밤이나 낮이나 1시간의 길이가 똑같아지게 된 것이다. 시간의 균일성을 지지하는 믿음이 청교도들에 의해 서서히 강화되었다. 시간의 동일성과 연속성에 대한 믿음을 크게 증진시켰다. 시간을 균일하게 분할한다는 추상적 틀은 그대로 정착되어 점차 일상생활의 새로운 수단이 되었다.

이처럼 기계시계는 기계적 우주관뿐만 아니라 현대적 시간관까지 만들어낸 원형적 장치였다. 이를 두고 루이스 멈포드는 "기계시계는 인간의 사건에서 시간을 따로 떼어냈고 수학적으로 측정 가능한 독립된 세계, 그러니까 과학이라는 특별한 세계에 대한 믿음을 가져다 주었다"고 하였다.[164]

시간 측정의
기준이 바뀐다

수정시계(水晶時計, Quartz Crystal Chronometer)[165]

기계시계는 1921년 영국의 W. H. 쇼트가 자유추시계를 발명한 이후부터 정확도가 훨씬 좋아졌다. 쇼트가 쇠와 니켈의 합금 '인바'를 시계추에 활용하여 만든 자유추시계는 오차가 1년에 약 10초, 하루에는 약 0.03초였다. 그 이전 시계의 하루 오차가 0.1초였는데 비하면 놀랄만한 향상이었다. 그리하여 쇼트 시계는 1925년부터 1942년까지 그리니치의 왕실 천문대에서 표준시계로 사용하였다. 이 시계는 지구의 자전 주기가 일정하지 않음을 검출했을 정도로 정밀한 것이었다.

20세기 들어 시계는 또 한 번 질적인 기술 도약에 성공했다. 1927년 캐나다 벨 연구소의 워런 매리슨Warren Marrison이 수정 결정이 가지고 있는 압전효과를 이용하여 쿼츠시계, 즉 수정 발진기 시계를 개발하였다. 수정 결정을 전기장에 놓았을 때 진동하는 횟수가 1분에 수십만 번이나 된다는 사실을 발견하여, 이를 시계에 활용하였던 것이다. 그리하여 1930년대에는 지구의 중력장에서 움직이는 추의 진동 대신 수정 광석인 쿼츠의 기계식 진동을 이용하게 되었다. 1942년 왕립 천문대의 쇼트 시계를 대체한 쿼츠 수정시계는 하루 오차가 약 0.002초였다. 1년에 1초도 안 되었다.

수정시계는 안정도가 높은 수정 발진기의 주파수를 이용한 표준 시계였다. 항온조를 사용하여 발진 주파수가 일정하게 유지되도록 하였다. 수정시계의 정밀도는 10^{-8}정도였다. 수정은 1초에 정확히 3만 2,768번 진동한다. 그 주파수를 분주分周하여 저주파의 동기 전동기를 운전해서 시계 기구를 구동하게 된다. 따라서 시계 안에는 기어나 태엽 같은 것은 없고 빛의 진동에 의해 몇 시인지를 알 수 있게 하였다. 다만 수정시계는 1970년대에 이르러서야 아날로그 형태로 누구나 쉽게 가질 수 있도록 적합한 크기와 가격 그리고 정밀도를 갖추게 되었다. 그리고 1980년대로 넘어가면서 한 단계 더 나아가 액정 디지털 수정시계가 쏟아져 나왔다.

수정 발진을 활용하면서 시계는 정확도는 물론 시간의 기준 자체를 바꾸어 놓았다. 수 세기 동안 벽시계나 손목시계의 시간은 지구가 회전하는 속도에 맞췄다. 그러나 보다 정확한 시계가 발명되면서, 미세한 차이를 보이는 지구의 회전속도는 더 이상 시간기준이 될 수 없었다. 수정시계가 등장하면서 1초란 석영 결정, 즉 수정이 3만 2,768번 진동하는 동안의 시간으로 바뀌었다. 지구의 자전과는 아무 상관 없는 시간이 되어버렸다.

이후 컴퓨터 시대를 맞았다. 잘 알다시피 앨런 튜링(1912~1954)과 J. 폰 노이만(1903~1957)이 20세기의 가장 위대한 업적인 현대식 디지털 컴퓨터를 발명해 냈다. 《튜링의 사람:컴퓨터 시대의 서구문화》(1984)라는 책의 서문에서 데이비드 볼터는 이렇게 썼다.

> 그리스 세계를 이해하려면 플라톤과 그리스 도자기를 함께 생각하는 것이 타당하고 17, 8세기 유럽을 이해하려면 데카르트와 기계식 시계를 함께 놓고 보는 것이 합리적이다. 마찬가지로 컴퓨터를 다음 세대의 과학, 철학, 예술의 기술적 표준틀로 간주하는 것이 타당할 것이다.

이렇게 하여 컴퓨터는 시계와 함께 새로운 기술시대의 양대 핵심기계가 되었다. 볼터는 또 "시계는 중세에 발명된 이래 서구 기술의 핵심이었다. 컴퓨터 기술에서도 시계는 필수불가결한 품목이다. 그러나 컴퓨터는 이제 시계를 기계적 장치가 아닌 전자장치로 뒤바꾸어 놓았다"라고 말하였다.[166]

세슘원자시계

수정시계가 나오면서 게임은 끝난 줄 알았다. 그러나 시계에 대한 인간의 욕망은 끝이 없었다. 더욱 놀라운 신세계가 기다리고 있었다. 그것은 바로 세슘원자시계(Cesium atomic Clock)였다. '원자시계'는 원자에서

정동진 시간박물관에 전시 중인 세슘원자시계
3만 년에 1초의 오차밖에 나지 않는 정확도 높은 시계로 전세계에 50개가 있다고 한다. 그 후 세슘원자분수시계, 세슘파운틴시계 등으로 기술이 발전하면서 오차 없는 절대시계로 발전해 가고 있다. 시간박물관 제공.

내보내는 파장이나 공명을 진동기준으로 사용하는 것이다.

하루의 길이는 연간 평균으로 따져 보면 약 1밀리세컨드 정도의 변폭이 있다. 따라서 1952년부터 지구의 자전 대신 1년의 길이, 즉 지구의 공전에 바탕을 둔 역표시(ephemeris time, 曆表示)를 쓰게 되었다. 이는 100년에 0.5초 정도의 오차가 나는데, 초정밀이란 관점에서 보면 이마저도 흡족한 것은 아니었다. 초정밀 시간 측정에 대한 필요성이 점점 늘어나면서, 이제 천문관측에 의해 얻어지는 시간보다 더 정밀한 근본적인 표준시간을 찾아야 했다. 이러한 기준은 원자나 분자 진동이 발진

發振하는 특정 스펙트럼선의 주파수를 측정함으로써 얻을 수 있었다.

1949년에 미국은 24㎓의 저압 가스 암모니아 분자에 의해 동기화되는 쿼츠시계를 제작했으며 물리학자인 루이 에센(Louis Essen, 1908~1997)의 지도하에 1955년 영국은 최초의 세슘시계를 제작하였다. 이것은 세슘 원자의 바닥 상태에서 이루어지는 특정 전이가 만들어내는 전자기복사를 이용하는 것인데, 통상 'SI초'라고 한다. 세슘-133 원자의 두 가지 초미세 수준 사이에서 벌어지는 전이는 1초에 9,192,631,770번 일어난다. 그래서 이를 주기로 하여 1초의 개념을 정하였다.

1967년 국제도량형총회에서는 "바닥상태의 세슘-133 원자에서 나오는 복사선(빛)이 91억 9,263만 1,770번 진동하는 시간"을 1초로 재정의하였다. 1972년 1월 1일부터 각국의 표준시는 이 세슘원자시계를 기준으로 하고 있다. 수정시계가 막 대중화의 단계에 들어설 즈음에 1초란 "수정이 3만 2,768번 진동하는 동안의 시간"에서 이렇게 세슘원자를 기준으로 바뀌었다.[167]

세슘원자시계를 기준으로 한 '초'의 정의에 따르면 하루가 8만 6,400초라는 기존의 통설은 틀렸다. 이 원자 주파수 기준은 극세밀한 수준까지 결정되어 있어서 개개의 경우에 그 정확도는 10^{14}의 1 수준까지 높아진다. 세슘원자시계는 세슘원자의 진동을 기준으로 만든 시계로 하루를 기준으로 $10^{-13} \sim 10^{-15}$의 안정도를 갖는다. 이것은 3백만 년이 흘러야 1초 정도의 오차가 발생한다는 뜻이다. 여러 원자 중에서 세슘 원자를 기준으로 선택한 까닭은 그 주파수가 전파 범위 안에 있어서 표준 기술로 측정할 수 있기 때문이다.

첨단기술이 장차 어떤 이익을 가져다줄지는 알 수 없다. 새로 개발되고 있는 세슘파운틴시계는 10^{15}분의 2라는 놀랄만한 안정성을 가질 것이라고 기대하고 있다. 이렇게 되면 1,500만 년에 1초의 오차가 생기는 셈이다. 또 그보다 한 걸음 더 나아가 새로운 광학시계가 등장하고 있다. 미국 국립표준기술연구소(NIST; National Institute of Standards and Technology)가 2001년 처음 선보인 광학시계는 오차가 300억 년에 1초였고 펨토초(1초를 1,000조분의 1로 나눈 시간)까지 측정이 가능했다. 2016년 UCLA 공과대학에서 만든 광학시계는 10만분의 1펨토초까지 측정이 가능하다고 한다.[168]

100억 년은 우주의 수명으로 여겨지는 시간이다. 시간이 탄생한 순간부터 지금까지인 100억 년을 훌쩍 넘는 시간까지도 오차 없는 시계가 탄생했으니, 이는 사실상 오차 없는 절대시계라는 인류의 오랜 꿈이 실현된 것이다. 하지만 마냥 좋기만 한 것은 아니다.

1초의 역설 – 달라지는 '초'의 정의

스위스의 수학자이자 천문학자이며 궁정 시계사였던 요스트 뷔르기(Jobst Bürgi, 1552~1632)가 1586년에 시계의 정확도를 높여 분침이 있는 시계를 만들었다. 분침은 60분으로 나뉜 시계판 위로 움직였다. 이로써 프톨레마이오스까지 거슬러 올라가는 60분식 계산법이 구현되었다.[169] 하지만 그 정확도가 '초'까지는 미치지 못하였다. '초'라는 시간 단위는 그 후에도 수 세기 동안 추상적으로만 존재할 뿐이었다. 그러나 1670년 영국의 시계 제작업자인 윌리엄 클레멘트가 하위헌스의 추시계에 틱-톡(tick-tock) 거리는 소리 한 번이 1초가 되도록 추가함으로써

초는 구체적인 형태를 띠게 되었다. 초는 적어도 소리의 형태를 띠게 되었다.[170]

그런데 1초의 길이는 어떻게 정했을까? 고대 이집트에서부터 '하루'를 24시간으로 나누었고 그리스, 바빌로니아를 거치면서 이를 다시 분, 초로 나누는 방식이 나타났다. 문제는 해시계로 측정하는 '하루'의 길이였다. 즉 땅 위에 세운 막대기의 그림자가 가장 짧아지고 이튿날 다시 똑같은 상태가 될 때까지의 시간이 진태양일眞太陽日인데, 이 진태양일 하루의 길이는 계절에 따라 달랐다. 하루의 길이가 다르면, 당연히 분, 초도 정하기 어려웠다. 따라서 이 불편을 없애기 위해, 유럽에서는 18세기 중엽부터 19세기 말에 걸쳐 1년마다 평균을 내어 평균태양일을 정하는 방식으로 하루의 길이를 해결하였다. 그리하여 평균태양일을 24등분하여 시로 하고, 시를 60등분하여 분, 분을 다시 60등분하여 초로 정하게 되었다. 초가 사람들에게 온전하게 받아들여지게 된 것은 20세기에 수정시계가 등장하면서부터였다.

1927년에 수정시계가 출현하여 정밀도가 향상되자, 그때까지 최고의 정밀도를 지닌 시계였던 지구 자전 속도(정밀도 ± 1억분의 5)의 불규칙성이 발견되어 이것이 정확한 시계의 기준이 될 수 없음이 판명되었다. 이에 지구의 자전 대신 공전을 채택하여 이를 역曆 계산의 인수로 사용하였다. 이리하여 1960년 국제도량형총회에서는 1초를 1900년 초 시점에서 측정한 1태양년의 3,155만 6,925.9747분의 1이라고 정의하고 이것을 시간의 단위로 하였다. 이를 역표시(曆表時, ephemeris time)라 하였다.

그 후 '초'의 정의가 또 달라졌다. 이는 시계 기술의 진화에 따른 불

가피한 결과였다. 1967년 파리에서 열린 제13회 국제도량형총회에서
는 세슘원자시계를 국제표준시계로 채택하였다. 그리고 그 1초에 맞추
어 국제단위계(SI)의 시간 단위 '초'를 세슘-133의 바닥상태에서 2개의
초미세 준위 사이의 전이(轉移)에 대한 방사 주기의 91억 9,263만 1,770
배로 정했다.[171] 다시 말하면 세슘원자가 91억 9,263만 1,770번 양자
진동하는 기간이 국제공인 원자초 1초가 되었다.[172]

　세계시의 공식 측정은 지구의 공전을 기준으로 했던 예전의 시간
대신, 세슘이라는 희귀하고 무르며 청회색을 띤 금속 원자의 방사 주기
를 기준으로 하게 되었다. 이제 공식적으로 1년은 365.242199일이 아
니라 290,091,200,500,000,000±1~2 세슘 진동수가 된다. 그 결과
현재 우리는 천체 관측에서 유래하는 시계(時系, 역표시)와 원자시계라는
2개의 독립된 시계時系 속에서 생활하고 있다.

　이처럼 원자초가 등장하면서 시간의 체계가 바뀌었다. 이전까지 사
용되던 세계시는 지구의 자전운동을 기초로 정해진 하루라는 시간을
중심에 놓고, 그 하루를 구성하는 아주 작은 일부로서 초를 바라보았
다. 하지만 이제는 반대로 초를 중심에 놓고 하루라는 시간을 그 초가
축적되어 이루어진 것으로 보는, 상향식 체계가 받아들여지게 된 것이
다. 철학자들은 이 새로운 원자시간이 과거의 시간만큼 '자연에 부합하
는 것'인지를 놓고 논쟁을 벌이고 있다.[173] 사람들은 자연으로부터 시간
측정의 기준을 얻어왔는데, 기술이 원자시계로까지 발전함에 따라 시
간을 자연으로부터 분리시켜 버렸다.

일상시계와 과학시계의 분리

수정시계만 해도 오차가 하루 약 2밀리세컨드 정도로 놀랄 만큼 정확하다. 1년에 1초도 안 되는 정도의 오차라면 일상생활에서는 사실상 오차가 없다고 느껴질 만하다. 기계시계도 기술 발달에 따라 현저히 오차를 줄여 일상생활에서 느끼지 못할 만큼 정확도가 향상되었다. 따라서 이때를 기해서 시계는 '일상시계'와 '과학시계'로 나뉘어 서로 역할을 달리하면서 각각 발달하였다.

과학시계에서는 더 정확하고 세밀한 계측을 요구하기 때문에 계속 새로운 연구가 나타났다. 세슘원자시계나 광학시계 등이 그런 지향성을 갖는 결과들이다. 반면 일상적인 분야에서는 더 이상 정확한 시계는 필요 없다고 할 만큼 시계의 정확도가 높아졌다. 따라서 시계의 기능적 측면보다는 디자인과 같은 미적 측면, 또는 다른 요소를 가미하여 소유욕과 그 만족감을 높이는 그런 측면으로 발전하였다. 거기는 여전히 기계시계의 영역이었다. 시계의 명품화와 시계 자체에 감성을 넣는 그런 작업들을 통해 시장 경쟁력을 높이는 방향이었다. 근대 초의 회중시계가 시간 그 자체보다 위세를 상징하는 장신구의 역할을 했다는 점을 상기하면 역시 시간은 인간적인가 보다. 이제 보다 정확한 시계는 과학에서는 필요하겠지만, 인간에게는 더 이상 필요 없게 되었다.

지구시와 원자시의 오차

그러나 여기서 끝이 아니었다. 알다시피 지구축이 조금 기울어져 있어 지구의 공전 주기에 약간의 시간차가 생긴다. 지구는 아주 약간씩 흔들리며 늦어진다. 정밀한 원자시계는 지구의 자전운동이 아주 미세하게 점점 느려지고 있으며 그래서 하루의 길이도 근소하게나마 점점 길어지고 있다는 사실을 확인해 주었다. 예전 같으면 무시해도 될 만한 차이이지만, 지금 표준시계는 '지나치게' 정확하기 때문에 그 차이를 그냥 그대로 두고 볼 수가 없었다. 이 때문에 주기적으로 몇 초를 빼거나 더해서 지구의 공전 주기와 정확하게 맞추어야 했다. 또 1년이 하루의 배수로 딱 떨어지지 않듯이 하루도 정확하게 원자초로 딱 떨어지게 나누어지지 않는다. 따라서 이를 보정하기 위해 또 더하거나 빼야 했다. 이를 '윤초'라고 한다. 결과적으로 이 차이를 조정하기 위해서 1972년 이후 지금까지 거의 2년마다 1초씩을 더해 왔다. 윤초는 필요 시 매달 마지막 날에 조정을 하는데, 12월 31일이나 6월 30일이 선호된다.[174]

이제 인류는 마침내 오차 없이 정확하고 진정한 1년의 길이를 측정할 수 있게 되었다. 그리고 300만 년, 아니 수백억 년에 1초의 오차도 생기지 않는, 사실상 오차가 없는 시계를 갖게 되었다. 수많은 천문학자들, 정치인들의 꿈이 실현된 셈이다. 그런데 누군가의 말처럼 목표를 지나쳐 너무 나가 버렸다.

과거의 많은 천문학자들과 시간계산학자들은 지구와 태양, 달 그리고 별 등 천체의 운동이라는 자연현상의 관측을 통해 정확한 시간을 정하려 무던히도 애써왔다. 그런데 인류가 마침내 도달한 결론은, 천체의 운동 자체가 정확하지 않기 때문에 그런 관측으로는 아무리 애써도 결국은 원했던 답을 얻을 수 없다는 것이었다. 완벽함을 찾으려 했지만 아무것도 완벽한 것은 없었다. 특히 자연은 그 자체가 완벽한 반복을 하지 않기 때문에 아무리 정밀한 관측과 수학을 동원한다고 해도 해결은 불가능한 것이었다. 그래서 다만 '완벽한 시간'이란 존재하지 않는다는 사실을 새삼 깨닫게 될 뿐이었다.

한때 달의 주기와 태양의 주기를 맞추느라 머리를 싸맸던 우리 인류는 이제 또 다른 오차를 극복해야 하는 숙제에 빠져 있다. 즉 지구시와 원자시 사이에 생기는 오차의 극복 문제이다. 자연의 오묘함은 끝까지 인류를 가만 놓아두지 않을 기세이다. 다만 보통 사람들은 그런 오차가 전혀 문제가 되지 않는 시간체계에 살고 있다. 그레고리력은 아직도 진정한 1년보다 매년 약 25.96초가 빠르다. 4909년에는 완전히 하루의 오차가 생긴다.[175] 이처럼 거의 모든 사람이 사용하고 있는 달력은 여전히 부족하다. 하지만, 아직 우리 대부분에게 그 정도면 됐고, 또 이미 익숙하기 때문에 바꾸려는 조짐은 전혀 보이지 않는다. 우주는 인간에게 시간 측정의 기준을 주기도 하는 고마운 것이지만 그 미세한 차이로 인해 많은 혼란을 주기도 하는 골치 아픈 존재임을 다시 한번 확인한다.

아주 긴 시간의 측정

지구와 태양의 나이가 얼마나 될까? 지구의 나이는 오늘날 약 45억 년, 태양의 나이는 현재 약 47억 년 정도로 추정하고 있다. 이처럼 초 단위의 "아주 짧은 시간"을 측정하는 것과는 정반대로 천문학적인 "아주 긴 시간"을 측정하는 것도 흥미로운 주제였다. 이를 심원한 시간 (deep time)이라고 부르기도 한다.[176]

천문학적인 아주 긴 시간 규모에 대한 문제의 해결은 아무래도 19세기 말에 발견된 방사능, 러더퍼드에 의한 핵변화 조사 그리고 20세기 초의 여러 방법이 나올 때까지 기다려야 했다. 이제는 방사능 원소의 순수 열손실을 측정하여 지구의 연대를 아주 작은 단위까지 파악할 수 있게 되었다. 방사능은 비가역적 자연과정의 중요한 사례이며 또 '시간의 화살'을 잘 보여주는 예이다.[177]

자연에는 이처럼 지각 암층 속의 방사능 '시계' 이외에도, 시간을 잴 수 있는 또 다른 사례가 있다. 그것은 방사능보다 더 뒤에 발견되었는데 유기물 속의 탄소-14 시계이다. 탄소-14는 약 5,730년의 반감기를 지닌 방사성 원소이며, 탄소-14를 방사성 탄소radiocarbon라고 한다. 현재 고고학자들에게 큰 도움을 주고 있는 '방사성 탄소 연대측정법', 즉 탄소-14 시계는 어떻게 작동할까?

시계는 째깍거리는 사물이다. 그 소리가 꾸준히 끊임없이 지속, 반복되는 한 어떤 의미를 갖게 된다. 원자의 진동, 추의 왕복운동, 지구의 자전이나 공전 등이 여기에 속한다. 석탄 덩어리도 째깍거리는 시계다. 대부분의 탄소원자는 탄소-12, 즉 내부에 양성자 6개, 중성자 6개를 가진 구조로 되어 있으나, 아주 드물게 약 1조에 하나꼴로 양성자 6개, 중성자 8개를 갖는 탄소-14가 있다. 탄소-12에 대한 탄소-14의 비율은 살아 있는 생명체 안에서는 일정하지만, 생명체가 죽으면 비율이 감소한다. 왜냐하면 탄소-14가 질소-14로 붕괴해 변하기 때문이다. 이 변화는 평균적으로 약 5,730년마다 반씩 줄어든다. 따라서 석탄 덩어리에 들어있는 탄소-12에 대한 탄소-14의 비율을 알면, 이 석탄이 얼마나 오래되었는지 그 나이를 알 수 있게 된다. 결국 석탄을 품고 있는 모든 화석은 탄소-14 덕분에 지질시대의 어디쯤인지를 알려주는 시계가 된다.[178] 이처럼 자연의 시계에는 우주 말고도 방사능, 방사성 탄소 등도 있는 셈이다.

이제 우리 인류는 찰나의 시간인 10만분의 1펨토초까지도 측정할
수 있고, 반대로 5,730년이란 긴 시간을 단위로 측정할 수도 있게 되
었다. 짧게, 길게 양방향 모두에서 측정의 기술은 인간의 시간을 훌쩍
넘어섰다.

협정세계시(UTC)의 탄생

국제표준 IS(International Standards)

세계가 하나가 되고 그야말로 지구촌이란 말이 무색할 정도로 왕래가 잦아진 지금, 국제표준을 누가 장악하느냐는 경쟁의 승패를 가르는 관건이 된다. 그 결과에 따라 막대한 돈이 오가기 때문이다. 이를 위해 온나라, 온 기업들이 무한 경쟁을 하고 있다. 이는 그만큼 세계가 좁아졌다는 뜻이기도 하다.

어느 정도 규모가 있는 호텔의 로비에 가면 어디서나 세계 주요 도시들의 시간을 알려주는 시계들이 죽 걸려 있는 모습을 볼 수 있다. 그런데 그 시계들을 보면 공교롭게도 시침이 가리키는 숫자는 달라도 분침이 가리키는 숫자는 모두 같다. 어떻게 된 일일까? 시침이 가리키는 숫자판의 숫자는 12개이지만 오전과 오후가 있으니 실제로는 24개의 숫자가 된다. 지구의 경도를 24개로 나눠 각각 1시간씩 차이를 두고 정한 결과이다. 24개의 구역이 시時 단위에서는 차이가 나지만 분分 단위에서는 모두 같게 정했다. 이는 바로 국제표준시를 따른 결과이다. 국제표준시, 즉 세계시간은 어떻게 정해졌고, 왜 그렇게 되었을까?

기차시간표의 통일

대항해시대를 거치면서 좁은 지역 울타리를 넘어 지구 전체가 '세계'라는 인식을 갖게 되었다. 그리고 바다를 항해할 때 배 위에서 정확한 시간을 측정하기 위한 숱한 노력 끝에 크로노미터의 발명으로 시계 기술에도 커다란 진보를 이루었다. 그러나 아직 국제표준시가 필요하다는 생각까지는 나가지 못했다.

국제표준시, 즉 세계시간의 통일이 필요하다는 생각을 하게 된 데는 교통수단의 혁명적 발전 때문이었다. 장거리 여행과 통신이 비교적 쉬워지자, 사람들은 차츰 '세계'를 하나로 인식하게 되었다. 우편마차의 운행이 그런 계기가 되었다. 영국에서는 이미 1782년에 우편마차가 시간표에 따라 운영되어야 한다는 제안이 나왔고, 그로부터 몇 년 안에 우체국은 우편마차와 우편열차의 차장들에게 회중시계를 지급했다.

철도가 놓이고 기차가 대량 운송 수단으로 등장하면서 지역 간 시간을 맞추는 일은 더욱 시급한 과제가 되었다. 지역마다 다른 시간을 쓰던 당시의 시간 습관으로는 기차 시간을 맞출 수가 없었다. 기차시간표는 통일된 시간을 요구했다. 19세기 중엽에 유럽과 미국에서 전신기와 철도가 결합하면서 표준시의 도입에 한발 더 다가갔다. 1852년, 영국에서는 그리니치 천문대를 기준으로 한 표준시(GMT: Greenwich Mean Time)를 철도와 연결된 전신망을 통해 영국 전역에 공급하였다.[179]

한편, 미국의 철도회사들도 시간의 통일에 나섰다. 철도시간표에 단일 시간을 적용한 날은 1883년 11월 18일이었다. 이 날은 '정오가 두 번 있는 날'이었다. 정오가 되었을 때 각 시간대의 동부시간에 맞춰 시계를 되돌려야 했기 때문이다. 기차에 의해 야기된 시간의 통일은 이제 나라를 넘어 세계시간의 통일로 이어졌다. 이때 어디를 기준으로 할 것인가를 둘러싸고 나라들 간에 자존심을 건 경쟁이 치열하였다.

국제표준시 GMT(Greenwich Mean Time)

오늘날 전 세계에 통용되고 있는 표준시간은 지구촌 생활의 편의를 위한 핵심적 전제이지만, 그렇게 합의되기까지 나라 간 갈등을 조정하는 일은 쉽지 않았다.

1880년 말, 영국의 법적인 시간은 그리니치 표준시로 한다는 의회법이 통과되었다. GMT가 공식적으로 영국의 표준시가 되었다. 이어서 곧 전 세계의 시간을 통일하려는 움직임이 가시화하였다. 1882년 미국은 의회법을 통과시켜 대통령에게 시간과 경도의 공통 자오선을 결정하는 국제회의를 소집할 권한을 부여했다.[180]

그리하여 마침내 1884년 10월, 세계의 계시체계에 대한 국제협약을 맺기 위해 국제자오선회의가 소집되었다. 25개국 41명의 대표가 미국 워싱턴 DC에 모였다. 이 회의에서는 캐나다 대표인 샌포드 플레밍(1827~1915)의 제안으로 경도에 따라 세계를 24개 시차 구역으로 나누어 하나로 통합된 표준시간대를 세우는 것에 합의했다. 이에 따라 여러 가지 중요한 결정들이 이루어졌다.

여기서 채택된 결의문을 보면, 먼저 제1조에서 각국 대표들은 하나의 기준 자오선을 정하는 것이 바람직하다는 데 합의했다. 오랜 격론 끝에 나온 제2조에서 각국 대표는 "그리니치 천문대의 자오환子午環을 지나는 자오선을 경도 0°로 채택한다"고 선언했다. 제4조는 '하루'의 길이와 시작을 국제적으로 통일하는 것이 바람직하다는 점을 분명히 했고, 제5조에서는 하루를 평균태양일로 명시했다. 평균태양일은 "본초 자오선이 자정에 도달하는 순간에" 시작되며, 0시부터 24시까지로 이루어진다고 했다. 제6조는 이 합의가 천문일天文日과 항해일航海日 측정 체계에까지 확대되기를 바란다는 소망을 피력했다.

이 결의문에서 가장 중요한 결정은 세계의 본초자오선을 그리니치 천문대를 통과하는 자오선(즉 경도 0°)으로 하고 GMT, 즉 영국의 그리니치 표준시를 국제표준으로 정한 것이었다. 이런 결정은 당연한 것이었다. 왜냐하면 정밀시계의 보고인 영국의 그리니치 천문대야말로 표준시 공급처가 되기에 가장 적합했기 때문이다. 존 해리슨이 항해용 정밀시계를 발명하고 왕립 천문대장 네빌 매스킬린이 1766년 《항해력》을 도입한 이래, 모든 국가의 선원들은 이미 그리니치 시간과 그리니치 자오선을 사용해왔다. 그보다 먼저 런던 맞은편 템스강의 남쪽 하구에 있는 그리니치를 모항으로 한 대영제국 선원들은 1675년부터 그곳 지역 관측소를 0° 자오선이 설정되는 곳으로 삼아 왔었다.[181]

그리니치를 자오선 0°로 확정하고, 하루의 정확한 길이를 결정하여, 전 지구를 한 시간의 간격을 둔 24시간 대역으로 구획하여 세계시 간을 통일하였다. 이 체계가 실용적이라는 점은 명백했지만, 세계적으 로 그것이 채택되는 데는 또 많은 시간이 걸렸다.

협정세계시 UTC(Universal Time Coordinated)의 탄생

지금은 옛날이야기가 되었지만, 라디오만 있던 시절에 "뚜뚜뚜 뚜—" 하며 "○○라디오에서 방금 ○시를 알려 드렸습니다"라는 아나운서의 목소리를 매시간 들을 수 있었다. 그리고 그 소리에 맞춰 손목에 차고

그리니치 천문대 전경
그리니치 천문대는 찰스 2세가 1675년 런던 교외의 그리니치에 설립하였다. 1884년 국제자오 선회의에서 이 천문대를 지나는 자오선을 경도 0°로 정하였다. 이로써 세계의 공간과 시간의 기준이 되었다.

있던 시계를 맞추는 광경도 익숙한 모습이었다.

요즘은 스마트폰이 시계의 역할을 한다. 스마트워치도 있다. 그런데 그 시간은 어떻게 표시될까?

스마트폰 안에 각각 시계가 있어 그럴까? 그러면 아무래도 각각의 스마트폰 시간이 조금씩은 차이가 날 텐데, 그런 일은 일어나지 않는다. 시간을 따로 맞추지 않아도 정확한 시간이 저절로 표시된다. 어디선가 정확한 시간을 무선으로 각자의 스마트폰에 알려주고 있다. 이런 시스템은 어떻게 운영될까? 다시 1884년 국제자오선회의 때로 거슬러 올라가 보자.

앞서 본 것처럼 국제자오선회의에서 GMT를 세계표준시로 확정했다. 그런데 그 시간이 표준시가 되려면 전 세계가 사용하는 시간이 GMT에 맞춰져야 한다. 어떻게 GMT의 시간을 전 세계에 전달할 것인가?

여기서 본초자오선을 영국에 빼앗긴 프랑스는 자존심을 지킬 틈을 찾았다. 0° 자오선을 영국의 그리니치로 정했으니, 적어도 세계시간의 공급만큼은 프랑스가 주도해야 한다고 주장했다. 이를 관철하기 위해 프랑스는 1912년 국제시간회의를 파리에서 주최하였다. 이 회의를 통해 프랑스는 정확한 시보를 결정하고 유지하고 그것을 전 세계로 전송할 수 있는 표준방식을 정하였다. 무선전신이 그것을 가능케 했다. 울비그L. Houllevigue는 "그리니치에 밀려 자오선의 기준이 되지 못했던" 파리가 "시간의 중심지이자 세계의 시계로 포고되었다"고 자랑스러워했다. 1913년 7월 1일 아침 정각 10시, 에펠탑은 전 세계를 향해 최초의 시보를 발신했다. 이는 전 지구적 전신망이 구축되었음을 알리는 신호

1913년 7월 1일 아침 정각 10시, 전 세계를 향해
최초의 협정세계시의 시보를 발신한 에펠탑

였다.[182] 이렇게 단 하나의 공식적인 시각, 즉 협정세계시 UTC가 탄생하였다.[183]

세계의 시간 신호는 현재 파리 국제시간국에 의해 통합 조정된다. 여기서는 24개국에 있는 약 80개의 원자시계에 바탕을 둔 세계 '평균시계'를 그 기준으로 하고 있다. 이 시계는 약 1밀리세컨드 범위 이내에서 직접적인 시간 동조를 제공한다. 1972년 1월 1일부터 원자 네트가 연결되면서 UTC, 즉 '협정세계시'는 원자초의 단위까지 통보하고 있다.[184]

협정세계시에서 '협정'이란 표현에 담겨 있듯이 세계시를 절대적으로 정확하게 제공하는 단 하나의 시계는 없다. 단지 각 지역마다 '협정'한 세계시가 있을 뿐이었다. 이에 따라 시간의 정의도 달라졌다. "시간이란 모든 사람이 그 무엇이라고 동의하는 것"이 되어버렸다.[185]

1918년에 동기 모터를 이용한 전기시계가 미국에 도입되었다. 이 시계의 모터는 발전소에서 공급되는 교류 주파수에서 시준時準을 얻는다. 따라서 발전소에서 전력을 공급받는 가정이나 사무실은 'Synclock' 같은 수신 장치만 갖추면 언제나 정확한 표준시를 알려주는 공급원에 '접속'할 수 있었다.[186] 이런 방식이 기술적으로 진화하여 지금 스마트

폰과 같은 수준으로까지 발전하였다.

세계시간 통일의 양면성

앞서 살핀 것처럼, 19세기에서 20세기로 넘어가는 전환기에 전 세계의 시간을 통일시키려는 움직임이 활발히 일어났다. 그 결과 눈에 보이지 않는 선들이 지구에 그어져, 24개의 동일한 간격을 가진 표준시간대가 도입되었다. 이에 따라 지금은 전 세계 모든 사람이 같은 표준시간을 사용하고 있다. 세계 공통의 시간이 보편적으로 부과되자 사적 시간에서 독특한 사적 경험이 침식된다고 하여, 표준시 도입에 부정적인 반응도 적지 않았다. 하지만 결국 광범위한 필요를 충족시켜주는 보편시간과 엄밀한 시간관념을 받아들였다.[187]

시간 통일 운동에 앞장섰던 앙리 푸앵카레(Henri Poincaré, 1854~1912)는 시간이란 '관습convention'일 뿐이라고 주장했다. 여기에는 두 가지 의미가 있는데 하나는 컨센서스consensus, 즉 의견의 일치이고, 다른 하나는 편리함convenience이라고 했다. 이를 풀어보면 '지금'(시간을 뜻함-필자 주)이란 우리의 삶을 '편리'하게 하기 위해 우리 모두가 '동의'한 때라고 할 수 있다. 이는 과거에 없던 새로운 개념이었다. 이제 시간은, 절대적이면서 객관적인 존재가 아니라, 측정하는 순간에만 존재한다. 아인슈타인은 직설적으로 이렇게 말했다. "시간은 우리가 시계로 측정하는 것, 그 이상도 이하도 아니다."[188]

협정세계시를 통해 전 세계에 효율적으로 시간을 공급할 수 있게 되자, 세계 경제의 동시성과 상호교류가 더욱 강화되었다. 하지만 이

스위스 베른의 옛 도시에 있는 아인슈타인하우스
1900년대에 아인슈타인이 거주했던 2층 건물로 가구, 도서, 사진 등이 보관되어 있다.

것이 사람들 사이의 화합까지 강화해주지는 않았다. 표준시 도입에 선
구적인 역할을 했던 캐나다의 플레밍은 표준시가 나라 간의 공조와 평
화를 낳을 것이라고 예상했다. 그러나 표준시간에 의해 좀 더 용이해진
병력 동원 시간표에 따라 1914년 전 세계가 전쟁에 돌입하리라고는 꿈
에도 생각지 못했던 것이다.[189]

　자연에 대한 관측에서 시작했던 시간 측정이 원자시계의 발명으로
천체운동과는 상관없는 일이 되어버렸다. 또 시간에 대하여 저마다 다
른 체계를 만들었던 인류의 다양한 시간문화들도 그레고리력의 세계화
나 협정세계시의 탄생 등으로 인하여 똑같아져 버렸다. 자연과 결별하
고 다양성을 상실해 가는 현대의 시간생활이 마냥 좋기만 한 것은 아닐
텐데….

4장

시간의
사회사

시간의
노예

시간에 얽매이는 삶

자승자박이라고나 할까? 시간은 인간이 만든 '발명품'이다. 그 유용함은 그지없지만, 언제부턴가 거꾸로 인간이 거기에 꽉 매여서 노예처럼 살고 있다. 시간이 일상을 지배하는 현상, 이는 이제 말 그대로 피할 수 없는 '일상'이 되고 말았다. 이미 500년 전에 프랑스의 라블레(François Rabelais, 1483~1553)가 쓴 작품 《가르강튀아Gargartua》(1535)에서 장Jean이 "시간이 인간을 위해서 만들어진 것이지, 인간이 시간을 위해 만들어진 것은 아니다!"[190]라고 한 말은 인간이 '시간의 노예'가 되었음을 알리는 상징적 표현으로 널리 알려졌다.

시간의 노예까지는 아니어도 시간에 얽매이는 삶은 이보다 훨씬 오래전부터 시작되었다. 기원전 2세기에 로마의 희극 작가였던 플라우투스는 해시계가 사람들 사이에 인기를 끌고 있는 현상을 안타까워하며 해시계가 "나의 하루를 자르고 난도질해서 비참할 정도로 토막토막 조각내 버렸다"라고 투덜거렸다.[191] 또 그의 희극에서

> 부디 시간을 나누고 솔라리움(solárĭum, 해시계)을 만든 이를 신께서 처벌해주시길! 예전에는 내 배 속이 세상 어느 것보다 정확한 시계여서 식사가 있는 곳으로 나를 인도했다오. 하지만 이젠 아무리 배가 고파도 시계의 허락 없이는 한 입도 먹지 못하게 되었답니다. 이 도시는 시계로 가득하지만 불쌍하게도 사람들은 굶어 죽을 지경이지요![192]

라고도 하였다. 고대에 해시계가 나왔을 때도 이미 이런 한탄이 있었으니 '시간의 노예' 운운함은 그 역사가 참 오래되었다. 기원전에도 해시계 정도가 일상을 간섭하는 것을 싫어했는데 하물며 근대에 들어서야 어떠할지 상상이 된다. 시간이 일상을 옥죄는 현상은 동서고금을 막론하고 어디서도 환영받지 못했다.

우리나라도 마찬가지였다. 19세기에 들어오면 조선에도 시계가 제법 많이 보급되었다. 이유원(李裕元, 1814~1888)이 1871년(고종 8)에 펴낸 《임하필기林下筆記》에 심암 조두순(趙斗淳, 1796~1870)과 시계를 둘러싸고 나눈 이야기가 재미있다.

> 내가 일찍이 심암 조공趙公에게 여쭈기를, '요즘에 태서(泰西, 서양을 일컬음)의 시종(時鍾, 괘종시계)을 사람들이 다들 애중히 여기는데, 공께

서만 유독 그러하지 않으신 것은 어째서입니까?' 하니, 공이 말하기를, '내가 그것을 애중히 여기지 않는 것이 아니라, 그것이 늙음을 재촉하기 때문에 멀리하는 것일세. 대체로 종鍾이 울리면 시간이 가는 셈이고, 시간이 가면 사람이 늙는 것인데, 그처럼 시간을 빨리 가라고 다그치는 물건을 날마다 상대하면, 어떻게 견딜 수가 있겠는가' 하였다. 공의 이 얘기는 의탁하여 비유한 것인 듯하나, 그 견해만큼은 명철한 것이었다. 괘종시계를 대할 때마다 번번이 공의 말씀이 떠오르곤 한다.[193]

라 하였다. "시간에 얽매이지 않겠다, 시간에 쫓기고 싶지 않다"라는 뜻을 이렇게 말했고, 이유원은 이를 '명철한 견식見識'이라 받아들였다.

공공 시계에서 개인용 시계로

유럽에서는 14세기 후반에 공공 시계가 등장하기 시작했다. 14세기 말에 들어와서는 15분마다 종을 치는 마을 시계도 있었다. 서양 중세에서 공공 시계는 매우 비싼 것이었지만, 비싼 값만큼 유용한 물건이었다. 교회의 종은 종교적 일과 관련된 시간

기계식 시계탑 및 천문시계[Zytglogge]
스위스 베른. 1405년에 재건한 시계탑으로 천문시계와 매 정각에 기계적으로 움직이는 인형을 볼 수 있다.

독일 뉘른베르크의 광장에 있는 성모성당(Frauenkirche, Church of Our Lady)의 야경
1352년~1362년 사이에 신성로마제국의 찰스 4세 황제의 주도로 지은 벽돌 고딕양식의 건
물이다. 공공 시계로서의 역할을 맡았던 전형적인 종탑과 시계를 갖추고 있다. 왼쪽에 보이
는 건물이 성모성당이다.

만 알려주었는데, 마을의 시계는 시간마다 종을 쳐서 주민들에게 일상
의 시간을 알려주었다.

도시에서는 특히 시계가 필요했다. 대형 공공 시계는 그 사회가 도
시화되고 있다는 첫 조짐이었다. 시간을 알려주는 종을 빗대어서 《가
르강튀아》에서는 "종이 없는 도시는 지팡이 없는 장님"이라고 했다.

상인계층이 성장하면서 시간 자체가 재화가 되었다. 농업에 경제적
기반을 두고 있는 사회는 계절의 변화만 알아도 되었지만, 시간 경쟁을
해야 하는 상인들에게는, 더 정확한 시계가 필요했다. 이와 함께 중산
층이 성장하면서 '생활용품'에 대한 욕구가 점점 커졌고, 이에 따라 개
인용 시계가 더 많이 보급되었다. 이제 시계가 공공의 필요를 넘어 개
인, 가정으로 파고 들어갔다. 랜더스[D. S. Landes]는

공공 시계는 시장을 여닫고, 일과의 시작과 종료를 알리고, 사람들의 이동을 편리하게 해주었지만, 그것은 어디까지나 어떤 순간을 가리키는 것이었지 끊임없는 시간의 흐름을 일깨워주는 것은 아니었다. 그러나 가정용 시계는 '사용된 시간, 소비된 시간, 낭비된 시간, 잃어버린 시간'을 끊임없이 일깨워주는 시각적 장치였다. 가정용 시계는 개인의 목표 달성과 생산성에 자극이 되고 또 촉매가 되었다.[194]

라고 하였는데, 이렇게 시계가 가정용, 개인용이 되면서 시간의 지배는 더욱 강화되었다.

일상을 지배하는 시간, 시간 지키기와 시간 아끼기

근대 산업사회로 접어들면서 시계가 발달함에 따라 사회적 삶의 모든 영역이 시계와 더불어 조절되었다. 시간은 인간 생활 전반에 영향력을 키워갔다. 시계 소리에 맞추어 살아야 했다. 이는 귀족이건 평민이건 사람을 가리지 않았다. '시간 지키기와 시간 아끼기'가 가장 중요한 사회 생활의 원칙으로 꼽혔다. 할리버튼Thomas Halyburton이 "시간 엄수는 비즈니스의 영혼이다"라고 한 말은 일찍이 시간 명언의 명단에 올랐다.[195]

시간이 사람들의 생활방식에 획기적인 영향을 미친 사건은 전국적인 운송망의 확립이었다. 역마다 시간에 맞춰 서는 마차, 즉 옴니버스 서비스가 그것이었다. 이와 같은 획기적인 운송체계의 변화는 우편마차 운행에 맞춰 일어났다. 우편마차의 도입으로 '시간 지키기'라는 새로운 시간규범을 맞이하게 되었다.[196] 철도는 이를 더욱 부추겼다. 시계

보급이 확산되고 노동과 무역, 세금, 계약 등에서 시간의 문제가 부각되면서 시간은 벗어날 수 없는 그물이 되어버렸다.

19세기에 들어와 값싼 시계가 대량 생산되자, '시간 지키기' 역시 대중화되었다. 일상적인 행위조차도 시간에 맞추어야 했다. "사람들은 배가 고플 때 밥을 먹는 것이 아니라 시계에 맞추어 밥을 먹었다. 그리고 피곤할 때 자는 것이 아니라, 시계가 자라고 하는 시간에 잠을 잤다."[197] 산업화가 더욱 진행되던 19세기 중반엔 더 정확히 시간을 지켜야 한다는 압박으로 인하여 없던 시간 규율이 생겨났다. 즉 '깨워주는 사람'의 고용이었다. 이들은 노동자들이 시간에 맞춰 침대에서 일어날 수 있도록 집집마다 돌아다니며 깨우는 일을 했다. 그 후 깨워주는 사람이 자명종이란 기계로 대치되었다. 기술의 발달에 따라 깨우는 방식도 달라졌다. 우리를 깨우는 기구들은 기술적으로 계속 발전하였다.

이를 빗대 "산업사회의 척추를 형성하고 있는 것은 증기기관도, 자동차도, 텔레비전도 아니다. 그것은 다름 아닌 자명종이다"라고까지 말하기도 한다. 자명종은 잠이라는 휴식의 시간에서 '따르릉' 소리를 울려 노동의 시간이 시작되었음을 알린다. 이렇듯 산업에 종사하는 노동자의 일상이 시간의 통제를 받게 되었다.

자명종은 저절로 시간을 알려준다는 편리함 때문에 각광을 받았지만, 사람들은 그 편리함을 느끼기도 전에 자명종 소리를 듣고 억지로 잠에서 깨야 하는 처지가 되었다. 인간은 더욱 촘촘히 짜인 시간의 그물에 갇히게 되었다. 더구나 자명종은 인간을 "스스로 깨어날 수 없고, 깨워져야 하는" 존재로 전락시켰다.[198] 왜 깨워주는 사람을 고용하거나 자명종까지 동원하면서 깨기 싫은 지친 몸을 일으켜야 했을까? 무엇 때문에 새로운 시간 규율을 만들어가면서까지 시간을 지키려 했을까?

루이스 멈포드는 "근대적 산업 시대를 추동한 핵심기계는 증기기관이 아니라 바로 시계"라고 했다.[199] 이는 시계가 다른 제품을 생산하기 위한 전제 조건이 된다는 뜻인데, 기계가 시간에 맞춰 돌아가야 했기 때문이다. 증기기관은 쉽게 여닫을 수 없었다. 한번 증기가 들어오기 시작하면 멈출 수 없었다. 따라서 공장에서는 증기가 들어오는 시간에 맞춰서 일을 해야만 했다. 이런 이유로 시간을 잘 지키는 것이 필수사항이 되었다. 그리고 이제 시간은 시 단위가 아니라 분 단위까지 관리되기에 이르렀다. 시간을 지키고, 시간을 아끼는 것은 산업생산력을 높이는 기본자원이 되었다. 따라서 시간이란 자원을 얼마나 효율적으로 사용하는가는 산업사회 진입의 척도이기도 했다.

또 시간은 일단 지나가면 되돌릴 수 없는 자원이다. 그렇기 때문에 단 한 순간도 헛되이 버려서는 안 되는 것이었다. 시간은 1분 단위까지도 아껴 써야 했다. 산업화가 깊어지면 깊어질수록 시간 지키기와 시간 아끼기는 그만큼 강화되었다.

"이른 아침은 입에 황금을 물고 있다." (벤저민 프랭클린)

"승자는 시간을 관리하며 패자는 시간에 이끌려 산다." (J. 하비스)

"변명 중에서 가장 어리석은 변명이 '시간이 없어서'라는 변명이다." (에디슨)

"나는 영토는 잃을지 몰라도 결코 시간은 잃지 않을 것이다." (나폴레옹 보나파르트)

"짧은 인생은 시간의 낭비에 의해 더욱 짧아진다."(S. 존슨)

이런 시간 명언들이 다 그때 만들어졌다.

시간의 노예

시간을 지키고 아끼는 것을 미덕이라고 하지만, 이로 인하여 사람들은 끊임없는 압박 속에 살아야 했다. 이는 동전의 양면처럼 사람이 시간의 노예가 되는 결과를 낳았다. 헤른후트 경건파의 창립자인 진젠도르프(Ludwig von Zinzsendorf, 1700~1760) 백작은 "사람들은 살기 위해서 일하는 것이 아니라 일하기 위해서 산다. 더 이상 일할 필요가 없게 되면 인간은 고통을 느끼거나 죽는다"[200]고 말했다. 아무것도 하지 않을 때, 그만두고 방치할 때, 우리가 느끼는 양심의 가책이 그러지 못하게 한다는 것이다. 이쯤 되면 시간의 노예가 된 것은 그야말로 하나도 남 탓할 것 없이, 인간 스스로가 선택한 결과일 뿐이다.

물론 이를 다른 관점에서 본 토머스 홉스는 1642년에 그의 저서 《시민에 대하여》에서 왕정체제에서 시민이 권리와 의무를 다하는 것을 시계의 톱니바퀴가 잘 맞물려 돌아가는 것에 비유했다. 시계 움직임의 정확성과 완벽성은 이상적인 정치 시스템의 이론적 모델로서 칭송되기도 했다. 하지만 이와는 정반대로 부정적으로 해석되기도 하였다. 즉 사람들을 기계적이고 기능적인 시계 속의 톱니바퀴에 비유하면서 시계란 영혼 없는 죽은 자와 같다고 비판하기도 하였다. 같은 톱니바퀴를 보는데 이렇게 시각이 달랐다. 톱니바퀴를 돌릴 수 있는 위치에 서 있는 사람들과 톱니바퀴 그 자체가 되어 움직일 수밖에 없었던 사람들 사이에는 엄청난 간격이 있었다.

시계의 역사를 이야기한 《모래시계의 책Sanduhrbuch》(1954)에서 에른스트 윙거(Ernst Jünger, 1895~1998)가 분개하며 말했듯이, "세상은 시계로 가득 차 있고 이제 시계 자체가 되어가고 있다."201 사람들은 점점 더 시간과 날짜라는 그물 속에 얽힌 채 살아가고 있다. 이 시간의 그물을 벗어나기란 너무나 어렵다. 그 결과 "시계의 노예"가 되었다. 여유나 느림은 '시간 낭비'라는 이름 하에 버려야 할 악덕이 되었다.

시간은 돈이다

왜 우리는 이렇게 시간에 얽매이고, 시간관리에 강박적으로 매달리는 걸까? 왜 현대인은 시간의 주인이 되기보다 스스로 시간의 노예가 되고 있을까? 이는 다름 아니라 자본주의의 물신성, 물질화된 시간 때문이다. 결국 시간이 돈이고 따라서 시간의 노예는 곧 돈의 노예가 되는 것이다.

시간의 가치를 중히 여기는 행위들은 도시에서부터 나왔다. 상인계급이 신흥세력으로 떠오르고 화폐경제가 발달하면서 시간은 더욱 돈이 되어 갔다. 농사짓던 시절에는 늘 시간이 충분한 것 같았고, 자연이 순환하듯이 시간도 그저 돌아가는 것 정도로 여겼다. 그러나 돈이 널리 유통되고 상업적 연결망이 조직되면서, 유통의 '속도'가 더욱 중요해졌다. 얼마나 시간을 단축하느냐가 곧 돈이 되었던 것이다.

"화폐로서의 시간"이란 개념은 18세기 말 이후 유럽과 미국에서 자본주의 경제가 뿌리내림에 따라 자리 잡아갔다.202 "시간은 돈이다"라는 미국인들의 신조는 벤저민 프랭클린에서 비롯되었다. 그는 《젊은

2013년 10월 발행한 100달러 신권 지폐
'시간은 돈'이란 명제로 시간의 가치와 돈의 가치를 똑같이 여겼던
벤저민 프랭클린의 얼굴이 들어가 있다.

상인을 위한 충고Advice to a Young Tradesman》(1748)라는 책에서 "시간이 돈
이라는 것을 잊지 말라"고 분명하게 썼다. [203] 하지만 이는 프랭클린이
굳이 말하지 않았어도 이미 누구나 다 아는 자본주의의 상식이었다.

막스 베버는 시간의 낭비를 인간이 범하는 가장 심각한 죄악 중 하
나로 여겼다. 그래서 많은 중산층 사람들까지도 "시간은 돈이다", "시
간은 금이다"라고 인식하게 하였다. 시간은 잘 관리하고 잘 사용해야
하였다. 루이스 멈포드는 이렇게 지적했다. "시간 지키기는 시간 절약,
시간 계산, 시간 배분으로 바뀌었다. 이런 변화가 일어나게 되자, 영원
은 더 이상 인간 행동의 기준이나 관심사가 되지 못했다." 이러한 시간
관은 새로운 시계의 발명으로 이어졌고 이렇게 해서 나온 보다 정확한
시계는 더욱 폭 넓게 사회적 압박으로 작용하였다. [204]

경제학자들은 시간을 '가치 있는 자산'으로 규정하였다. 시간은 귀
중한 자원으로 '선언되었고' 다른 자원처럼 '손실에 대한 고려' 없이 착
취하였다. 이처럼 "시간은 벌 수 있는 것"이 되었다. 게으름이야말로
악의 뿌리, 아무것도 하지 않는 것은 시간을 낭비하는 것, 게으름은 비

앙커우어(Ankeruhr) 인형시계, 오스트리아 비엔나 소재

1911~1914년에 만들어진 시계로 프란츠 마치(Franz von Matsch, 1861~1942)의 작품이다. 시계의 기계적 매커니즘은 당시 유명한 시계공이었던 프란츠 모라베트Franz Morawetz가 구현했다고 한다. 보험회사 앙커Anker의 두 건물을 잇는 다리를 장식하려고 만들었다고 한다.

난의 대상이었다. 현재에도 그렇고 미래에도 아마 그럴 것이다. 마르크스는 《철학의 빈곤》에서 "시간은 모든 것이고 인간은 그 이상 아무것도 아니다. 인간은 기껏해야 시간의 구체화일 뿐이다"라는 인식에 도달하였다.[205] 일하는 시간은 더 이상 노동자의 시간이 아니라 노동의 시간이며 노동의 이익을 가져오는 기술적 사회적 조직의 시간일 뿐이다. 산업자본주의의 역사는 시간의 '규율'과 '적응'이 갈등하면서 질서를 얻어가는 길고도 고통스런 과정의 역사라고 할 수 있다. 하지만 우리로 하여금 시곗바늘과 시계 소리로 시간질서를 유지하도록 고무하는 시계를 구입한 것은 바로 우리 자신이었으니 누구를 탓할까?

느림의
미학 206

이제 다시 자연의 시간으로

‘무위자연’이란 말이 있듯 자연과 조응하면서 그야말로 자연스럽게 사는 삶이 옛스런 삶, 인간적인 삶이다. 인간은 자연의 주기에 따라 생활하였다. 사계절의 변화나 밤과 낮의 교대와 같은 자연의 리듬에 맡겨진 일상이었다. 농가월령가에도 그런 뜻이 담겼다. 비록 풍요롭지는 않았지만, "뿌린 대로 거둔다"는 믿을 수 있는 질서가 있었던 ‘자연의 시간’에 살았다. 자연의 리듬에 따라 ‘열심히’ 살아간다는 뜻이다.

이렇듯 자연의 리듬에 맞춰 살던 삶은, 기계가 이끌어가는 산업사회에 들어오면서 크게 달라졌다. 인간과 동물의 노동력을 기계가 대치하면서 그 기계적 시간에 빠져든 사회는 자연으로부터 떨어져 나갔다.

대량 생산과 빠름이 가져다 준 물질적 풍요는 인간이 자연의 산물임을 잊게 하였다. 이제는 자연의 리듬에 적응하는 것이 아니라 기계가 정해 주는 시간에 구속되고 있다. 물질적 풍요를 기대하며, 그 대가로 '기꺼이' 기계의 시간으로 빠져들어갔다.

하지만 마냥 풍요로울 것 같았던 산업사회는 그 어두운 이면들을 드러내면서 '불평등'이란 양극화의 사회문제를 낳았고 인간사회를 온갖 갈등과 오염 속에 빠뜨렸다. 그렇게 되자 진정 잘 산다는 것이 무엇인지에 대한 회의 속에서 자연의 시간을 잃어버린 산업사회에 대한 반성으로 이제 다시 인간의 시간을 찾고 있다. 삶의 질을 높인다는 점에서는 산업사회와 목표가 같을지 몰라도 그 삶의 질이 담아야 할 내용은 크게 달라졌다.

"빨리빨리", 논스톱사회

서양 중세 시기에는 대성당이나 성 등, 단 하나의 건물을 짓는데 수십 년 혹은 수백 년의 긴 시간이 걸리는 경우도 드물지 않았다. 어떻게 이런 느릿느릿한 진행이 가능했을까? 그것은 인간의 생활이 기본적으로 공동체 생활이고 공동체 내에서는 세대의 이어짐이 영원하다고 믿었기 때문이었다. 그래서 건물을 빨리 지어야 할 필요가 없었다. 그러나 중세 후기와 르네상스 시대에 들어서면서 이런 생활태도는 바뀌게 된다. '빨리!'는 건축뿐만 아니라 점차 모든 영역으로 확대되어 갔다. 회화에서도 건식 프레스코 화법이 습식 프레스코 화법으로 바뀌었는데 시간을 줄이라는 압박 때문이었다. 철도가 그 변화를 상징하듯이 변화의 속도는 점점 빨라졌다. 이에 따라 '시간' 즉 시계란 것이 사람들의 생활에서 예전과는 전혀 다른 지위에 올랐다.

우리는 진보를 '속도 증가'로 규정한다. '빨리빨리'를 실현하는 것이 곧 진보라는 뜻이다. 그래서 속도 경쟁이 핵심이 되고 있다. 그야말로 멈출 줄 모르는 '논스톱 사회'에 살고 있다. 논스톱 사회의 인생 구호는 '빨리빨리'가 되었다. '빨리빨리'라는 끝도 없고 시작도 없는 논스톱이 시대의 우상이 되었다.[207]

총알택시만 있는 줄 알았더니, 총알배송에 로켓배송까지, 또 아무 때나 어디서나, 그래서 새벽 배송 경쟁까지 일어난다. 초연결을 상징하는 5G 시대가 분명 시간을 절약해 주긴 하는데 실제 생활에서 여유는 더욱 사라지고 있다. 현대 사회의 이상이 되어버린 '언제 어디서나'는 '여유 없는 삶'이나 같은 말이 되어버렸다. 휴식 시간은 점점 짧아진다. 기계에 밀려 인간은 점점 소외된다. AI 시대의 미래는 이를 더욱 가속화 할 것이다. 빨리빨리가 주는 확실한 장점이 있지만, 이제 그것이 우리에게 커다란 위협으로 다가오고 있다.

한 사람이 일생을 마치기 전에 주변의 모든 것들이 달라지고 세계관까지 달라지는 커다란 변화를 맞는다. 지금까지 이런 변화는 없었다. 이전까지는 부모한테서 물려받은 것을 자식에게 물려주었다. 대대로 같은 직업을 갖는다고 해도 하등 이상할 게 없었다. 아니 자랑스러워하기까지 했다. 그러나 이제 더 이상 그런 것을 기대할 수 없게 되었다. 미국의 경우, 향후 10~20년 이내에 컴퓨터에 의한 자동화로 현재 직업의 47%가 사라질 것이라고 한다. 한국은 그 비율이 63%까지 오른다고 한다.[208]

요즘 60줄에 들어선 우리 나이 또래들이 만나면 자주 말한다. "세상 참 많이 변했다"고…. 그야말로 모든 것들이 빛의 속도로 바뀌고 있다. 한평생 동안에 구석기시대에서 철기시대까지의 변화를 다 보는 듯하다. 그런 미래는 이미 와 있다. 다만 공평하지 않을 뿐이라는 말이 실감난다.

'이행단계'가 사라졌다[209]

자동차만 하더라도 예전에는 시동을 걸고 기다리는 워밍업의 시간이 필요했다. TV를 켤 때도 기다림의 시간이 있었다. 하지만 지금은 옛말이 되어버렸다. 이제 사람들은 '바로 지금'이 아니면 안 된다. 기계류의 조작에서 기다림은 없어야 한다. 기다림 없이 곧바로 작동해야 한다.

기다림은 이행단계이다. 그런데 지금은 이 이행단계가 사라졌다. 이는 마치 해 뜰 때 있어야 할 여명이나, 해 질 때 있어야 할 땅거미가 사라진 것이나 마찬가지다. 여명과 땅거미 같은 이행단계는 해가 뜨거나 질 때, 완전히 어두워지는 때와 완전히 밝아지는 때 사이의 시간, 밤과 낮을 구분하는 시간이다. 어떤 것이 어떻게 다르게 바뀌는가를 체험하고 느낄 수 있는 시간, 경계에 있으면서 경계를 순화시켜주는 시간, 변화를 체험하면서 변화에 대비하는 시간이다. 더구나 붉게 물든 노을은 설렘과 함께 창조적인 시간을 연출한다. 이 아름다운 시간이 하루에서 빠져 버린다는 것은 생각만 해도 우울하기 짝이 없다.

기계와 기구들의 워밍업 시간이 사라진 것은 분명 기술적 발전의 결과이다. 그런 시각에서 보면 이행단계를 두는 것은 시간 낭비로 보인다. 그러나 조금의 기다림도 참지 못하게 만든 그 기술은 인간을 너무 '비인간적'인 시간 속으로 몰아넣었다. 그러다 보니 노동 강도는 한없이 높아졌다. 새터민들이 남한의 노동 강도를 견디지 못한다는 말까지 있을 지경이다. 이는 사회적 관계도 마찬가지다. 거기에도 워밍업 시간이 필요하다. 우리가 완전히 고립되고 사회적으로 빈곤해지지 않으려면 시작시간과 종료시간에 간격이 있어야 한다. 우리에게는 그 사이의 시간, 그 사이의 공간이 필요하다. 사회적 관계는 곧바로 켜거나 끌 수 있는 것이 아니다.

이행단계는 결코 시간낭비가 아니다. 노동 시간의 종료와 시작을 분리해주는 휴일이나 주말은 낭비는커녕, 현실을 살아가는 힘을 준다. 오죽하면, TGI Friday[Thanks God, Its Friday]라고 했을까….

느림의 미학

"5분 먼저 가려다 50년 먼저 간다." 고속도로에서 흔히 볼 수 있는 구호이다. 이는 빠름에 대한 경고이다. 그러나 빠름은 여전히 중요하다. 5G시대를 맞아 새삼 속도 경쟁을 실감한다. 더 빨리하면 더 큰 물질적 이윤을 얻을 수 있다는 것을 우리는 매일 체험한다.

그러나 그 '빨리'의 끝은 어디일까? 노동력을 재생산한다는 관점에서 볼 때 속도를 높이는 데에는 한계가 있다. 마라톤 전쟁에서 승리한 병사는 그 소식을 더 빨리 전하려다 결국엔 자신을 죽음으로 몰고 갔다. 돈으로 살 수 없는 우리 존재의 형태들, 즉 애정, 고마움, 사랑, 취향 등에는 빨리와는 다른 시간이 필요하다.

시간을 내 편으로 만들 수는 없을까? 시간을 이겨내려고만 하지 말고, 길들여 내 편으로 만들어 보는 것은 어떨까? 그렇게 하려면 느림을 존중하고, 사랑하고 즐길 줄 알아야 한다. 빠른 것이 항상 효율적이지는 않다. 빠른 것은 근시안적이기 쉽다. 멀리 보지 못한다.[210] 반면에 느림과 완만함은 중요하고도 긍정적인 역사의 동력이다. "빨리 가려면 혼자 가지만 멀리 가려면 같이 가라." 이는 유명한 아프리카의 속담이다. 이 또한 협력이 만드는 느림의 가치를 말한다.

느림과 기다림은 창조적 시간이다

진정한 느림은 오히려 발전의 동력이 된다. 느린 것, 여유는 중요한 생산력이다. 느림이란 시간은 '무활동'의 시간이 아니다. 그것은 창조적인 시간이며 포기할 수 없는 기회의 시간이다.

"천천히 서둘러라(Festina Lente, 영어로는 Make haste slowly)." 모순되는 듯한 이 말은 로마제국의 전성기를 이끈 아우구스투스 황제의 좌우명이다. 이와 유사한 각종 경구가 있다. 프랑스에는 "신사 여러분, 급하니 앉읍시다"라는 격언이 내려온다. 스위스에서는 "군데군데 구멍이 뚫려 있는 딱딱한 에멘탈 치즈 조각처럼 당신의 날들을 계획하라"고 한다. 고정되어 있는 많은 것 가운데 계획할 수 없고, 계획하려고 하지도 않는 공간을 남겨두라는 것이다. 독일을 비롯하여 유럽에서는 빠르고 분주한 삶에 대한 반성과 함께 그것과 반대되는 삶의 형태, 즉 '느림'에 대한 추구를 계속해 왔다. 나돌니의《느림의 발견》, 밀란 쿤테라의《느림》… 이 외에도 많다.[211]

기다림 또한 창조의 바탕이 된다. 기다림은 사회적 서열에 따라 달라지기도 한다. 높은 계급은 안 기다려도 되고 낮은 계급은 한없이 기다린다. 이는 시간의 계급성에서 비롯되는 강요된 차별적 기다림이다. 그런 기다림은 불평등의 산물이다. 하지만 그런 기다림 말고 능동적인 기다림은 다르다. 모든 농부가 그러는 것처럼 무언가를 거두려는 사람들은 기다릴 수 있어야 한다. 능동적 기다림이란 행동의 포기가 아니라 창조적인 기회 만들기이다. 그런 기다림은 시계라는 굴레에서 벗어날 때 가질 수 있다. 이는 또 인간의 능동적 의지에 의해서만 시계라는 기계로부터 벗어날 수 있고, 그때 '기다림'이라는 다른 시간을 체험할 수 있다. 이런 능동적 기다림은 창조를 위한 준비의 시간이 될 것이다.

창조적 휴식이 필요하다. 이것 없이는 Fast Follower는 물론, First Mover가 될 수 없다. "어린이와 시계는 계속 태엽을 감으면 안 된다. 그냥 내버려두기도 해야 한다"는 말도 있다. 니체가 "기다림을 맞을 준비를 하는 것, 그것은 새로운 원천이 솟구쳐 오름을 기다리는 것이다" 라고 한 말도 그런 뜻이다.

시간, 그 자체는 바꿀 수 없다. 시간을 바꿀 수 없다면 우리의 태도를 바꿔야 한다. 시계라는 기계가 가리키는 시간을 최대한 이용하려고 헉헉대기보다는 이를 자기편으로 만들어 창조적으로 활용하는 능력이 더 중요하다. 그래서 느림도 기다림도 쉼도 있는 자기의 시간을 만드는 것이다.

기다릴 줄 아는 사람은 행복하다. 왜냐하면 성경에서 약속한 대로 "천국은 인내하는 자의 것"이기 때문이다.[212]

내 몸 안의 시계, 생체시계

생물학적 리듬, 생체시계

인간에게는 시視 · 청聽 · 후嗅 · 미味 · 촉觸의 5개의 감각 기능, 즉 오감이 있다. 하지만 시간을 느끼는 감각기관은 따로 없다. 그렇다면 인간은 어떻게 시간의 흐름을 알 수 있을까?

시간을 측정하는 기준은 지구의 회전이든, 진자의 운동이든, 쿼츠의 진동이든, 세슘의 복사 주기든 모두 규칙적인 반복이다. 그런데 인체 안에도 반복, 즉 리듬을 조절하는 장치들이 있다.[213] 지금까지 인체에서는 1천 가지가 넘는 '생물학적 리듬'이 발견되었다. 인간은 이런 리듬의 간격을 통해 시간을 느낀다. 맥박이나 호흡 등이 대표적이다. 성인의 휴식기 심장은 1분에 보통 75회 뛴다. 성인의 호흡수는 1분에 평균 16회 정도이다. 여성의 생리주기는 평균 29.5일로, 달의 삭망월 주기와 일치한다.

인간은 하루를 감지하는 생체주기가 있다고 한다. 1970년대에 포유동물의 주요한 생체시계는 뇌 안의 시교차상핵이라는 사실이 밝혀졌다. 시교차상핵은 뇌 아래쪽 시상하부에 위치하며 약 2만 개의 특수한 뉴런이 이중으로 무리를 이루면서, 24시간 주기에 맞춰 작동한다. 햇빛처럼 강도가 변하지 않는 일정한 세기의 빛에 계속 노출돼 있으면 시교차상핵은 평균 24.2시간의 주기로 자신의 리듬을 매일 반복한다고도 한다. 이를 'circadian rhythm'이라고 한다. circadian은 라틴어 circa diēm에서 파생된 말로 '약 하루'라는 뜻이다. 이런 기간이 '생물학적 주기의 리듬', 곧 '생체시계(circadian time)'가 된다. 생체시계는 좀 어렵지만 DNA와 단백질 형성 인자 사이에 약 하루 동안 전개되는 대화라고도 한다.[214] 배꼽시계도 그중의 하나일 수는 있겠다.

염색체의 보호 덮개, 텔로미어

주기적인 반복은 아니지만 시계의 역할을 하는 것이 또 있다. 노화의 정도를 알려주는 생체시계가 있는데 텔로미어가 바로 그것이다. 인간의 세포에는 각각 23쌍의 염색체가 있다. 그리고 그 안에 유전물질인 DNA가 이중나선 구조를 이루고 있다. DNA는 다시 A, G, C, T, 즉 아데닌Adenine, 구아닌Guanine, 사이토신Cytosine, 티민Thymine이라는 4종의 염기가 있고, 이 염기 중 A와 T 그리고 G와 C가 서로 짝을 이루면서 다양하게 연결되어 유전정보를 전해주고 있다. 그런데 염색체 끝부분의 염기서열은 다른 부분과 특이하게 다르다는 점이 발견되었다. 이 끝부분이 텔로미어(telomere, 말단소체, 말단소립)이다. 그리스어 τέλος (telos, 끝)와 μέρος(meros, 부분)의 합성어로 6개의 뉴클레오티드(AATCCC, TTAGGG 등)가 수천 번 반복 배열된 염색체의 끝단을 말한다. 이 부분은 비암호화 DNA로 유전정보를 갖고 있지 않다.

인간의 세포는 대개 평생 동안 50~100번 정도 세포분열을 한다. 이를 헤이플릭 한계라고 부른다. 텔로미어는 염색체를 보호하는 덮개 구실을 하는데 세포가 분열할 때마다 조금씩 그 길이가 짧아진다. 텔로미어의 길이가 아주 짧아지면 세포가 불안정해지고 유전물질이 헤어지면서 세포사멸이 일어난다.

이는 마치 신발 끈의 끝에 애글릿aglet이라 불리는 보호용 플라스틱의 역할과 같다. 신발 끈을 자주 풀었다 꿰었다 하다 보면 이 애글릿이 파손되고 그러면 끈의 올이 풀려 더 이상 끈 구실을 못 하게 된다. 이 애글릿의 역할을 하는 것이 바로 텔로미어이다.

텔로미어가 짧아져서 덮개 역할을 더는 못하게 되면, 세포의 수명이 끝나면서 노화가 시작된다. 텔로미어는 세포의 수명을 판단할 수 있는 '생체시계'이다. 텔로미어의 길이는 세포마다 다르다. 그래서 텔로미어가 얼마나 빨리 닳아 없어지는지를 보면, 세포가 얼마나 빨리 노화되는지 그리고 언제 죽을지를 알 수 있다. 그래서 노화를 측정하는 시계 역할을 한다.

텔로머라아제, 불로장생의 비밀

한편 늙지 않는 세포도 있다. 줄기세포는 건강하기만 하면 무한정 분열할 수 있다. 그 까닭은 텔로미어가 줄어들지 않기 때문이다. 그렇다면 어떻게 텔로미어를 줄어들지 않게 할 수 있을까?

엘리자베스 블랙번(Elizabeth H. Blackburn, 1948~)과 캐럴 W. 그라이더(Carol W. Greider, 1961~), 그리고 잭 조스택(Jack W. Szostak, 1952~)이 그 비밀을 밝혔다. 바로 텔로머라아제[말단소체복원효소, 말단소립복원효소]라는 존재가 있음을 발견하였다. 그리고 이 효소에 텔로미어를 합성하고 길이를 연장하는 두 가지 기능이 있음을 밝혔다. 이들은 그 발견으로 2009년 노벨 생리의학상을 공동 수상하였다.[215]

이로써 불로장생의 꿈은 이루어지는 것일까? 그런데 여기에 아이러니가 있다. 텔로미어가 줄어들지 않아 무한증식이 가능한 세포는 줄기세포만이 아니다. 암세포도 그렇다.

암세포는 증식할 때마다 텔로미어를 계속 생성해내는데 그것을 가능하게 하는 것이 '텔로머라아제(telomerase)'라는 효소 때문인 것으로 밝혀졌다. 암세포는 텔로머라아제를 이용해 자신의 텔로미어를 끊임없이 연장하면서 죽음을 퇴치하고 무한히 번식한다. 암세포가 불로장생의 비밀을 알려준 셈이다. 세포 차원에서 불멸은 있다. "그 이름은 암이고 생김새는 그다지 아름답지 못하다."[216] 암세포에서 보듯이 세포가 죽는 법을 '망각'하면 유기체 전체를 무너뜨린다. 죽지 않으려고 발버둥치는 세포만큼 해로운 것도 없다. 다만 텔로머라아제의 활성화를 막음으로써 암을 치료할 수 있는 가능성도 열어주었다.

'아직까지' 인간의 사망률은 100%

인간의 시계는 태어나면서 돌아가기 시작하고 죽으면 멈춘다. 인간만이 아니라 지구상의 모든 생명체는 죽는다. 즉 '시간의 종말'을 맞는다. 인간의 사망률은 '100%', 그것을 의심하던 사람들도 결국 죽었다. 그래서 인간은 신神과 다르다. 이렇듯 분명한 진리를 알면서도 영생의 욕구는 예나 지금이나 계속되고 있다. 적어도 몸은 죽어도 영혼은 죽지 않을 거라는, 아니면 내세에 다시 태어날 것이라는 믿음으로 영생에 대한 기대를 버리지 않는다. 예술가는 작품을 통해 영원히 살고 싶어 했다. 그래서 "인생은 짧고 예술은 길다"는 말에 영생의 욕망을 담기도 했다. 그런데 지금까지 확실한 진리 중 하나인 "인간은 언젠가 죽는다"는 말 앞에 '아직까지'라는 단서가 붙기 시작하였다. 왜 '아직까지'일까? 앞서 본 것처럼 텔로미어 과학의 발달로 죽지 않는 처방전을 만들어 낼 수도 있기 때문이다. 그래서 계속 늙지 않다 보면 죽지 않을 수도 있지 않을까 생각해 보는 것이다. 다만 그것이 꼭 행복한 것인지는 모르겠지만….

해가 뜨고 지면 하루가 간다. 세월이 가는 것이다. 해를 안 본다면 세월이 안 갈까? 요즘 많은 사람이 얼굴에 선크림 같은 햇빛 차단제를 바른다. 실제로 햇빛을 받지 않도록 보호하면 피부세포는 오랜 기간 노화를 견딜 수 있다고 한다. 정말 해를 피하면 영생을 누릴 수 있을까? 밤에만 활동한다는 드라큘라도 영생을 산다고 하니….

영생을 얻고 싶으면, 죽음을 망각한 못생긴 '암세포'가 되거나 햇빛을 피해 '드라큘라'가 되거나 아니면 죽어도 죽지 않는 좀비가 되거나…. 대신 건강하게 충만한 삶을 살고 싶으면 나보다 우리의 삶을 생각하면 된다. 당신이라면 어느 쪽을 선택할 것인가?

우리에게 좋은 것이 나에게도 좋다

텔로미어에 노화의 비밀이 숨어 있다는 놀라운 발견과 더불어 또 하나 놀라운 사실이 있다. 텔로미어의 길이가 줄어드는 속도에 인간의 의지가 작용할 수 있다는 점이다. 그 속도를 줄이거나 끝을 길게 할 수도 있다는 것이다. 어떻게? 행동 습관, 수면의 질과 시간, 먹는 음식을 어떻게 하느냐에 따라 달라질 수 있다는 것이다. 상호연결성의 영향도 크다고 한다. 한마디로 "텔로미어에 좋은 것은 우리 아이들, 우리 공동체, 전 세계 인류에게도 좋다"[217]고 한다. 바꾸어 말하면 "우리에게 좋은 것이 나에게도 좋다"는 뜻이다. 협력이 최고의 처방전이란 뜻이다.

마틴 노왁과 로저 하이필드가 쓴 《초협력자Supercooperators》에서도 "경쟁이 아닌 협력은 혁신의 기초가 된다"고 하였다.[218] 인간의 진화와 성공에 무엇이 중요했는가를 살펴본 결과, 답은 경쟁이 아니고 협력이라는 것이다. 또 사랑, 희망, 용서가 그 협력을 이루는 핵심 요소들이며, 세계 종교들의 가르침들도 따지고 보면 모두 이 '협력'을 위한 지침이라고 해석한다.

블랙번은 그녀의 책 《늙지 않는 비밀The Telomere Effect》에서 "건강한 삶에는 사람들과 유대를 맺고 안전하고 믿을 수 있는 공동체를 건설하는 것도 거기에 포함된다. 텔로미어 과학은 우리 개인의 웰빙에 사회적 건강이 중요하다는 증거를 제공한다"[219]라고 하면서 글을 맺고 있다. 죽지 않는 비밀까지는 아니더라도 늙지 않는 비밀은 있다.

디지털시대의 밀레니엄

2000년, 두 번째 밀레니엄의 시작

21세기가 언제부터냐? 2000년부터냐 아니면 2001년부터냐? 서로 다른 의견들이 맞섰다. 20세기를 맞을 때도 이런 대립이 있었는데, 그때는 1901년이 이긴 것으로 되어 있다. 그런데 21세기는 잘 알다시피 2000년 1월 1일에 그 시작을 축하했다. 왜 그랬을까?

예수 탄생 이전과 이후를 구분하는 데서 서력 기원이 나왔다. 기원전(BC)과 서기(AD)로 나누는 이분화된 연도 셈법은 미래와 과거를 넘나들 수 있다는 점에서 의미가 있었다. 다만 그 사이에 0년이 없었다. 사실 예수 탄생년이 0년이 되어야 했을 텐데, 그때는 0이란 개념이 없었다. 그러다 보니 BC 1년 다음 해가 곧바로 AD 1년이 되었다. 이를 예수 탄생 기념법紀年法을 처음 생각해낸 디오니시우스 엑시구스의 탓으로 돌리기도 한다. 그가 0년을 생각하지 못한 잘못이라고….

이처럼 0년이 없기 때문에 0년부터 99년까지가 아니라 1년부터 100년까지가 1세기가 되고, 2세기는 101년부터 200년까지가 된다. 이같이 세어 보면, 두 번째 밀레니엄인 21세기의 시작은 2001년이 되어야 맞다. 하지만 여러 가지 이유로 우리 인류는 2001년이 아닌, 2000년에 21세기의 시작을 기념하였다. 논리적으로 보면, 2001년에 시작하여야 할 21세기를 왜 모두 2000년에 기념하였을까?

디지털과 이미지 문화

세기가 전환할 때마다 논쟁이 있었다. 보통 대중들은 '00'으로 끝나는 해를 선택하기 원했고, 성직자들은 원칙대로 '01'년을 고수했다. 대중들과 엘리트들 간의 간극은 유럽 문명 속에서 끊임없이 돌출되었다. 20세기 전환기에 교양인들과 저널리스트들, 작가들, 교육자들은 모두가 1901년을 선택했고, 마침내 승리했다. 100년이 지난 오늘날 대중과 엘리트 두 문화 세계 사이의 구분은 많이 흐려졌다. 대중문화의 영향력이 커졌고, 따라서 엘리트 문화라 해도 다수의 사람이 선호하는 것과 다른 것을 더 이상 강요할 수가 없게 되었다. 그래서 21세기의 시작, 새천년의 시작은 2001년이 아니라 2000년이 되었던 것이다.[220]

그런데 정작 그렇게 된 데는 '아날로그에서 디지털로'의 전환이 더 큰 배경이 되었다. 우선 기술복제시대에서 전자복제시대로 바뀌면서 대중문화와 고급문화의 경계가 사라졌다. 알다시피 아날로그와는 달리 디지털 정보에는 원본과 복사본의 차이가 없다. 그만큼 대중문화와 엘리트문화의 차이도 없어졌다.

또 이미지의 홍수 속에서 논리보다는 이미지가 더 중요해졌다. 21세기의 기념은 시계판 위에 바늘이 움직이면서 어느 순간 12시를 가리키는 그런 식, 즉 아날로그식으로 맞이하지 않았다. 말할 것도 없이 디지털 방식이었다.

아날로그에서는 어떤 수치를 연속된 물리량으로 나타낸다. 글자판 위에 바늘이 지나가면서 시간을 알려주는 시계, 수은주의 길이로 온도를 나타내는 온도계 따위가 그것이다. 반면 디지털은 모든 것을 1, 2, 3, 4 등의 정수로 나타낸다. 그 외의 중간값을 취하지 않는다. 따라서 디지털시계는 바늘이 아니라 대개 초 단위로 숫자가 바뀌면서 정수로 시간을 알려주는 그런 방식이다.

그러니까 시계의 숫자판이 바뀌는데, 2000년의 경우는 "1999년 12월 31일 11시 59분 59초"에서 1초를 더해 다음에 나오는 숫자가 "2000년 01월 01일 00시 00분 00초"가 된다. 이와 달리 2001년의 경우에는 "2000년 12월 31일 11시 59분 59초"에서 "2001년 01월 01일 00시 00분 00초"로 바뀐다. 전자의 경우는 14자리의 숫자가 모두 바뀌지만, 후자의 경우는 앞의 세 자리를 제외한 11자리만 바뀐다. 어느 것이 더 극적일까? 당연히 14자리 숫자가 모두 한꺼번에 바뀌는 2000년이 훨씬 극적이다. 1999에서 2000으로 모든 숫자가 한꺼번에 바뀌는 2000년만큼 시각적으로 분명한 신세기의 출발은 없을 테니까 말이다. 이미지시대, 디지털시대, 대중들의 선택은 2000년이 너무나도 당연했다.

2000년이 특별한 또 다른 이유

2000년이 왜 우리에게 특별한가? '디지털' 외에도 여러 이유가 있다. 우선 서양의 책력 때문에 2000년은 특별한 해가 된다. 이번 2000년은 400년 만의 윤년이다. 지구가 태양을 도는 주기는 365일 5시간 48분 45.96768…초인데, 1년을 365일로 정한 서양의 책력에 따르면 4년마다 1일 정도가 모자란다. 그래서 일찍이 율리우스력에서는 4년마다 하루를 더하도록 했다. 그 해가 바로 윤년이다. 이 윤년은 태양주기를 365.25로 치고 계산해서 만든 것이다.

하지만 태양주기를 더 현실적인 근사치로 산정하면 365.2422 정도이기 때문에 윤년을 계속 설정하다 보면 100년에 오히려 하루 정도의 시간이 남게 된다. 그래서 16세기 말 그레고리력에서 이를 해결하기 위해 100년마다 한 번씩 윤년을 뺐다. 그런데 그렇게 빼다 보니, 이번에는 또 부족해져서 400으로 나누어지는 해에는 윤년을 다시 넣기로 했다. 이처럼 100년마다 지웠던 2월 29일이 400년마다 한 번씩 한 세기의 전환점에서 되살아나도록 정했다. 그렇게 정한 그레고리력을 채택한 해가 1582년이었다. 따라서 00년으로 끝나는 윤년이 들기는 1600년 이후 400년이 지난 2000년이 처음인 셈이었다. 400년 만에 한 번 맞는 세기 전환기의 '윤년' 2000년은 바로 그만큼 예외적이었다.

또 십진법을 사용하는 데서 오는 습관의 영향도 컸다. 하나의 사건을 사람들에게 상기시키기 위해 우리는 10으로 나누어 '우수리 없는' 해를 기념하는 관습이 있다. 여기서 '우수리 없는 해'란 10년을 단위로 나누었을 때 0이 남는 수를 말한다.

즐겁게 미래를 내다보는 세속적인 기념제로서 새로운 세기를 축하하는 백년제도 1700년에 열렸다. 잘 알다시피 1701년이 되어야 했지만 1년 먼저 열렸다. 1700년은 17세기의 마지막 해이지 18세기의 첫 번째 해가 아니었는데도 그랬다. 이 또한 우수리 없는 해에 대한 선호 경향 때문이었다. 이 같은 행태는 반복되었다.[221]

어떤 사건을 '기념하는 날'이 다가오면 우리의 기억 속에서 그 사건과의 간격이 짧게 느껴진다. 심리적으로 더 가까운 것 같은 마술적 효과가 생겨나는 것이다. 십진법 단위로 찾아오는 기념일은 의식 속의 시간을 줄여주는 효과를 가져온다. 우수리가 없는 숫자의 효과는 1,000년 단위의 기념일에서 극대화되었다. 달력 속 기념일은 현재의 일뿐 아니라 미래의 계획 그리고 과거가 현재에 반영되는 모습까지 같이 반영한다.[222]

2,000이란 숫자가 주는 심리학적 의미도 있다. 1,000이란 숫자에 중요성을 부여하는 심리는 서양 문화에서 역사적 연원을 가지고 있다. 〈요한계시록〉에 나오는 천년왕국에서 유래한다.

2

조선의
역서와
시계들

1장

조선의
역법과 역서

역상수시는
왕정의 시작

역상수시는 나라님이 하는 일

천체의 움직임을 관측하고 추산하여[曆象 또는 觀象], 백성들에게 시간을 알려주는 일[授時]을 '역상수시曆象授時' 또는 '관상수시觀象授時'라 한다. 이는 전통사회에서 나라님, 즉 왕이 해야 할 중요한 책무의 하나였고,[223] 또 왕에게만 허락된 권한이기도 하였다. 왕의 권력은 하늘에서 나오고 왕은 하늘을 대리해서 지상 세계를 다스리는 존재로 자리매김했다. 따라서 하늘을 '역상'하여 '수시'하는 천문역산학은 '제왕의 학문'이었다.

《서경書經》은 성군들의 정치 행위의 모범을 모아 놓은 유교 경전이다. 그《서경》의 첫머리인 권1 〈우서虞書〉〈요전堯典〉에서 요 임금이 "이

圖衡玉璣璿

《서경집전書經集傳》에 실린 〈선기옥형도〉

에 희씨와 화씨[역상수시의 관원]에게 명하여 광대한 하늘을 공경하여, 해와 달과 별의 천체[日月星辰]를 헤아리고 살펴 책력을 만들어, 삼가 사람들에게 때를 (알려) 주라 하시다"224라 하였다. 또 이어지는 〈순전舜典〉에서 순 임금이 "선기옥형(璇璣玉衡=渾天儀)으로 살펴 칠정[日月五星]을 다스리도록 하시다"225라 하였다. 칠정이 하늘에서 운행하는데, 느릴 때와 빠를 때가 있고, 순할 때와 역할 때가 있으니 제왕의 정치도 이와 같이 하늘의 뜻을 따르라는 것이었다. 이처럼 유교적 정치 행위의 모범으로 첫손에 꼽히는 요 임금과 순 임금이 제왕으로서 가장 먼저 행한 일이 '역상수시'였다. 《서경》의 이와 같은 구절들은 유교의 이상 정치를 실현해보려는 군주들에게는 금과옥조였다. 이는 유가 지식인들 모두에게도 마찬가지였다.226

《증보문헌비고》의 〈역상연혁曆象沿革〉에 이와 관련된 내력이 잘 정리되어 있다.227 1907년(광무 11) 250권으로 완료되어 이듬해 인쇄, 발간한 《증보문헌비고》는 가장 대표적인 관찬 백과사전이다. 상위고象緯考, 여지고輿地考, 제계고帝系考, 예고禮考, 악고樂考, 병고兵考 등 모두 16고로 구성되어 있다. 이는 영조대 편찬된 《동국문헌비고》를 증보한 것으로 상위고와 여지고를 제일 앞에 두는 체제는 그때 정해졌다. 상위고

는 우리나라 천문학에 관
한 역사적 사실을 기록한
것이고 여지고는 단기(檀
箕, 단군과 기자) 이래 역대
나라의 경계와 군현의 연
혁 · 산천 · 성곽 · 해방海
防 · 해로海路 등을 기록
한 것이다. 상위고는 하
늘이고 여지고는 땅인 셈
이다. 즉 《주역周易》에서

《증보문헌비고》, 국립고궁박물관 제공.

건곤乾坤을 첫머리로 하는 법칙을 따른 것이다. 《주역》〈계사전繫辭傳〉
에서 "역易은 천지로 더불어 바로잡는[齊準] 까닭에 능히 천지의 도를 두
루 다스릴 수 있다. 우러러 천문을 관측하고 구부려 지리를 관찰한다.
…"228라 하였는데 이 또한 마찬가지로 하늘과 땅이 역의 벼리를 이룬
다는 뜻이다.

〈영조조어제동국문헌비고후서英祖朝御製東國文獻備考後序〉에서는

서명西銘에서 건乾은 아비이고 곤坤은 어미라고 일컬었으니, 이것으
로 미루어 본다면 상위고 · 여지고를 마땅히 먼저 하여야 하고, 종묘
는 다음으로 하며, 나라의 중한 것은 제사[祠]와 군사[戎]에 있으므로
그 다음을 군제軍制로 하여야 하겠다.229

라 하였다. 그만큼 하늘을 다룬 상위고를 우선하였다. 상위고는 "성상

(星象, 지구상에 나타난 성체의 총칭)과 역일曆日은 서로 표리가 되어서, 마치 바퀴[輪]에 살[輻]이 있는 것과 같으니, 어느 하나도 없어서는 안 된다"로 시작하는데 '역상'하여 '수시'함으로써 "광대한 하늘을 공경하는[欽若昊天]" 뜻을 실현하게 된다는 의미이다.

세종 연간에 흠경각欽敬閣[230]이 완성되었을 때, 김돈金墩이 지은 기문에는 그 첫머리에 "상고하건대, 제왕이 정사를 하고 사업을 이루는 데에는 반드시 먼저 역수曆數를 밝혀서 세상에 절후를 알려 줘야 하는 것이니, 이 절후를 알려 주는 요결要訣은 천기를 보고 기후를 살피는 데에 있는 것이므로, 기형璣衡과 의표儀表를[231] 설치하게 되는 것이다"[232]라 하였다. 동부승지 이순지(李純之, ?~1465)가 쓴 《제가역상집諸家曆象集》의 발문에도 "제왕의 정치는 역상수시보다 더 큰 것이 없다"라는 말로 시작하고 있다.[233] 영조도 역시 "우리 조정에도 또한 흠경각이 있었으니, 하늘을 공경하는 뜻이 중하지 않은가?"[234]라 하였다. 그리고 "하늘을 공경하는 뜻"은 백성들에게 생활에 필요한 절기를 나누어주는 이른바 '경수인시敬授人時'를 통해 보여주게 된다는 것이다.

역상수시는 천문과 역법으로

이처럼 역상수시를 강조한 데는 두 가지 실용적 목적이 있었다. 하나는 천변天變 점성술과 관련되어 있다. 하늘은 인간의 세계를 비추는 거울과 같은 존재로, 하늘의 현상을 통해 인간세계에 일어날 일을 미리 알려준다고 믿었다. 그래서 천변의 예측과 관측, 천변의 의미 해석과 활동은 매우 중요했다. 이는 한나라 초기의 대유大儒인 동중서(董仲舒, BC 179~104)가 재이론災異論을 바탕으로 한 천인합일 또는 천인감응의 논리체계, 즉 천지인 삼재의 합일사상을 확립하는 데서부터 비롯되었다.

《한서漢書》〈예문지藝文志〉를 보면,

> 천문이란 이십팔수를 차서次序화하고 일월오성의 역산을 추보推步하여 길흉화복의 계통을 세움으로써 성왕이 정치에 참조하는 바이다. 역경易經235에서 천문을 관찰하여 시변時變을 살핀다고 하였다. 236

라고 되어 있다. 바로 천문재이天文災異에 대한 이야기이다. 따라서 전통사회에서 천상天象의 변화, 곧 천변 현상은 그냥 자연현상이 아니라 하늘이 인간 사회의 선악과 과오를 견책하는 징험으로 간주되었다. 모든 천체 현상은 지상에서 벌어지는 사건들의 전조 혹은 표징이라고 믿었다. '천변'은 영어로 천재天災나 재앙을 의미하는 'disaster'와 비교하기도 한다. 어원적으로 보면 'dis+aster'는 곧 "별이 아닌 것"으로 정상적 천문현상에서 멀어진 것을 뜻한다고 해석한다. 237 다만 '천변'의 경우는 별만을 뜻하는 것은 아니고, 훨씬 폭넓은 자연현상의 변이를 다 포함한다. 닮은 듯 닮지 않은 모습이다.

그런 천변 중에서 해와 달이 잡아먹히는 일·월식은 특히나 제왕의 권위를 위협하는 현상으로 여겨졌다. 이에 정확한 일·월식 예보는 국가 차원에서 중시되었으며 이를 위해 천체 관측과 천문 역법의 발달에 심혈을 기울이게 되었다.

다른 하나는 농업이 천하의 근본이었을 때 백성들에게 시간을 알려

준다는 것은, 즉 농사의 절기를 알려준다는 것으로 농정의 기본이기도 하였다. 전통사회에서 "해 뜨면 나가 일하고 해지면 들어와 쉬는[日出而作 日沒而息]" 생활을 하는 일반 농민들에게 하루 내의 시간들은 그다지 중요하지 않았다.[238] 하루[日]보다는 달[月]이 중요하였다. 농가월령가라는 가사가 익숙하듯이 자연시간과 생활 그리고 생업의 조화를 이룰 수 있도록 농사에 필요한 일 년 단위의 계절과 절기를 아는 것이 더 긴요했다. 따라서 절기를 정하는 일이 역상수시의 또 다른 핵심이었다.

군주가 민생 안정을 최고의 국정 목표로 삼아 정치를 운영하고 있음을 상징하는 언어가 '경천근민(敬天勤民, 하늘을 공경하고 삼가 백성들의 일에 힘쓴다는 뜻)'이었다. 그것이 천문역산학 분야와 연결될 때 '역상수시'로 나타났던 것이다.[239] 역상수시는 경천근민의 실현에 그 근본적인 의미가 있었다. 이런 뜻은 〈권농윤음〉에서 다음과 같이 표현되었다.

> 임금은 백성들을 근본으로 삼고, 백성들은 먹는 것을 하늘처럼 여긴다. 먹는 것이란 농사에 달린 것이고 농사란 철에 달린 것이니, 철을 따르게 하는 것이 하늘을 공경하는 것이 되고, 농사에 힘쓰게 하는 것이 백성을 사랑하는 것이 된다.[240]

이처럼 유교왕정에서 농시農時의 제공은 역상수시의 최우선 목적이었다. 이를 위해 천문이 생기고 역서가 생겼다. 그래서 천문학은 제왕학이 되었던 것이다.

서운관書雲觀[241]에서 하는 일을 보면, 이러한 유교적 천문관이 그대로 반영되어 있다. 조선 1392년(태조 1)에 문무백관의 관제官制를 정할 때, "서운관은 천문의 재상(災祥, 재앙과 상서를 이르는 말)과 역일을 추택推擇하는 등의 일을 관장"[242]하게 하였다. 《경국대전》에서는 "관상감은 천문·지리·역수曆數·점산占算·측후·각루刻漏 등의 일을 맡는다"[243]라고 하여 좀 더 구체화하였다. 이때 천문의 재상이나 점산, 측후는 천인감응설과 재이설의 영향을 받아 설정된 기능이었고, 역수, 각루 등은 역법과 시간을 다루는 기능이었다. 이런 규정들을 통해 '역상수시'의 실용적 목적이 무엇이었는지를 여실히 알게 해준다.[244] 천체관찰은 징조를 발견하기 위해서뿐만 아니라 역법을 만들기 위해서도 계속 추진되었다. 이는 세계 공통이기도 하였다.

이처럼 역상의 기능은 크게 천문과 역법의 두 가지로 이루어짐을 알 수 있다. 천문은 천변점성술의 이론적 체계, 천변의 예측과 관측, 천변의 의미 해석과 활동 등에 관련된 제반 지식과 활동을 말한다. 역법은 연월일시라는 시간 단위를 정하기 위한 수리 천문학적 지식과 그에 기초하여 일상에 필요한 다양한 정보들을 만드는데 관련된 제반 지식과 활동을 말한다. 역법은 다시 달력을 만드는 역서曆書와 시각을 알려주는 보시報時 기능으로 구분할 수 있다.

이하 조선에서 역상수시와 관련된 제반활동들이 어떻게 전개되었는지를 역서와 시계를 중심으로 살펴보기로 하자.

맞춤형 역서의 필요성

역서曆書란?

요즘 우리가 '달력'이라 부르는 것을 조선시대에는 '역서' 또는 '책력'이라 불렀다. 역서가 좀 더 넓은 의미로 쓰였는데 책력, 일과日課, 역 등을 모두 통칭하여 역서라고 하였다. 역서에는 일과력日課曆과 칠정력七政曆, 두 가지가 있었다. 일과력은 매일매일의 날짜를 엮은 역서인데, 역일 아래에 역주曆註가 있어 날짜에 따른 일상의 의宜·불의不宜를 살펴볼 수 있도록 하였다. 칠정력은 역일에 따른 칠정의 운행을 계산하여 적어 놓은 것이다.[245] 또 역서는 무엇을 기준으로 셈을 하느냐에 따라 태양력, 태음력, 태음태양력 등으로 나눈다. 중국을 비롯한 우리는 해와 달의 두 천체에서 시간의 질서를 찾는 태음태양력의 전통에 서 있었다.

역서는 계속 바뀌었다. 백제는 송의 원가력元嘉曆, 고구려는 당의 무인력戊寅曆, 신라는 당의 인덕력麟德曆과 대연력大衍曆, 말기에는 당의 선명력宣明曆을 사용하였다. 고려 충선왕 때는 수시력授時曆을 받아들였고, 조선에서도 이어 쓰다가 중기 이후 시헌력時憲曆을 수용하였고, 대한제국기 태양력을 적용한 명시력明時曆의 선포까지 이어졌다.

수시력 이전은 기록도 불충분하고 역법의 수준도 파악하기 어렵다. 따라서 여기서는 수시력과 시헌력 그리고 명시력까지 그 수용 배경, 조선화 과정과 의미 등을 중심으로 살펴보고자 한다.

'일조일력一朝一曆'은 황제국에게만

중국에서는 왕조가 교체되어 새로운 왕조가 들어서면 '수명개제受命改制'246의 사상에 따라 역법을 개정하였다. 새 역법이 새 왕조의 정통성을 입증해주며, 동시에 통치세력에게 권위를 부여해주는 것이라고 믿었다. 사마천은《사기史記》〈역서曆書〉에서

> 제왕이 역성易姓 수명受命하였을 때는 반드시 그 시초를 살펴 정삭正朔을 고치고 복색服色을 바꾸어 하늘의 근원[天元]을 추본推本하고 그 뜻을 잇는다. 247

하였다. 정삭, 즉 정월 초하루를 고친다는 것은 다름 아니라 역서를 바꾸는 것이다. 역서를 역성수명易姓受命248과 연결시키는 것 또한 천인합일天人合一의 사상에서 나온다. 하늘의 뜻에 따라 왕조가 바뀌었으니 그

에 따라 정월 초하루를 새로 정해야 천인합일의 뜻을 구현할 수 있다고 본 것이다.

이처럼 사마천의 《사기》에서 '수명개제'의 원칙이 세워진 이래 '국가 제천례國家祭天禮'와 '개력반포례改曆頒布禮'는 왕조 개창과 군주의 등극에 꼭 필요한 수순이었다. 한당漢唐대에 이는 '일조일력一朝一曆'이란 개념으로 자리 잡았다. 송대에는 남·북송을 합하여 18황제 329년간에 18회의 개력이 있었다. 당의 290여 년간 8회보다 훨씬 많았다. 이는 일조일력 또는 일세일력一世一曆의 관행이 더욱 심화되어 갔음을 잘 보여준다. 이처럼 '일조일력'이라 하여 새 왕조가 들어서면 새 역법을 반포하는 것이 관례로 굳어졌다. 다만 그 관례는 황제국에게만 해당하는 것이었다.

조선에서는 "옛날에는 반삭(頒朔, 역서를 나눠주는 행위)의 예禮가 지극히 엄하여 번방藩邦이 책력을 사사로이 발간하는 것은 감히 할 수 없는 일"[249]이라거나 "외국에서 책력을 만드는 일은 중국에서 금지하는 일"[250]이라 하여 본국력 발간은 금지된 일로 알고 있었다. 그뿐만 아니라 사조품, 즉 사사로이 역서를 만드는 자는 법률에 의해 참형을 당하게 되어 있었고, 그를 체포하거나 고발한 사람에게는 은자 50냥을 상으로 주게 되어 있었다.[251]

그러나 조선에서는 매년 동지 책력을 반포하였다

조선시대 관상감에서는 매년 동지에 다음 해의 역서를 편찬하여 나누어주었다. 이를 '동지 책력'이라 불렀다. 성주덕成周悳의 《서운관지書雲

觀志》에 의하면 "국초에는 진헌進獻 외에 서운관에서 책력 4천 건을 인출하여 중앙 및 지방의 관아와 종친, 문무 당상관 이상에게 나누어주었다"라고 하였다. 매년 책력을 만들어 나누어주는 관습은 조선 초기부터 있었음을 알 수 있다.

"역서를 나누어주는 법이 선대의 왕 때에는 매우 완비되어 팔도의 수령에게 다 내려주었"252다고도 하고, "중국의 역서를 나누어주기 전에 우리나라의 역서를 먼저 나누어주는 것"253이 미안한 일이지만 이미 관행화되어 있었다. 또 심지어는 "임진년(1592) 대가大駕가 의주에 계신 때에도 역시 각판刻板을 만들어 일력日曆을 인쇄하여 반포한 적이 있었습니다"254라 하듯이 임진왜란의 와중에 의주로 몽진 갔을 때조차도 본국의 책력을 만들어 반포했었다.

1819년(순조 19)에 김매순(金邁淳, 1776~1840)이 펴낸 《열양세시기洌陽歲時記》에는 동지 풍속으로

관상감에서 명년明年의 책력을 진상하면 임금께서 친히 내려 주신다. 상품上品은 모두 줄로 동여 장식하고, 그다음은 청장력과 백력白曆·월력月曆·상력常曆 등 각양각색인데, 종이의 품질과 꾸민 모양에 따라 차별을 둔다. 서울 관서의 각 부처에서는 미리 종이를 마련했다가 관상감에 맡겨 인쇄토록 하고, 장관長官과 관료[朗僚]들에게 차등 있게 나누어주어, 고향 친지와 이웃에게 선물로 보낼 수 있게 한다. 이조吏曹의 서리胥吏는 고관[搢紳]의 집을 나누어 담당하는데, 맡은 집으로 한 사람 이상의 이름이 전랑銓郎에 속해 있는 집에는 의례 청장력 한 권을 증정한다.

라고 하여 '동지 책력'의 반포 경위와 품질, 모양까지 소개하고 있다. 《열양세시기》는 한양의 세시풍속을 모은 자료집인데, 여기에 이런 내용이 실려 있다는 것은 동지 책력의 제작과 반포가 이미 오래된 연례행사였음을 알 수 있게 한다.

그런데 "조종祖宗을 칭하고 능陵을 칭하며 역曆을 만들고 하늘에 제사한 것 등 기타 참람한 일은 그대로 전조前朝의 그릇된 풍습을 이은 것이었다"255라 하여 역서뿐만 아니라 왕의 이름에 종을 붙이거나 왕의 묘를 능이라 부르거나 하늘에 제사 지내는 등의 일이 제후국의 격을 어긴 것이라고 지적하였다. 하지만 말만 그렇게 했을 뿐, 개의치 않고 그대로 이어갔다. 왕의 묘호에 조나 종을 붙이거나 무덤을 능으로 부르는 것은 물론, 임진왜란 때 선조가 의주로 몽진 갔을 때조차 책력을 만들어 반포할 정도였다. 겉으로는 제후국이라 하면서도, 안으로는 자주국으로서 자부하고 있었음을 분명히 알 수 있다.

다만 중국과의 관계에서 이를 드러내 놓고 보이는 데는 주의를 기울였다. 예종대에 명나라 사신이 왔을 때 평안도 · 황해도 · 경기도 관찰사에게 내린 교지에서 접대와 관련된 사목事目을 보면, "명나라 사신이 만약 역일을 보고자 할 것 같으면, 중국 달력[唐曆]이 아직 오지 않았다고 말하고, 우리나라 달력은 보여주지 말도록 할 것"256이란 조항이 들어있다. 때로는 고약한 중국의 사신 정응태丁應泰257를 불편하게 여겨 4~5천 권의 역서를 잠시 폐기하는 것처럼 꾸미기도 하였다.258 다만 사신이 떠난 후 다시 고쳐 반포하였다. "중국 사람이 우리나라의 역서를 많이 사 갔으니 정응태가 트집을 잡고자 한다면 금년의 역서만이 아닙니다"라는 데서 보듯이 조선에서 따로 만든 역서가 있다는 건 중국도 이미 알고 있었다. 다만 공식적으로 인정하지는 않았던 것이다. 조선 정부도 트집 잡힐까 봐, 혹은 문제 될까 봐 이를 감추었을 뿐, 내부적으로는 마땅히 사용해야 한다고 여겼다. 그렇게 만들어 반포한 책력을 본조력本朝曆, 향력鄕曆, 본국력本國曆 등의 이름으로 불렀다.

맞춤형 역서가 왜 필요했을까?

원칙적으로 안 된다는 것을 알면서도 실제로는 이렇듯 매년 빠짐없이 본국력을 작성, 반포하였다. 그렇게 한 데는 이유가 있었을 것이다. 그 이유는 무엇이었을까?

수시력이든 시헌력이든 중국에서는 매년 책력을 만들어 조선에 제공하였다. 하지만 중국과는 지리상의 차이 때문에 이를 그대로 사용할 수는 없었다. 1734년(영조 10) 호조판서 이정제李廷濟가 아뢰기를

왕자王者의 정사政事로는 칠정七政을 고루고 사시四時를 맞추는 것보다 큰 일이 없습니다. 우리나라는 동쪽에 치우쳐 있어서 절후의 시각이 중국과 같지 않으므로, 치윤置閏한 달이나 봄 · 여름이 바뀔 때나 해시亥時 · 자시子時가 갈릴 때를 당하면 이런 차이가 나는 것이니, 청나라의 역을 따른다면 그릇되는 것을 면하지 못할 것입니다.259

라고 지적하였다. 중국에서 매년 제공하는 책력은 어디까지나 중국을 기준으로 했기 때문에 우리와는 맞지 않았다. 다른 건 몰라도 일 · 월식 교식交食은 맞지 않을 경우 매우 곤란했다. 특히 일식의 경우는 중요

했다. 일식을 맞으면 왕은 친히 구식救蝕의 예를 행해야 했다.[260] 그런데 만일 일·월식이 그 시각에 일어나지 않으면 낭패가 아닐 수 없었다. 따라서 그 시각을 정확히 예측하는 일이 중요했다. 이는 다른 데서 구해올 수도 없었다. 위도나 경도에 따라 시각이 달라지기 때문에 오직 우리 스스로 정확한 천체 관측을 통해 알아내야만 했다. 시간도 마찬가지였다. 시각에 따라 운세가 결정된다고 보기 때문에 날짜가 달라지거나 시각이 바뀌면 운세가 달라진다. 이 또한 우리 땅에서 관측한 정확한 시각이 필요했던 이유였다.

이처럼 일·월식이나 '선택選擇'에 필요한 시각을 정하는 데 지역에 따른 정확성을 기하지 않을 수 없었다. 따라서 조선에서 역서와 관련해 할 수 있고 또 꼭 필요한 일은 중국 역서의 틀 안에서 조선의 실정에 맞게 조정하는 것이었다. 이런 역을 본국력, 향력 등으로 불렀던 것이다.

1600년(선조 33) 1월 좌승지 이상의李尙毅가

일출日出·일입日入[일몰]과 주야의 각수刻數[낮과 밤의 길이] 등의 일은 우리나라가 동방에 치우쳐 있기 때문에 그렇게 하지 않을 수 없는 점이 있을 것입니다. 요컨대 인시人時를 제대로 가르쳐주는 데에는 상관이 없지만 납법臘法이 같지 않으면 대일통大一統의 의리에 어그러질까 염려됩니다.[261]

라고 한 말처럼 지켜야 할 범위는 납법[262] 같은 것이었다. 대일통의 의리에 어긋나지 않는 선에서 중국력을 따라야 했지만, 인시, 즉 농사철과 같은 시기는 우리 실정에 맞게 해야 한다고 하였다.

우리는 중국 역내域內의 제후국과는 다르다

조선의 지역 실정에 맞는 역서가 필요하다는 생각에 본국력, 향력이라 불리는 역서를 만들었는데, 여기에는 단지 실용적 이유 외에 조선의 위상에 대한 자주적 사고도 작용하였다. 몇 가지 예를 들어보자.[263]

일찍이 1417년(태종 17) 예조판서 변계량이 하늘에 제사하는 예[祭天之禮]를 행하도록 청하자, 태종은 "천자는 천지에 제사하고 제후는 경내境內 산천에 제사한다"라는 예를 들어 주저하였다. 이에 변계량이 말하기를 "우리나라가 멀리 해외에 있어서 중국의 제후와 같지 않기 때문에 고황제高皇帝가 조서하기를, '천조지설(天造地設, 하늘이 만들어 놓은 것)하였으니 스스로 성교聲敎[264]를 하라'하였"다면서 중국의 제후국과는 다르다는 점을 주장했다.[265]

1455년(세조 1) 7월 5일, 집현전 직제학 양성지가 올린 상소문에서도

> 우리 동방 사람들은 대대로 요수遼水 동쪽에 살았으며, 만리지국이라 불렀습니다. 삼면이 바다로 막혀 있고, 일면은 산을 등지고 있어 그 구역이 자연적으로 나뉘어져 있고, 풍토와 기후도 역시 달라서 단군 이래 관아와 주군州郡을 설치하고 독자적인 성위聲威와 교화를 펴 왔으며, 전조前朝의 태조는 신서信書를 지어 나라 사람들을 가르쳤는데, 의관과 언어는 모두 본국의 풍속을 준수하도록 하였습니다.

라 하여 예전부터 우리가 중국과 달리 "독자적인 성위와 교화를 펴 왔음"을 내세웠다.

1557년(명종 12) 중국 정궁正宮에서 화재가 났다는 소식에 접하고서, 조선 조정에서 이에 진위사進慰使를 보내느냐 마느냐의 가부를 둘러싸고 대신들간에 논의가 있었다. 이때 병조 겸판서 이준경이 말하기를,

해외의 나라는 구복九服[266] 내의 제후와 사체가 같지 않고 궁궐의 화재도 구묘九廟의 화재와는 차이가 있으니, 증거를 대가며 모두를 구복 내 제후의 예에 견주어 하나하나 같게 할 필요는 없습니다. 우리나라가 비록 정성을 다하여 사대한다지만 방역邦域이 구별되어 있고 우리 나름대로 교화를 하고 있으니 그 사이에 모든 것을 중국과 같이 할 수는 없습니다. 더구나 해외의 나라로서 자청해서 지나치게 중국을 가까이한다면 뒷날 끝없는 폐단을 초래하게 될 것이니, 고려가 당한 환란 같은 것을 거울삼지 않아서는 안 됩니다.[267]

라 하였다.

이처럼 사대를 수용하였지만, 무조건적인 사대는 아니었다. 조선이 해외번국으로 독자적인 성교를 베풀어 왔다는 주장은 일회적이 아니라 지속적으로 반복되고 있었다. 따라서 특히 세종 때라면, 이런 기조 위에서 '풍토부동', '성기부동聲氣不同'의 논리에서 훈민정음 창제가 가능했듯 조선 맞춤형 역서도 이런 맥락에서 얼마든지 만들 수 있는 명분과 논리가 있었음을 알 수 있다.

그러면 구체적으로 어떻게 중국력을 변용하여 우리 실정에 맞는 '본국력'으로 조선화해 갔는지 알아보도록 하자.

수시력 교정과 《칠정산내편七政算內篇》의 편찬

수시력, 이슬람 문명과의 만남

수시력授時曆은 원나라의 지원至元 18년, 즉 1281년에 허형許衡·왕순王恂·곽수경郭守敬 등이 편찬하여 시행한 중국의 역법이다. 수시력의 편자 허형은 역대의 역리에 밝았고, 왕순은 산법算法에 정통했으며, 곽수경은 관측기계 제작과 천체 관측에 탁월하였다. 1276년(지원 13)부터 5년간의 준비 기간을 두고 천문관측을 정밀히 한 후 수시력을 편찬하였다. 이처럼 정확한 관측치에 기초하여 창조적인 계산법으로 만든 수시력법은, 결점도 있으나 역대 역법의 수준을 뛰어넘는 매우 훌륭한 역법이었다.

　수시력은 이슬람 천문학의 계산법을 도입하여 만들었는데, 이는 몽골이 유라시아를 잇는 대제국을 건설하면서 이슬람 문명과 접촉할 수 있어 가능했다. 글로벌맨으로서의 칭기즈칸을 다시 한번 보게 하는 장면이다. 수시력이 반포된 때는 몽골제국의 제5대 칸이자 중국 원나라의 초대 황제인 세조世祖 쿠빌라이 칸[忽必烈汗]의 재위 기간(1260~1294)이었다. 이로써 일조일력의 전통을 이었다.

수시력의 수용

원나라가 수시력을 사용하기 시작한 1281년(충렬왕 7) 정월 1일부터, 고려도 선명력 대신 원으로부터 수시력을 받아 사용하였다. 다만 그 수시력을 자체적으로 추보(推步, 역법에 따라 여러 가지 사항을 계산하는 일)하는 일은 충선왕의 명에 따라 1309년(충선왕 1) 최성지(崔誠之, 1265~1330)가 배워서 전수한 뒤부터라고 추정한다. 그러나 그때도 일·월식에 관해서는 수시력의 계산 방법을 몰랐기 때문에 여전히 선명력의 옛 방법을 따랐다. 당연히 오차가 많았다.

원을 이어 새 왕조를 개창한 명나라는 국호를 명이라고 부른 해인 1368년(홍무 원년)에 일조일력의 전통에 따라 대통력大統曆을 반포하였다. 하지만 이는 이름만 다를 뿐 수시력을 그대로 답습한 것이었다. 따라서 1384년(홍무 17)에 누각박사漏刻博士 원통元統이 명나라의 새로운 역법을 제정해야 할 것을 진언하였고 이에 《대통력법통궤大統曆法通軌》를 편찬하였다. 홍무 17년 갑자년(1394년)을 역원曆元268으로 고쳐 정하고, 태양년의 길이가 불변한다는 설을 도입하였다. 수시력과 비교하면 술문述文이나 편제에서 차이를 보이는 등 부분적인 변화는 있었다. 그

러나 역법상에 근본적인 변화는 없었다고 평한다.[269]

명나라가 들어서자 고려도 명의 대통력을 새로이 수용하였다. 1370
년(공민왕 19)에 사신으로 중국에 갔던 성준득成准得이 대통력을 가져와
서 사용하였고, 이후에도 해마다 명나라에서 역서를 가져왔다. 이는
조선왕조에도 그대로 이어졌다. 대통력은 수시력과 같은 것으로 보기
때문에 수시력은 1645년에 시헌력으로 바뀔 때까지 즉 1281년부터
1644년까지 364년간이나 사용되었다. 우리나라에서는 시헌력을 중
국보다 늦은 1653년부터 사용하였기 때문에 수시력을 중국보다 더 긴
372년 동안 사용한 셈이었다.

우리나라에서는 매년 동지사冬至使가 파견되어 중국의 역서를 받아
왔다. 하지만 북경과 한양은 위도와 경도가 다르기 때문에 그 역서를
그대로 쓸 수가 없었다. 중국의 역서를 그대로 쓸 경우, 해가 뜨고 지는
시각[日出시은 물론, 절기 등도 맞지 않았다. 그뿐만 아니라, 중국으로
간 동지사가 역서를 받아 국내로 들여와 사용하기까지에는 시일이 오
래 걸려, 먼 지방 사람들은 절후의 빠르고 늦은 것을 알지 못하여 농사
일에 때를 놓칠 염려가 있었다.

역서에는 단지 일력만 있는 것이 아니라 일상에서 필요한 다양한
정보들도 수록되어 있었다. 때문에 꼭 필요한 물건이었다. 일식 · 월식
의 순서를 상세히 알지 못하는 부족함이 있더라도 매년 발간되어야 했
다. 그렇다고 잘못된 것을 알면서 무작정 그냥 쓸 수도 없었다. 그래서
우리 지역에 맞게 교정해야 하였다.

교정 작업은 두 단계로 진행되었다. 첫 번째 단계는 중국의 역법을
이해하는 것이었다. 이를 위해서는 역법에 적용된 복잡한 산법을 알아

야 했다. 그리고 두 번째 단계는 이를 조선의 실정에 맞게 응용하는 것이었다. 천체 관측을 통해 정확한 위치 정보를 파악하여 교식추보법交食推步法[270]까지 해결하여야 했다. 그렇게까지 하는 데는 꽤 오랜 시간이 걸렸다. 1442년(세종 24)이 되어서야 비로소 가능해졌다. 이하 두 단계로 나누어 진행된 역서 편찬의 과정을 살펴보기로 하자.

수시력 교정 1기

수시력 산법의 이해를 통해 원리를 파악한 후 이를 조선에 맞게 교정하여 활용하는 데까지 이르는 것이 교정의 목표였다. 하지만 이를 한꺼번에 이루지는 못하였다. 그래서 산법을 이해하는데 그친 1420년(세종 2)부터 1432년(동 14)까지를 수시력 교정 1기라고 하여 2기와 구분한다.

  세종은 즉위한 지 얼마 지나지 않은 세종 2년 경자년(1420)에 성산군星山君 이직李稷이 역법의 교정을 건의한 일을 계기로 수시력 교정을 지시하였다. 그로부터 12년이 지난 1430년(동 12) 8월에 세종은

> 일식 · 월식과 성신星辰의 변變, 그 운행의 도수度數가 본시 약간의 차착差錯이 있는 것인데, 앞서 다만 선명력법만을 썼기 때문에 차오差誤가 꽤 많았던 것을, 정초鄭招가 수시력법을 연구하여 밝혀낸 뒤로는 책력 만드는 법이 좀 바로잡혔다.

고 하였다. 여기서 우리는 이때 비로소 선명력 단계에서 벗어나 수시력법에 대한 이해가 어느 정도의 수준에 도달한 것을 볼 수 있다.

하지만 아직 일식에서 태양이 이지러지기 시작할 때부터 회복되어 끝날 때까지의 휴복虧復 시각을 정밀하게 살피는 데는 이르지 못하였다. 그리하여 "이제부터 일식·월식의 시각과 분수分數가 비록 추보推步한 숫자와 맞지 않더라도 서운관으로 하여금 모두 기록하여 바치게 하여 뒷날 고찰에 대비토록 하라"[271]고 하여 다음 단계의 역법 교정을 준비하도록 하였다.

이듬해인 1431년(동 13) 3월에 세종은 수시력 교정을 시작한 지 12년이 지났음을 상기시키면서, 공조판서 정초鄭招에게 이르기를

역서란 지극히 정세精細한 것이어서 날마다 쓰는[日用] 일들이 빠짐없이 갖추어 기재되어 있지만, 일식·월식의 경위만은 상세히 알 길이 없다. … 만약 정밀 정확하게 교정하지 못하여 후인들의 기소譏笑를 사게 된다면 하지 않는 것만도 못할 것이니, 마땅히 심력을 다하여 정밀히 교정해야 될 것이다.

라 하였다. 그리고 교정을 위해서 산법을 알아야 하는데, 그중 특히 방원법方圓法을 상세히 아는 자가 드물다고 하여 사역원司譯院 주부注簿인 김한金汗·김자안金自安 등을 중국에 보내 산법을 익히게 했다.[272]

1460년(세조 6)에 이조吏曹에서 "역산曆算 생도에게 권려勸勵하고 징계하는 법"을 다시 마련하여 올렸는데, 그중에 세종 때의 사정을 다음과 같이 전하고 있다.

누가 능히 산법을 알지 못하는데 또 어찌 능히 역법을 알겠습니까?

오로지 우리 세종께서 역법의 밝지 못함을 탄식하고 생각하시어 역산의 책을 널리 구하였는데, 다행히 《대명력》·《회회력》·《수시력》·《통궤通軌》와 《계몽啓蒙》·《양휘전집揚輝全集》·《첩용구장捷用九章》 등의 책을 얻었습니다. 그러나 서운관 · 습산국習算局 · 산학중감算學重監 등에서 한 사람도 이를 아는 자가 없었습니다. 이리하여 산법교정소를 두고 문신 3, 4인과 산학인算學人 등에게 명하여 먼저 산법을 익힌 뒤에야 역법을 추보하여 구하게 하였더니 수년 안에 산서算書와 역경曆經을 모두 능히 통달하였습니다. 그래도 오히려 후세에 전하지 못할까 염려하여, 또 역산소를 설치하고 훈도 3인과 학관 10인이 산서와 역경을 항상 익히게 하고, 매일 장부에 적어서 열흘마다 취재取才하여 그 근만勤慢을 상고하여 부지런한 자를 권장하고 게으른 자를 징계하여 학업을 연마하게 하였기 때문에 산법을 아는 자가 서로 잇달아 나왔습니다.[273]

라 하였다. 이 글을 통해 세종이 산법교정소를 두어 산법을 익히게 하고 나아가 역법을 추보하게 함으로써 수년 안에 산서와 역경에 모두 통달하게 되었음을 알 수 있다.

그때 중국에 가서 추보법을 배워 올 것에 대한 건의도 있었지만, 정초가 "사람을 명나라에 보내어 천문을 전습하여 묻는 것은 좋지 않을 것 같다"고 하여 그만두고 다만 세종이 "천문은 쉽게 배울 수가 없더라도 산문算文 교정이야 무슨 꺼려할 것이 있겠는가" 하여 산법의 해결은 계속 추진하고자 하였다. 천문은 역법의 독점 때문에 중국으로부터 공식적으로 배워올 수 없었다. 하지만 산법은 그것과 관계없으니 얼마든지 배울 수 있었기 때문에 이렇게 말했던 것이다. 그러면서 "산법이란 유독 역법에만 쓰는 것이 아니다. 만약 병력을 동원한다든가 토지를 측량하는 일··· "274 등에도 필수적이란 점을 강조하였다.

그리고 마침내 1432년(세종 14) 10월 말일 경연에서

일력의 계산[曆算]하는 법은 예로부터 이를 신중히 여기지 않는 제왕이 없었다. 이에 앞서 우리나라가 추보하는 법에 정밀하지 못하더니, 역법을 교정한 이후로는 일식·월식과 절기의 일정함이 중국에서 반포한 일력[曆書]과 비교할 때 털끝만큼도 틀리지 아니하매, 내 매우 기뻐하였노라.275

라 하였다. "내 매우 기뻐하였노라"라고 할 만큼 교정 1기의 성과는 분명했다. 그렇다고 교정 작업이 끝난 것은 아니었다. 다만 중국에서 반포한 역서와의 차이를 없앴다는 절반의 성공을 치하한 것이었다. 아직 본국력의 완성과는 거리가 멀었다. 뒤이어 내렸던 세종의 지시는 다음과 같았다.

이제 만일 교정하는 일을 그만두게 된다면 12년276 동안 강구한 공적이 반도(半途, 중간)에 폐지하게 되므로, 다시 정력을 더하여 책[書]을 이루어 후세로 하여금 오늘날 조선에 전에 없었던 일[朝鮮無前之事]을 건립하였음을 알게 하고자 하노니

라 하였다. "조선에 전에 없었던 일"을 한다는 점을 강조하였다. 조선

에 전에 없었던 일이란 무엇일까? 다름 아닌 조선 초유의 역법서를 만드는 일이었다. 이는 곧 '칠정산내·외편'의 작업으로 이어졌다.[277]

앞서 본 것처럼 1431년에 정초가 추보법은 중국에서 쉽게 배워올 수 없는 것이라 하였는데, 이 때문에 추보를 위한 작업은 조선에서 독자적 역량을 키워 해결하는 수밖에 없었다. 그리하여 세종은 다음 단계로 의기 창제에 착수하며 수시력 교정 2기에 들어갔다.

수시력 교정 2기

1430년(세종 12)은 산법 위주의 교정 1기를 마무리하면서 새 역서를 향한 교정 2기를 준비하는 해였고, 1432년은 교정 2기의 작업을 시작한 해였다.[278] 이제 새 역서 완성이라는 목표를 향하게 된 역법교정소에 남은 단 하나의 과제는 《수시력경授時曆經》에 실린 북경의 주야각晝夜刻을 한양의 것으로 대체하는 일이었다.

이를 위해 세종이 서둘러 착수했던 일은 '의표창제儀表創制'라 불리는 천문의기의 제작이었다. 수시력 산법의 이해라는 1단계 교정이 마무리되고, 다음 단계인 새 역서 제정으로 나가기 위해서는 조선의 천상天象이 중국과 다른 부분을 의기儀器로 직접 관측할 수밖에 없었을 것이다. 이를 위해 1432년 7월경에 의표창제를 추진하였다. 그 사정은 다음 기사에 잘 나타나 있다.

선덕 7년 임자년(1432, 세종 14) 가을 7월 일에 성상께서 경연에 거둥舉動하여 역상의 이치를 논하다가, 예문관 제학 신 정인지에게 이르기를, '우리 동방이 멀리 바다 밖에 있어서 무릇 시설하는 바가 한결같이 중화의 제도에 따랐으나, 홀로 하늘을 관찰하는 그릇에 빠짐이 있으니, 경이 이미 역산의 제조提調가 되었으므로, 대제학 정초와 더불어 고전을 강구하여 의표를 창제함으로써 측험하는 일을 갖추게 하라.[279]

'의표창제' 사업은 그로부터 7년 후인 1438년(동 20) 정월, 흠경각 낙성으로 마무리되었다. 이에 무려 15종에 달하는 다양한 의기들이 제작되어 경복궁 경회루 주변에 배치되었다. 천체 관측 기구들은 경회루 북쪽 간의대를 중심으로 두었고, 시각 측정 기구들은 보루각報漏閣의 자격루自擊漏를 중심으로 주로 경회루 남쪽에 두었다.

이렇게 의표창제를 마무리한 후, 우선 새 의기로 관측한 수치가 수시력이나 《대통력법통궤》의 추보 결과와 상응하는지를 측험하였다. 한편, 위 의표창제를 지시하는 기사의 끝에 이어서

그 요는 북극이 땅 위에 나온 높낮이[北極出地高下]를 정하는 데 있다. 먼저 간의를 만들어 올림이 가하다.

라 하였다. 즉 "그 요는 북극이 땅 위에 나온 높낮이를 정하는 데 있다"고 하였는데 이는 한양의 위도를 측정한다는 뜻으로 의표창제의 목표가 북경의 시각이 아닌 조선 고유의 시각 측정 임을 분명히 하고 있다.

의기들 가운데 역법 교정을 위한 관천의기는 간의와 규표 등이었는데, 의표창제에서 가장 먼저 만든 것이 간의였다. 어느 의기보다 앞서

간의가 완성된 것은 그만큼 의표창제가 역법 정비를 위한 것이었음을 말하여 준다. 〈간의대기簡儀臺記〉에 "이미 수시력 교정이 끝나고 또 관천 의기가 갖춰졌으니"라고 했는데, 이제 남은 일은 간의대의 측험 결과에 따라 조선 실정에 맞는 추보법을 세우는 일이었다. 《칠정산내편》이 여기에 따라 만들어졌다. 김빈金鑌을 이어 간의대를 맡았던 이순지와 김담金淡이 칠정산내편의 편찬 책임을 맡게 되는 것도 그런 점에서 순리였다.[280]

앞에서 거론한 1432년 10월 말 경연에서, 세종은 교정 1기에 이어 교정 2기 작업을 재개하게 하면서 말하길 "책[書]을 이루어 후세로 하여금 오늘날 조선에 전에 없었던 일[朝鮮無前之事]을 건립하였음을 알게 하고자 하노니"라 하였다. 여기서 "책을 이룬다"는 뜻은 곧 새 역서를 만든다는 것이었고 이렇게 새 역서를 만드는 것은 그야말로 지금까지 없었던 일이었다. 이처럼 세종이 의표창제에 나선 시기는 1432년 7월이었고, 교정을 재개하여 새 책을 만들어 전에 없었던 일을 하게 하는 목표를 정한 때가 그해 10월 말경이었다. 이 두 개의 기사를 통해 보면, 수시력 교정 2기의 내용이 무엇인지 분명히 알 수 있다.

즉 조선의 천상이 중국과 다르니 그 차이를 제대로 알아야 했다. 이를 위해 의기를 만들어야 했고, 그래서 한양의 북극출지도를 정확히 파악하여 우리 실정에 맞는 새 추보법을 완성하는 것이었다.[281] 그래야 "전에 없었던 일을 건립하였다"고 말할 수 있었을 것이다. 결국 수시력 교정 2기의 목표는 새 추보법을 완성하여 새 역서를 만들 수 있는 기반을 구축하는 일이었다. 따라서 그 결과로 편찬된 《칠정산내편》은 그 목적 자체가 그랬듯이 조선 초유의 고유 역법이었으며 이후 조선시대 역서의 근간이 되었던 것이다. 《칠정산내편》에는 중국력과 달리 한양의 위도에 맞춘 매일의 일출입분과 주야각이 실려 있다. 사실 이것만으로도 조선의 역법으로서 갖춰야 할 요건을 제대로 갖춘 셈이었다.

새 역서 《칠정산내편》의 편찬

"후세로 하여금 오늘날 조선에 전에 없었던 일을 건립"하겠다는 세종의 의지는 새 역서 즉 《칠정산내편》의 편찬으로 귀결되었다.

1432년(세종 14), 세종은 두 가지 과학 사업에 착수했다. 하나는 의표 창제, 즉 천문관측기구의 창제였고, 다른 하나는 《칠정산내편》의 제작이었다. 《칠정산내편》은 정인지(鄭麟趾, 1396~1478)의 주도로 10년 만인 1442년(동 24)에 완성되었고, 수정과 편찬작업을 거쳐 1444년(동 26)에 발간되었을 것으로 본다.

《칠정산내편》은 수시력을 기본으로 삼으면서 일·월식의 계산은 대통력을 따르고 동시에 대통력이 폐했던 세실소장법歲實消長法[282]을 다시 사용하는 등 두 역법의 장점을 취합했다.[283] 수시력과 《대통력법통궤》 사이에서 적절히 균형을 취한 모습이었다고 한다. 《칠정산내편》의 서문에서도 수시력에 비해 《대통력법통궤》가 약간 다른 것을 참작하여 부분적으로 보태기도 하고 잘못을 바로잡으면서 조항을 다시 묶어 내편으로 삼았다고 했다. 어느 한 쪽을 따랐다기보다는 간의대의 측험을 통해 어느 쪽이 더 정밀한지를 검증한 후에 택한 결론이었을 것으로 보고 있다.[284]

이렇게 수시력의 바탕 위에 《대통력법통궤》의 방식을 접합한 결과

《칠정산내편》, 서울대학교규장각한국학연구원 제공.

가 《칠정산내편》이었다. 이것이 지금까지 한 번도 해내지 못했던 조선 초유의 역법서가 될 수 있었던 것은 바로 한양의 매일 일출입분과 주야 각을 담았기 때문이었다. 이에 대한 《사여전도통궤四餘纏度通軌》 발문의 기사는 다음과 같다.

> 수시력이나 대통력법통궤, 또 회회력의 일출입분과 주야각은 각기 근거한 곳에서 추정한 것이므로 우리나라와는 다르다. 이제 새로이 우리나라 한양의 매일 일출입분과 주야각을 내외편에 기록하여 영구 한 법식으로 정하였다. [285]

《칠정산내편》에서는 북경의 주야각을 구한 방원술의 방식을 따라 엄밀하게 추보하여 우리 실정에 맞게 고쳐 놓았다. 《칠정산내편》에서는 구복九服에 적용되는 선형식을 배제하였는데, 이를 통해 한양을 중국의 일개 변방이나 구복이 아닌 새 역서의 기준 처소로 삼았음을 확인할 수 있다. 본국 력 완성에는 방원술을 이해하는 것이 결정적이었다. 이를 배워오기 위해 김한을 북경에 파견한 것은 1431년(동 13)이었고, 이를 배워와 이순지, 김담과 함

《칠정산외편》, 서울대학교규장각한국학연구원 제공.

께 한양의 주야각 입성立成을 완전히 해결할 수 있게 된 때는 1441년(동 23) 12월 사이로 추정하고 있다.[286]

1443년(동 25) 7월 이후로 역의 추산은 《칠정산내편》의 역법으로 하게 하였다.[287] 이로써 《칠정산내편》은 본국력으로서 조선 역산의 뼈대가 되었다.

《칠정산내편》은 전체가 3권 3책으로 되어 있으며, 권두에 천문 상수가 적혀 있고, 다음에는 역일·태양·태음·중성中星·교식·오성·사여성四餘星의 일곱 장이 들어있으며, 권말에 동지 후와 하지 후의 일출입시각과 밤낮 길이의 시간이 적혀 있다. 이 중 사여성은 자기紫氣·월패月孛·나후羅睺·계도計都 등 네 개의 가상의 별인데, 복술가의 추산에 활용된다. 이는 수시력에는 없고 대통력에만 있는데, 순수과학적으로 엮은 《칠정산내편》에 점술과 관계있는 가상적 천체인 사여성을 삽입했다. 사여성을 추가했다는 데서 오히려 조선 역서의 복합적 성격을 잘 드러낸다고 볼 수 있다.

한편, 《칠정산외편》은 홍무洪武 연간에 명의 흠천감欽天監에서 펴낸 회회력법의 조선판 개정본이라 할 수 있다. 외편은 내편의 일식과 월식 계산을 확인하고 보조하는 역할을 하였다. 명의 원본 회회력법이 조선에 전해진 것은 1430년(동 12) 전후로, 원통元統의 《대통력법통궤》 등과 함께 들어온 것으로 추측한다. [288]

이렇듯 중국 대통력과 회회력의 장점만을 활용해 조선 실정에 맞는 역법서 '칠정산내·외편'을 편찬하였다. 이에 조선역법이 정밀해졌고 한반도를 기준으로 한 역曆의 추보도 최초로 가능케 되었다. 완전한 자주적 역서를 만든 것은 아니지만 우리의 시간과 실제 관측에 맞도록 현실에 적절한 역법으로 활용, 발전시켰다는 데서 의의를 찾을 수 있다. 이렇게 1444년(동 26)경에 이르러 수시력과 대통력을 교정하여 조선화한 《칠정산내편》이 편찬되었다.

중국의 역서를 받던 상황에서 칠정산은 하나의 책력으로 정식 이름을 갖고 인쇄되진 못했다. 그러나 적어도 본국력의 모습은 갖추었다. 중국은 조선이 언제부턴가 역서를 독자적으로 간행해왔다는 점을 알면서도 이를 묵인했다. 일출과 일입, 주야각의 차이로 중국과 시차가 발생하는 조선에서 올바른 시간을 찾기 위한 시도를 전부 막을 수는 없었기 때문이다.

《칠정산내편》은 수시력의 계산법을 이해하였음은 물론이고 의표창제로 만든 의기들을 통해 계산 결과를 관측으로 확인하여 조선 실정에 맞춤형으로 만든 '조선화'한 본국력이었다. 이것이 이후 줄곧 조선시대의 역법을 규정하는 골격이 되었다는 점에서 각별한 의미를 지닌다.

《서양신법역서》, 시헌력의 수용

시헌력時憲曆이란?

수시력에 기반한 대통력법으로는 일·월식의 추산이 맞지 않는다 하여, 15세기 말부터 중국에서 역을 바꾸어야 한다는 논의가 제기되었다. 그러던 중 1601년에 이탈리아 예수회 선교사인 마테오 리치(Matteo Ricci, 중국명 利瑪竇, 1552~1610)의 북경 거주가 허락되면서 서양역법이 알려졌다. 이에 1631년에서 1634년까지에 걸쳐 서양역법에 준한 신역법으로《숭정역서崇禎曆書》137권을 편찬하게 하였다. 이 대편찬사업은 서광계徐光啓가 주도하였고, 여기에는 이지조李之藻, 이천경李天經 그리고 예수회의 N. 롱고바르디(중국명 龍華民), J. 테렌츠(중국명 鄧玉函), 아담 샬(Adam Schall, 중국명 湯若望, 1591~1666), J. 로(Giacomo Rho, 중국명 羅雅谷,

마테오 리치(Matteo Ricci, 중국명 이마두利瑪竇,
1552~1610)와 서광계徐光啓의 모습

1592~1638) 등이 참여하였다.

이후 1644년 청의 제3대 황제인 순치제(順治帝, 1638~1661), 즉 세조가 중국을 다시 통일하였다. 이에 새 역법이 필요하게 되자 탕약망(湯若望, 아담 샬)에게 《숭정역서》의 개편을 명하였다. 이에 탕약망은 《숭정역서》를 100권으로 압축하고 3권을 추가하여 103권으로 편찬하였다. 이것이 《서양신법역서西洋新法曆書》이다. 이 역서를 토대로 시헌력을 만들어 발간하였다. 《서양신법역서》라는 이름에서 보듯이 시헌력은 서양의 신법에 기반하고 있었다. 시헌력은 그 이듬해인 1645년부터 시행하였고, 두 차례의 개편을 거쳐 청나라 말까지 사용하였다.

서양역법을 기본으로 만든 시헌력은 기존의 대통력에 비해 훨씬 정확하였기 때문에 서양의 것임에도 불구하고 청나라에서는 이의 없이 받아들였다. 대통력에서는 1태양년이 365.25일이었으나 시헌력에서는 365.2422일 또는 365.2423일로 정하였다. 이는 지금까지의 어떤 역보다 더 정확한 값이었다. 서양 신법에 기반한 시헌력법의 시행은 획기적인 변화였다. 과학에서는 아무래도 정확성이 우선이었고, 또 청은 명과 달랐다. 그래서 가능했던 변화이기도 하였다.

서양역법에 기반한 시헌력과 기존의 대통력 간의 가장 큰 차이는

절기배치법과 1일 시각법이
었다.[289] 먼저 절기배치법을
보면, 대통력에서는 항기법恒
氣法 혹은 평기법平氣法을 사
용하였는데, 이는 1년 24절
기를 균등하게 나누어 한 절
기를 365.25일의 1/24인 15
일 2시 5각으로 정하는 계산
법이었다. 그런데 서양천문
학에서는 태양이 실제로 등
속운동이 아닌 부등속운동을
한다는 점을 알았다. 따라서
시헌력에서는 절기의 간격을
달리하는 배치법, 즉 정기법

아담 샬(Adam Schall, 중국명 탕약망湯若望,
1591~1666)의 모습

定氣法을 적용하였다. 정기법은 태양이 황도상에서 15도 이동하는 데
걸리는 시간을 한 절기로 정하였다. 그런 까닭에 여름과 겨울의 절기
간격이 달랐다. 태양의 운행속도가 계절에 따라 다르기 때문에 태양의
실질운행을 정확하게 측정하고 계산해 작성한 서양역법이 당연히 천체
현상과 일치하였다. 그 점이 서양역법의 우수성을 증명하는 중요한 지
표가 되었다. 1일 시각법도 달라졌다. 수시력이 1일 100각법을 취한
데 반해 시헌력은 96각으로 계산하였다.

탕약망이 편찬한 최초의 시헌력은 역원曆元을 숭정 원년(1628)으로
하였는데 복잡하고 이해가 어려워 이후 두 차례의 개편을 겪었다. 먼

저 1723년(옹정 원)에는 매각성(梅殼成, 1681~1764) 등이 《역상고성曆象考成》을 편찬하였고, 1726년부터 강희 갑자년(1684)을 역원으로 적용하였다. 이를 '매법梅法'이라고 불렀다. 탕약망의 시헌력은 이에 비해 '탕법湯法'이라고 불렀다.

탕법이나 매법이나 모두 덴마크의 천문학자 브라헤(Tycho Brahe, 1546~1601)의 관측치를 썼다. 물론 매법이 보다 정밀했다. 그러나 이후 매법에 의한 계산에도 착오가 생기자, 1742년에 다시 독일 출신의 예수회 선교사로 강희제 때 중국에서 천문학자로 활동한 쾨글러(Ignatius Kögler, 중국명 戴進賢, 1680~1746) 등에 명하여 《역상고성 후편曆象考成後篇》10권을 편찬하게 하였다. 이 후편은 역원을 옹정 원년(1723) 계묘로 하였으므로 계묘원력癸卯元曆 또는 '대법戴法'이라고 하였다. 대법에서는 ①프랑스의 천문학자 카시니의 관측값을 적용하였고, ②태양과 달의 운동의 계산에는 케플러의 행성법칙에 따라 타원궤도와 면적속도법칙 面積速度法則을 도입하였다. 이처럼 시헌력은 '탕법'에서 '매법'을 거쳐 다시 '대법'으로 수정, 개편되면서 정확도를 높여갔다.

시헌력의 시행

중국에서 시헌력을 시행한 첫해인 1645년(인조 23) 6월에, 행호군 한흥일韓興一이 차자箚子를 올리기를,

달력을 반포하여 백성들에게 농사철을 알려 주는 일은 제왕으로서 가장 먼저 해야 할 일입니다. 그런데 원조元朝의 곽수경이 역서를 고

쳐 만든 지가 거의 4백여 년이나 되었으니, 지금은 의당 바로잡아야 할 것이고, 또 탕약망이 만든 역서를 본 결과 그것은 더욱 고쳐 바로 잡아야 하겠기에, 감히 《개계도改界圖》 및 《칠정력비례七政曆比例》 각 1권씩을 바치오니, 해당 관원으로 하여금 자세히 살펴 헤아려 결정하여 역법을 밝히도록 하소서.

라 하였다.[290] 그리고 그해 12월에 관상감 제조 김육金堉이 아뢰기를,

원나라 초기에 이르러서는 곽수경·허형 등이 역법에 밝아서 시각의 차를 정한 것이 매우 정밀하여, 절기의 영축, 지속, 가감에 따른 차를 두어서 지원至元 18년(1281)인 신사년을 역원歷元으로 삼았는데, 오늘 날까지 행용하여 무려 365년이나 되었지만 일식과 월식이 별로 착오가 없으니, 후세의 정교한 역법이라 할 만합니다. 그러나 천체의 운행이 매우 활발함에 따라 쌓인 차가 날로 더 많아져서, 초저녁과 새벽에 나타나는 별자리의 위치가 조금씩 틀립니다. 천체 운행의 수가 이미 다 찼으므로 당연히 역서를 고쳐야 하는데, 서양의 역법이 마침 이러한 시기에 나왔으니 이는 참으로 역서를 고칠 기회입니다.

라 하여 서양의 역법을 학습하여 역서를 고쳐야 함을 적극 주청하였다. 하지만 시헌력의 수용이 그리 쉽지는 않았다. 김육이 이어서 말하기를

한흥일이 가지고 온 책은 … 10년을 탐구한다 해도 그 깊은 원리를 알 수 없을 것입니다. 중국이 병자·정축 연간에 이미 역법을 고쳤으

니, 내년의 새 역서는 필시 우리나라의 역서와 크게 다를 것입니다. 새 역서 속에 만약 잘 맞아떨어지는 곳이 있다면 당연히 옛것을 버리고 새것을 만들어야 합니다. 그러나 외국에서 역서를 만드는 일은 중국에서 금지하는 일입니다. 비록 사람을 보내어 배움을 청할 수는 없다 하더라도, 이번 사행 때에 일관日官 한두 사람을 데리고 가서 역관을 시켜 흠천감에 탐문하여 보아서 근년의 역서 만드는 누자(縷子, 실마리)를 알아내어 그 법을 따져보아 의심나고 어려운 곳을 풀어 온다면 거의 추측하여 알 수 있을 것입니다.[291]

라 하였다. 새 역법을 이해하는 것이 쉽지 않았고, 더구나 "외국에서 역서를 만드는 일은 중국에서 금지하는 일"이라 대놓고 배울 수도 없는 일이었다. 그래도 어떻게든 이해하여 수용하려는 의지를 분명히 하였다.

1646년(동 24) 6월에 사은사로 갔던 이경석 등이 보고하기를

신들이 또 《시헌력》을 비밀리 사들이는 일로 널리 사람을 구하여 보았으나 얻기가 매우 어려웠는데, 이른바 탕약망이란 자도 만날 길이 없었습니다. 그런데 마침 우리나라의 일관인 이응림李應林의 아들 이기영李奇英이 포로로 잡혀가 그곳에 있었습니다. 그 사람이 제법 산술에 통하고 중국말에 익숙하기에, 신이 그로 하여금 탕약망에게 역법을 학습토록 하고 훗날 그의 아버지를 보내 배운 것을 전해 오게 할 것을 약속했습니다. 또 백금 수십 냥을 주어 역법에 관한 책을 탕약망에게서 사들여서 훗날 가져올 수 있도록 하였습니다. 그 책은 모두

1백 40~1백 50권이라고 하였습니다.[292]

라 하였다. 시헌력을 비밀리에 사들이려 하였고 또 탕약망도 만나려 하였지만, 여의치 않았다. 그리하여 궁여지책으로 포로로 잡혀있던 이기영을 이용해서라도 얻어오려 하였다. 새 역법을 수용하려는 의지가 매우 컸음을 알 수 있는 반면에, 이를 배우는 것이 얼마나 어려운 일이었는지도 짐작할 수 있다. 이때

> 우리나라 사신이 북경에 들어갔을 때 《시헌력》 1본本을 구해 옛 역서와 비교해 보게 하였더니 24절기가 드는 날들이 꽤나 달랐다. 탕약망이 북경에 그대로 머물고 있다는 소문을 듣고 (이)경석의 사행에 그 법을 구하게 했던 것인데 얻지 못하였다.[293]

는 기사가 덧붙여 있는데, 옛 역서와 시헌력의 가장 큰 차이가 24절기가 드는 날의 차이, 즉 평기법과 정기법의 차이였음을 파악하고 있었다.

이렇게 적극적으로 시헌력을 수용하려고 애썼음에도 불구하고 지체되었던 데는 또 다른 이유가 있었다. 다음 기사를 보자. 1648년(동26) 윤3월, 영상 김자점, 우상 이행원이 아뢰기를,

> 청나라에서는 지금 탕약망의 신법을 쓰고 있습니다만 우리나라는 그대로 구법을 쓰고 있습니다. 이제 일식과 월식을 가지고 증험하여 보더라도 어긋나는 점이 없습니다. 따라서 우리나라의 산법을 완전히

착오난 것이라고 할 수는 없습니다. 정축년(1637, 동 15)의 역서를 가져다가 상고해 보면 이것은 바로 명나라에서 나눠준 것을 병자년에 인출한 것인데, 그 역법이 우리나라의 역법과 다른 것이 없습니다. 청나라가 심양에 있을 적에 보낸 역일은 대체로 서로 같았는데, 북경으로 들어간 뒤 비로소 서양의 신법에 의거하여 인조印造해서 천하에 반행頒行하는 역법으로 만들었으니, 이는 명나라 때에는 있지 않던 법으로, 우리나라의 일관은 아직 배우지 못한 것입니다.[294]

라 하여, 현행 구법이 별로 문제없다고 하고 나아가 청의 신법은 "명나라 때에는 있지 않던 법"이라 하여 거부 반응을 보였다. 이어서 "이때 이조판서 한흥일이 혼자서 청나라의 역서가 옳다고 하면서 집안의 제삿날을 모두 청력에 의거했는데, 사람들이 모두 무식한 것을 딱하게 여겼다"라는 기사가 있고, 이에 "사신은 논한다. 흥일은 본디 천문에 달통한 사람이 아닌데 어떻게 청력이 과연 옳다는 것을 알아서 결단을 내려 사용한단 말인가"라 하였다. 여기서 아직 조정의 대세는 '숭명배청' 의식에 머물러 있었고, 그래서 '오랑캐 나라'인 청의 시헌력을 받아들이는 데 소극적일 수밖에 없었던 사정을 알 수 있다.

이런 사정을 잘 알고 있었던 김육은 시헌력은 만주족 청이 만든 역법이 아니라 '서양역법'이라는 점을 강조하였다. 하지만 1650년(효종 1)에 보면, 관상감에서조차도 여전히 개력改曆에 그다지 탐탁해 하지 않았다. 관상감이 아뢰기를,

달력이 오래되면 착오가 생기는 것은 필연적인 이치입니다. 시력時

曆을 주는 일을 행해 온 지 3백 년이 넘었으므로 개헌改憲하는 절차
에 대해 의논하는 자들은 마땅히 고쳐야 한다고들 하는데, 확실히 증
거할 만한 것이 없습니다. … 서양의 역법이 명나라 조정에서 쓰이지
않다가 이제야 처음으로 행해지고 있는데, 그것이 정리定理에 부합하
는 것인지는 또한 알지 못하겠습니다. … 그 사이의 결법訣法을 자세
히 알지도 못하면서 옛것을 버리고 새것을 따르기로 경솔하게 단정
해서는 안 될 듯합니다.[295]

라 하였다. 개력의 필요성을 인정하면서도 개력 자체에 대해서는 꺼리
는 분위기가 역력했다. 그리하여 "관상감이 또 신력을 배우기 전에는
그대로 그전의 법을 사용하자고 청하니, 따랐다"[296]고 하는 데서 여전
히 아직 준비가 안 되었음을 알 수 있다.

그러다가 마침내 1652년(동 3) 3월에 관상감에서

본감本監의 천문학관 김상범金尙范이 연경에 들어가 시헌역법을 배워
왔는데, 바로 오늘 밤부터 그 방식대로 추산하여 속히 지어 올리게
하는 한편, 많은 관원을 뽑아 그에게 배워 익히도록 하였습니다.[297]

라 하여 이제야 시헌력 수용 준비가 되었음을 아뢰었다. 다만 "반복해
서 추탐推探하려면 필시 몇 개월이 소요될 것이고, 또 우리나라의 일출
시각은 중국과 차이가 있는 만큼 우리나라의 옛 역법을 또한 참고해서
자세히 정해야 할 것인데, 책력을 간행할 시기가 이미 박두하여 제 때
에 이루지 못할 형편"이라 하였다. 이에

계사년(1653, 동 4)의 책력은 예전대로 간행해 내도록 하고, 새로운 책력이 완성되면 정서淨書하여 바치게 한 다음 연경에서 역서가 오기를 기다려 서로 맞추어 대조하는 한편, 측후測候하는 기구들을 정비하여 하늘의 운행과 징험해 본 다음에, 갑오년(1654, 동 5)부터 새로운 책력을 간행하여 반포하는 것이 온당하겠습니다.[298]

라고 제안하였다. 좀 늦더라도 충분히 이해한 다음에 실시하려 하였다. 이리하여 1654년부터 시헌력 시행은 예정되었다. 다만 여전히 해결해야 할 문제들은 남아 있었다.

관상감이 아뢰기를,

《시헌력》을 내년(1654)부터 써야겠습니다마는, 칠정역법七政曆法을 미처 전수해 배우지 못하였으므로 일과日課는 신법을 쓰고 칠정력은 예전대로 하면 상충되는 일이 있을 것입니다. 또 월식을 측후할 때에 수성 · 목성을 아울러 측후하였더니 구법에는 어그러지고 신법에는 맞았으니, 이미 그 그른 것을 알고서 그대로 쓸 수 없습니다. 동지사가 갈 때에 또 일관을 보내어 전수해 배워 오게 하여 한꺼번에 고치소서.[299]

라 하였다. 이제 신법의 정확성을 확인했기 때문에 신법 사용은 당연시되었다. 다만 아직 칠정역법을 배우지 못해 미진하니 빨리 배워 이를 채우도록 하였다. 이때 영관상감사領觀象監事로 있던 김육도 주청하여 이를 거들었다.[300]

1653년(동 4) 1월 관상감이 또 아뢰기를,

시헌력이 나온 뒤에 이를 우리나라의 신조력新造曆으로 고준考準하여
보니, 북경의 절기와 시각이 시헌단력時憲單曆과 일일이 서로 합치되
었고, 우리나라의 단력單曆은 시헌력에 들어있는 각성各省의 횡간橫
看 및 조선의 절기 시각과 또한 서로 합치되었습니다. 사소하게 순차
를 바꾸어 놓은 곳은 있었습니다만 또한 그렇게 어긋나는 것은 아니
었습니다. 따라서 갑오년(1654, 효종 5)부터 일체 신법에 의거하여 추
산해서 인행印行하는 것이 마땅하겠습니다. 그리고 역법에 대해 이미
개헌할 때가 지났는데도 3백 년 이래 단력을 만든 사람이 없이 그럭
저럭 지금에 이르렀으니, 지금이야말로 개력할 시기입니다. [301]

라 하였다. 그리고 시헌력을 배워와 시행할 수 있게 하는 데 공이 큰 일
관 김상범과 역관 이점에게 상을 내렸다. 김육이 관상감 제조로 있을
때 "서양역법을 학습하여 역서를 고쳐야 함"을 주청한 지 실로 10년 만
의 일이었다.

이처럼 조선에서 서양역법인 시헌력이 조선의 공식 역법으로 자리
잡기까지의 과정을 살펴보면, 새삼 역법이 얼마나 중요한 국가적 사업
인지를 알 수 있게 한다. 오로지 조선 정부가 주도적으로 신역법 수용
방침을 정하였고, 이에 맞춰 역법 담당관들이 시헌력의 역 체계를 스스
로 연구하여 끝내 개력에 임할 수 있게 되었던 것이다. 이는 중국의 도
움 없이, 아니 도움은커녕, 중국의 눈을 피해 가면서 이룩한 소중한 주
체적 성과였다. [302]

서양 과학의 자발적 수용

여기서 중요한 점은 서양역법인 시헌력을 자발적으로 수용했다는 점이다. 청나라는 책력만 주었을 뿐, 그것을 이해하고 활용하는 데 필요한 지식을 전해주지 않았다. 이에 조선에서는 그 과학성을 파악하고 이를 받아들이기 위해 무진 애를 썼다. 이는 모두 조선 지식인들의 자유 의지와 노력이었다. 중국이나 일본처럼 외래의 서구인들이나 국가권력의 개입 등 타율에 의한 것이 아니라 조선인들 자신 내부의 필요에 따른 자율적, 주체적 노력에 의한 것이었다. 이 점이 주목된다.

이처럼 조선인들이 주도적으로 신지식을 확보하려 했다는 점에서 당시 조선인들이 외래문화 수용에 적극적이었음을 엿볼 수 있다. 당시 수입된 외국서적 중 서양의 과학적 성과를 수용한 책이 큰 비중을 차지하고 있었다. 그중에서도 조선의 지배층과 지식인들이 가장 관심을 가졌던 부분이 역법 관련 서적이었다는 것은 주목할 만하다.[303] 북경을 통해 조선에 전래된 한역漢譯 서양서 중 천문학, 역학, 수학을 비롯한 서양 과학 서적이 천주교 서적보다 수적으로 많았던 것도 주목할 만하다.[304] 서양 과학 서적은 총 64종인데 역법류가 25종으로 가장 큰 비중을 차지하였고, 역법 관련 천문류도 13종을 기록하고 있다. 그 외 산법류도 역법의 추산에 필요한 종류가 다수 포함되어 있었다.

오락가락 왕세자의 탄생일

하지만 아직 서양 과학에 대한 이해가 깊지는 않았다. 그 때문에 혼선이 있었다. 1660년(현종 1) 4월, 왕이 대신 및 비국의 신하들을 인견하는 자리에서 나온 다음과 같은 이야기를 통해 그 일단을 엿볼 수 있다. 영의정 정태화가 말하기를, 예를 들면, 안동의 사인士人 송형구宋亨久는 "측후하는 방법은 오직 육합(六合, 천지와 동서남북 사방)을 위주로 해야 하는데, 시헌력법은 전혀 이를 적용치 않고 있으니, 잘못이다"라 하였고, 이에 일관들은 말하기를 "반드시 (宋)형구의 주장대로 한다면 천만년이 지나도 역법을 고치지 말아야 할 것이니, 계산을 위주로 하는 것이 타당하다"고 반박하였다.

일관들의 주장이 "세월이 오래 흐르다 보면 도수度數가 점점 차이가 나기 때문에 역법도 고치지 않을 수 없다"는 과학에 입각한 것이었다면, 관상감 직장을 역임했던 송형구가 "육합을 위주로"하여야 한다고 주장한 것은 날짜를 음양가적으로 해석하는 전통적 관점에 머물러 있었기 때문이다. 이처럼 신법[시헌력법]과 구법[대통력법]이 마찰을 빚고 있었다. 전·현직 관상감원들간의 대립이기도 하였다.

이때 모인 대신들은 "역법을 아직 이해하지 못하고 있습니다"란 말을 덧붙이며 신법을 아는 자가 나올 때까지 구법을 존속시키자는 제안을 하였다. 이에 현종도 "대통력법이 없어져 전해지지 못한다면 애석한 일이다"라고까지 말하였다. 그리하여 "만약 대통력법으로 인출할 경우 2개의 역曆이 있는 셈이니, 저 사람들[청나라를 가리킴]이 알면 후회되는 일이 있을까 두렵습니다"라는 우려에도 불구하고 "관상감에 분부하여 2건을 잘 만들게 하되 하나는 보관해 두고 하나는 진상하게 하는 것이 좋겠습니다"고 하여 그렇게 하였다.[305]

복잡한 계산법이 적용되는 신법은 이해하는 데 어려움이 있었고,

더구나 신법은 '오랑캐'인 청나라의 역법인데 반하여, 구법은 '중화'인 명나라의 역법이고 게다가 음양가적 관습에 익숙했던 대신들의 입장에서는 그것이 편했기 때문에 구법에 대한 미련이 여전히 남아 있었다.

송형구는 그 이듬해에 다시 "시헌력을 폐지하고, 도로 대통력을 사용할 것"을 청하였다. 이에 관상감 도제조가

> 역수가 차이 나는지의 여부는 일식과 월식에서 증명될 수 있는데, 구법舊法으로 증명해 보면 많이 차이가 나는 데 반해, 신력新曆으로 증명해 보면 상당히 접근하고 있습니다. 당초에 시헌력을 쓰기로 정했던 것도 이 이유에서였습니다. 더구나 신력을 쓰도록 이미 선조先朝 때 성명成命을 받들었던 만큼 지금 와서 경솔하게 고칠 수는 없습니다.

라 하여 반대하였다. 왕도 이것이 옳다고 비답하였다. 306

그래도 여전히 일·월식의 추보에는 대통력법을 포함하여 시헌력법, 칠정산내편 및 외편 등 네 편篇의 계산법을 비교하여 검토하곤 하였다. 예를 들면 1664년(동 5) 윤6월 16일에는 월식이 예상되어 구식救蝕을 행하여야 했는데, 월식의 시각을 네 편의 역법으로 추산해 모든 상황에 대처하도록 하였다. 시헌력법이 정확하다고는 하나 아직 그에 대한 믿음이 없었다. 따라서 대통력법의 시각에 일어날 수도 있기 때문에 이에 대비하게 했던 것이다. 307

1666년(동 7) 12월에는 영의정 정태화가 "청나라 사람도 제사지낼 때에는 다 대통력을 쓰고 있습니다"라 하여 시헌력을 폐지하자는 주장까지 하였고, 나아가 "이미 구역舊曆을 반포하였고 신역新曆은 미처 인

쇄해 내지 못하였으므로 서울이나 지방의 크고 작은 제사에는 마땅히 신역을 채택하겠지만 여염에서는 반드시 구역을 그대로 사용할 것입니다"라 하였다. 여기서 구역은 이미 반포하였고, 신역은 인쇄조차 하지 않았다는 말에서 신역을 거부하던 당시의 속사정을 엿볼 수 있다. 그렇기 때문에 "한 나라에서 어찌 두 가지 역을 쓴단 말입니까?"라는 우려에도 불구하고 대통력을 사용하도록 하였다. 이처럼 아직도 대통력에 대한 선호가 높았다. 정확성보다는 여전히 음양가적 관습이 크게 작용하고 있었다.

두 가지 역법 사용에 대한 우려에도 불구하고 대통력을 선택하여 반포하였던 그 시점에 받아본 청나라의 역법은 뜻밖이었다. 청나라에서도 '흠천감교난欽天監教難'이라 불리는 역옥으로 인하여 1667년(동 8) 정미년 역서의 경우 "서양의 역법을 모두 버리고 다시 대통력법"으로 돌아갔던 것이었다.[308] 이렇게 되니 대통력을 사용하는 데 거칠 바가 없었다. 왕도 마땅히 "그렇다면 대통력을 쓰도록 하라"고 일렀다.[309] 이에 따라 왕세자의 탄생일도 대통력에 의해 고쳐 정하였다. 즉 관상감이 아뢰기를

왕세자의 탄생이 신축년 8월 15일에 있었는데, 대통력의 역법으로 보면 이 해에는 윤달이 10월에 있으니, 시헌력의 신축년 윤7월은 8월이 되며 8월은 9월이 되는 것이 마땅합니다. 그리고 달의 크고 작음을 따져보면 시헌력의 윤7월과 대통력의 8월은 모두 작으며 15일은 간지干支가 모두 계유癸酉입니다. 나라에서 지금 대통력을 기준으로 삼고 있으니, 왕세자의 탄생한 날짜는 9월 15일로 정하는 것이 마

땅합니다.[310]

라 하여 왕세자의 탄생일이 8월 15일에서 9월 15일로 바뀌었다.

그러던 중 1669년(동 10) 10월에 이민철과 송이영이 혼천의渾天儀와
자명종自鳴鐘을 만들어 바치는 일이 있었다. 이를 계기로 왕은 특히 송
이영에 대한 신뢰가 높아졌다. 그러던 터에 송형구가 또다시 1670년
의 윤달이 잘못되었음을 말하면서 시헌력법의 오차를 논하였다. 그러
자 왕이 이를 관상감 관원인 송이영과 논란토록 하였다. 이때 송이영이
송형구의 말이 옳지 않다고 하자 그대로 송이영의 말을 따랐다.[311] 과학
우선으로 기우는 모습을 볼 수 있다.

이런 변화가 일어나고 있을 때 또 마침 청나라에서 경술년(1670년, 동
11)부터 다시 시헌력법으로 돌아갔다. 대통력법에 따라 고쳤던 왕세자
의 탄생일을 다시 시헌력법에 따라 고쳐야 했다. 애먼 왕세자의 탄생일
만 오락가락했다. 이후 다시 대통력법으로 돌아가는 일은 없었다.

시헌력의
조선화

시헌력의 이해

효종 연간에 시헌력을 시행할 때 김육이 말하기를 "계사년(1653년, 효종 4)부터 그 역법을 시행하기 시작하였다. 그러나 오성五星의 산법은 오히려 알아 오지 못하였으므로, 또 김상범을 보냈는데 도중에 죽으니, 그 법은 끝내 죄다 전해지지 못하였다"[312]고 하였듯이 10년의 학습에도 불구하고 여전히 미진함이 있었다. 그러다가

숙종 34년(1708)에 비로소 시헌력의 오성법五星法을 썼다. 관상감의 추산관 허원許遠이 연경에 들어가서 흠천감에서 《시헌법칠정표時憲法七政表》를 사 가지고 돌아오매, 추보하여 준용遵用하였다.[313]

라는 기록에서 볼 수 있듯이 이때에 이르러서야 서양천문학의 천체 운동 이론을 적용하여 칠정의 운행 계산이 가능해진 것으로 보인다. 1708년(숙종 34)부터 조선에서도 완전한 신역법을 사용하게 되었으니 1653년 시헌력 사용을 결정한 지 50여 년 후의 일이었다. 물론 50년이란 긴 시간이 소요되었고, 그 사이에 오락가락 시행착오도 있었지만, 어디까지나 우리 스스로 그 복잡한 천문역산을 학습하여 해결할 수 있었다는 점이 중요하다. 17세기에 새로운 서양역법 및 천문서적을 적극적으로 배워 적용하려던 학문적 자세 그리고 세종조에 중국역법을 조선화한 경험의 축적, 이런 것들이 있어 가능했다고 여겨진다. 이런 과정을 거쳐 숙종대 말에는 시헌력을 운용하는 데 필요한 서양천문학 이론에 대한 이해뿐만 아니라 천문관측도 가능한 수준에 이르렀다.[314]

앞서 지적했듯이 중국에서는 같은 시헌력법이었지만, 서양의 최신 천문학의 영향으로 "탕법→ 매법(《역상고성》 체계)→ 대법(《역상고성 후편》 체계)"의 순으로 계속 수정해 나갔다. 조선에서도 이렇게 바뀔 때마다 이를 이해하기 위하여 관상감원과 역관들의 많은 수고가 따랐다. 그중에서도 여러 번 연경에 다녀왔던 관상감원 김상범과 허원의 공로는 지대하였다.

훗날 1791년(정조 15) 10월 관상감 제조 서호수가 아뢰기를,

인조조 때 고 상신 김육이 처음으로 《시헌력》을 쓸 것을 요청하였고, 효종조에 이르러 비로소 신법으로 해와 달의 운행을 추산하였고, 숙종조에 이르러 비로소 신법으로 오성의 운행을 추산하였으며, 선대 왕조[영조] 초년에 와서 비로소 《시헌력》 후편의 법[즉 《역상고성》]을 썼

습니다.315

라 하여 탕법→매법으로의 변화에 따른 시헌력 수용의 역사를 요약하였다. 이처럼 1세기가 넘는 기나긴 세월 동안 시헌력 체제를 학습, 소화하는 노력이 조선 정부에 의해서 이루어졌다.316 이제 그 수용의 역사를 좀 더 들어가 살펴보자.

《역상고성》에서 《역상고성 후편》까지

청나라에서는 시헌력에 적용하는 서양신법을 1726년(영조 2)부터 《역상고성》 체계로 바꾸었다. 《역상고성》 체계는 티코 브라헤의 천문학을 기반으로 하였고, 여기에 보다 정밀한 관측을 기초로 천체운동 계산에 사용되는 기본 수치들을 바꾸었다. 이렇게 되자 조선 정부에서는 중국에 천문관원들을 파견하여 이를 습득하기 위해 각고의 노력을 기울였다.317

1733년(동 9) 7월 기사를 보면, 관상감의 안중태가

동지 사행使行을 따라 청나라에 들어가 흠천감관欽天監官으로서 추보에 능한 하국훈何國勳과 더불어 추고하는 법을 강토講討하여 그 환히 이해하지 못한 점을 다 알아내게 되었다. 그리고 사재私財를 내어 《칠정사여만년력七政四餘萬年曆》 3책, 《시헌신법오경중성기時憲新法五更中星紀》 1책, 《이십사기혼효중성기二十四氣昏曉中星紀》 1책, 《일월교식고본日月交食稿本》 1책과 서양국에서 만든 일월규日月圭 1좌를 사 가지

고 왔다. 모든 서책은 역가曆家에 가장 긴요한 것이고 일월규 역시 의기 중에서 간요簡要한 것으로 밤중에 시간을 재는 데 도움이 되는 것이었는데, 모두 지금에서야 구해 온 것이었다. [318]

라 하였다. 이를 통해 《역상고성》 체계에 대한 이해 수준을 높였다.

그래도 여전히 조선의 책력이 청나라의 책력과 차이가 나는 문제가 거론되었다. 이에 안중태를 다시 중국에 보내서 책력을 만드는 새로운 법을 얻어오도록 조치하였다. [319] 이에 안중태가 연경에 가서 알아왔다. 구법舊法은 강희 갑자년(1684, 숙종 10년)을 상원上元으로 삼았고 신법은 옹정 원년(1723, 경종 3년)을 상원으로 삼았기 때문에, 이와 관련된 《일전표日躔表》, 《월리표月離表》, 《칠요역법七曜曆法》 등의 책을 사 오게 하였다. 그리고 다가오는 병진년(1736, 영조 12)부터 추보하여 역서를 만들게 하여 한결같이 이 역법을 쓰도록 하였다. [320]

그런데 청나라에서는 1742년(동 18)부터 또다시 《역상고성》 체계를 수정한 《역상고성 후편》 체계를 적용하여 태양과 달의 운동을 계산하였다. 이는 우주의 구조는 태양중심체계가 아닌 지구중심체계를 채택하면서도, 태양과 달의 운동에 케플러의 타원궤도이론과 계산법을 적용하여 운동을 계산하는 체계였다. [321] 1742년 이후 시헌력에서는 태양과 달 운동, 그리고 일월식의 계산에는 《역상고성 후편》 체계가, 오행성의 운동에 대해서는 《역상고성》 체계가 적용되었다.

이때에도 역시 절일節日의 사행 편에 중국에 가서 일식·월식을 추보한 책을 사 왔는데, 이를 안국빈安國賓이 연구하여 역상을 환히 이해하고 추보에 정통하여 청나라 역법과 차이가 없게 되었다고 하였다. [322]

그 이듬해에 다시 관상감이 아뢰기를,

칠정력 가운데 자기紫氣 · 일요一曜를 청나라[彼中]에서는 임술년(1742,
영조 18)부터 비로소 첨입했습니다만, 우리나라에서는 아직 배우지 못
했습니다. 지난해 절일의 사행 때 본감本監의 관원 안국빈을 역관 변
중화 · 김재현과 동행시켜 흠천감의 관원인 대진현 · 하국신을 통하
여 자기紫氣의 추보법 · 좌향법 · 연길법涓吉法과 교식 등 신법 가운데
미진했던 조목을 빠짐없이 배워 가지고 오게 했었습니다. 그리하여
역관으로 하여금 기왕의 것을 추구하게 하였더니 대부분 꼭 들어맞
았으니, 오는 을축년(1745, 영조 21)부터 첨입시키게 하소서.[323]

라 하였다. 이제는 안국빈이 중국에 가서 이른바 대법(戴法, 《역상고성 후
편》 체제)을 만든 쾨글러[戴進賢]에게서 직접 배워왔다. 그리하여 1745년
(동 21)부터는 《역상고성 후편》 체제를 온전히 적용할 수 있게 되었다.
나아가 1744년(동 20)에는 역서 작성에 브라헤의 방법 대신에 카시니
Cassini 신법을[324] 적용하였다. 카시니 신법은 쾨글러가 펴낸 《역상고성
후편》에 들어있던 최신의 천문학이었다.[325]

경루법更漏法의 완성

18세기 중엽에 조선의 천문관원들은 시헌력 체제를 어느 정도 완벽하
게 소화해 내는 단계까지 나아갔다. 하지만 물시계를 다루는 경루법은
이를 따라가지 못했다. 신역법이 구역법과 크게 달라진 부분은 절기법

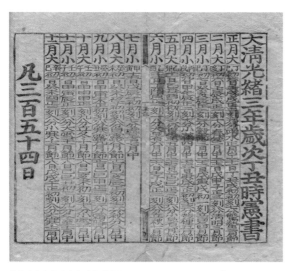

《대청광서삼년세차정축시헌서大淸光緖三年歲次丁丑時憲書》

1877년(고종 14) 발간한 시헌력으로 《역상고성 후편》까지 이해하고 작성한 역서이다.
한국천문연구원 천문우주지식포털 제공.

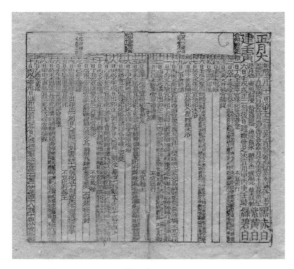

《대청광서삼년세차정축시헌서》의 정월 달력

각 날짜의 아래에 일상생활의 길흉화복을 담은 점성학적 역주가 빼곡히 적혀 있다. 한국천문
연구원 천문우주지식포털 제공.

외에 1일 시각법의 계산도 있었다. 즉 구역이 1일 100각법을 취한 데 반해 시헌력은 96각법으로 계산하였다. 시헌력의 시행에서 절기법과 달리 1일 시각법을 적용하는 데는 여전히 어려움을 겪고 있었다. 이는 물시계, 즉 금루禁漏의 운용에 그대로 나타났다.

1718년(숙종 44) 6월 기사를 보면, 관상감에서 일·월식은 시헌력으로 추보하는 것이 이미 자리 잡았지만, 금루는 아직 대통력을 쓰기 때문에 착오가 크다고 지적하였다. 시헌력에서는 1일 시각법이 수시력의 100각법과는 달리 96각법을 적용하고 있는데, 아직 이를 이해하지 못해 여전히 100각법으로 하다 보니 오차가 커졌던 것이다. 이런 한계는 있었지만, 중성中星[326]으로 추산하는 기술은 이미 알고 있었고 나아가 이를 더 분명히 하기 위해 중성의中星儀·간평의簡平儀를 만들도록 조치하였다.[327] 이것으로 보아 이때쯤이면 천문관측도 일정 수준에 올랐다고 볼 수 있겠다.

이제 남은 과제 중 하나는 1일 96각법을 이해하여 물시계에 적용하는 일이었다. 1744년(영조 20) 6월에 이르러 시헌력 체제에 맞게 누주漏籌를 바르게 할 방도를 찾기 시작하였다.[328] 이듬해인 1745년 8월 《승정원일기》의 기사를 보면, "안국빈이 또 옛 방법을 참조하여 신법에 이를 증험하여 《누주통의 漏籌通義》 1책을 펴냈는데 그 법이

간평의

투사법投射法을 써서 혼원渾圓, 즉 구면球面을 평면으로 투사하고 이 평면에서 구면상의 수치를 측정하도록 한 천문관측기구. 서울특별시 유형문화재 제163호, 문화재청 제공.

극히 진밀縝密하여 지금부터 행용하도록 하였다"고 하였다.《누주통의》는 새로운 시각 표준에 맞추어 물시계의 보시 규정을 담은 책이다. 이로 미루어 보면, 이때에 비로소 시헌력 체제에 따른 북경의 누각법漏刻法을 한양에 맞게 응용해 사용하기 시작했던 것으로 보인다.[329] 하지만 아직 중성기와 누전제漏箭制가 북경의 값을 벗어나지 못하고 있었기 때문에 경루제도는 여전히 미진하였다.[330]

1789년(정조 13)에 김영金泳이《신법중성기》와《신법누주통의》를 편찬하였는데, 이는 시헌력에 적용할 수 있는 경루법이 완성되었음을 뜻한다.《신법중성기》에는 한양 중심의 표준시각을 다시 정하기 위해 중성을 관측하고 계산한 결과를 담았고,《신법누주통의》에는 새로 정해진 중성에 따른 물시계의 시보 규정을 담았다. 이로써 정확히 구한 한양의 경위도와 주야각을 기준으로 시헌력에 입각해 완벽하게 계산한 경루법을 확립할 수 있었다.[331]

마침 1789년(동 13) 10월에 장헌세자(사도세자)의 묘소를 화성으로 옮기는 천원遷園 대례를 앞두고, 대신들이 "중성中星과 경루更漏를 측후하여 바로잡은 지가 거의 50년이나 되어서" 시차가 없지 않다고 하면서, "시각을 정하는 일이 실로 더없이 중대하니, 물시계[更漏]와 해시계[日影]를 불가불 이때에 바로잡아야 합니다"라고 건의하였다.

그리고 "그 근본을 미루어 보면 중성을 추산하여 그 전차躔次와 도수를 정하는 데에 있는데, 만약 의기가 없으면 측후를 근거할 데가 없으니, 먼저 지평의地平儀와 상한의象限儀 두 의기와 새로운 법의 해시계를 주조하여 측후를 바로잡을 수 있도록 해야 합니다"라 하고 이어서 "역상의 제법에 정통하다고 알려진 김영이라는 자를 본감에 소속시켜

이 일에 함께 참여하도록" 할 것도 제안하였다. 1784년(동 8)에 "항성의 적도를 경위하는 도를 경도京都의 북극 높이 37도 39분 15초에 의거하여 각 절후의 각 시각 중성을 추산하여, 이를 책으로 만들어 《누주통의》와 더불어 인행하였던 것이다."332

어쨌든 사도세자의 천원 대례를 원만히 치루기 위해서는 시각이 정확해야 했다. 또 시각을 정확히 하려면 경루를 교정해야 했고, 경루를 교정하려면 그 기준이 되는 중성을 먼저 바로잡아야 했다. 이런 연유로 중성기를 새로 편찬하게 되었고 그 결과 김영이 《신법중성기》를 펴낸 것이었다. 중성기를 제대로 교정하려면 일출입 시각뿐만 아니라 몽영분曚影分도 정확히 계산되어야 했는데, 이때에 이르러 김영이 《역상고성》에 담긴 호삼각弧三角에 의한 몽영한曚影限 해법을 해득하였고, 그 결과로 펴낸 것이 《신법중성기》였기 때문에 경루의 기준시를 제공하는 데 착오를 없앨 수 있었다.333

《천세력千歲曆》의 발간

영조대 말인 1760년대부터는 조선에서 서양천문학을 기반으로 한 시헌력의 운용에 자신감을 갖게 되었다. 이 무렵에 이르면 조선 천문관원의 역법 계산 수준이 어느 정도 궤도에 올라, 조선의 역서가 청의 역서

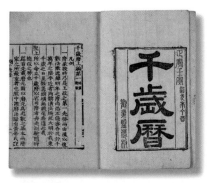

천세력
문화재청 제공.

와 비슷한 수준을 유지할 수 있었다고 한다.

영조대 관상감원들의 서양천문학에 대한 심화된 이해와 시헌력 운용에 대한 자신감은 《천세력》 편찬 기획에서도 잘 드러난다. 《천세력》은 비록 완성은 못 했지만, 영조대부터 제작하려고 했었다.

정조대에 이르면, 조선의 역법 계산 실력에 대한 자부심은 최고조에 달했다. 정조의 다음과 같은 언급에서도 확인할 수 있다.

> 요컨대 평절기平節氣는 인위적인 데서 나왔고, 정절기定節氣는 태양의 도수에서 징험한 것이니, 두 가지의 우열은 분별하기가 어렵지 않다.[334]

라 하였는데, 이는 시헌력법은 태양의 운행이라는 자연의 이치에 기초를 두고 있기 때문에 계산이 정확하면 그대로 따라야 한다는 것을 강조하였다. 이렇게 평기법보다 정기법을 당연한 것으로 받아들였는데, 이는 서양천문학에 대한 이해가 심화되어 계산에 오차가 없게 되었다는 증거였다. 이처럼 시헌력 운용에 대한 자신감을 토대로 장기 역법인 《천세력》을 만들 수 있게 되었다.[335]

1782년(정조 6)에 드디어 《천세력》 편찬에 성공하였다. 왕이 서운관에 명하여 《백중력》을 토대로 1777년부터 100년간에 걸친 역을 편찬하게 하여 이것을 《천세력》이라 부르기로 하였다. 그리고 10년이 지나면 또 10년분을 미리 계산하여 보충하게 하였다. 이처럼 1782년에는 조선의 독자적 역법의 계보를 전면에 내세운 《천세력》이 편찬되었다. 《천세력》은 정조대 천문역산학의 높은 수준을 보여주는 자부심인 동시에 시헌력 체제 수용의 완성을 뜻하는 것이었다.

그리고 또 하나 주목할 만한 것은 《천세력》의 첫머리에 1444년(세종 26)을 상원갑자로 하는 역원도曆元圖를 실었는데, 다름 아닌 세종대의 갑자를 역원으로 하였다는 점도 뒤에 살피겠지만, 각별한 의미를 갖는 것이었다.

본국력은
'우리만의 역서'

한양을 넘어 팔도까지

일찍이 1760년(영조 36) 12월에 부제학 서명응(徐命膺, 1716~1787)이 "밤
낮의 길고 짧음은 남북으로 차差가 있고, 절기의 이르고 늦음은 동서로
차가 있음을 알았습니다"라 하고 영조에게 주야와 절기의 차이에 대하
여 다음과 같이 상세히 아뢰었다.

> 북극北極이 땅에 나온 것이 매양 2백 50리마다 1도度의 차가 있는데,
> 밤낮의 차가 이로 말미암아 생깁니다. 우리나라 서울은 북극이 땅에
> 서 38도가 나왔으니 서울 이북으로부터 매양 2백 50리마다 1도를 더
> 하여 삼수 · 갑산 땅에 이르면 북극이 땅에 나온 것이 꼭 40도가 되는

데, 이 땅의 하지에는 낮이 가장 길어서 60각刻이 되며, 서울 이남에서부터 매양 2백 50리마다 1도를 감하여 강진 · 해남 땅에 이르면 북극이 땅에 나온 것이 30도가 되는데, 이 땅에 하지의 낮이 가장 길어서 45각이 됩니다. 동서 절기의 이르고 늦음은 역시 4분分으로써 번갈아 서로 가하고 감하기 때문에 우리나라 역서는 서울 3백 리 안에서만 쓸 수 있고 그밖에는 쓸 수 없습니다.

라 하고, "중국은 13성省으로 주야와 절기를 나누었으니, 우리나라도 마땅히 8도道로써 주야와 절기를 나누어야 할 것입니다"라 하였다. 한양에 맞추는 것은 물론, 8도로 나누어 각 지역에 맞추는 역법 계산이 되어야 함을 주장하였다. 중국과 다름없는 역서체제를 갖추자는 것으로 자국력보다 한 걸음 더 나간 발상이었다.

하지만 이에 대한 사신史臣의 평을 보면,

서명응은 당시에 이른바 문학의 선비인데, 전석前席에서 강토講討한 것이 하나는 동북해東北海에 조수潮水가 없다는 말이고, 하나는 역법의 그릇됨을 논한 것이니, 이것이 과연 국가의 계책에 긴요한 임무와 성학의 요도要道에 도움이 있겠는가? 한갓 장구章句의 학으로 스스로 박흡博洽한 변론을 자랑하였으니 그의 본래 실득實得의 공부가 없음을 볼 수 있는데 또한 족히 유용한 재목이 되겠는가?[336]

라 하였다. 북학파의 비조鼻祖로 일컬어지며, 이용후생을 추구했던 서명응에 대한 평이 이러하니, 지금 보면 참 어처구니없다. 당시 형편이 그랬던 것이다. 그래서 그런지 이후에도 역법계산에 대한 자신감은 여전히 부족했고, 청의 역서와 비교해서 차이가 났을 때 청의 역서를 따르는 일은 지속되었다.

그러다가 서호수(徐浩修, 1736~1799)가 관상감 제조를 맡게 된다. 서호수는 바로 서명응의 아들이었고, 서유구(徐有榘, 1764~1845)의 아버지였다. 삼대에 걸쳐 이용후생의 가학을 이어갔다. 서호수에 이르면서 양상이 다소 달라졌다. 1791년(정조 15) 10월 관상감 제조 서호수가

> 신이 전후로 연석에서 팔도에 해가 뜨고 지는 시각[日出入]과 절기를 북경의 시각과 혼동하여 쓰는 것은 크게 잘못된 것이므로 바로잡지 않을 수 없다는 분부를 여러 차례 받았습니다. 신은 삼가 관상감 생도들과 함께 《역상고성》의 신법에 따라 추산하고 확정하여 상께서 열람하시도록 하였습니다.

라 아뢰었다. 이를 보면, 조선 팔도의 일출입 시각과 절기를 북경의 시각과 혼동하여 쓰던 잘못을 이제 조선 팔도에 맞춰 바로잡았다고 왕에게 보고하였음을 알 수 있다. 이에 정조가 일출입 시각과 절기가 다른 것을 구별하는 일은 중요하니 역서를 반포할 때 이를 덧붙여 찍어내도록 지시하여 그 이듬해부터 팔도에 반포 시행하였다. 하지만 다시 또 의견이 일치되지 않아 팔도의 시각차에 관한 법은 폐지하고 시행하지 않았다고 기록되어 있다.[337]

조선 팔도의 경·위도 차는 사실 시각보다는 절기와 관련이 컸다. 이는 곧 농정에 관련된 사항이어서 중요했다. 서명응, 서호수를 거쳐서

도 실현되지 못했던 경·위도 차의 반영 문제는 삼대 째인 서유구가 농업 관련 저술에서 그 필요성을 더욱 분명히 밝혔다. "우리 동국東國은 북으로 갑산甲山에 이르면 북극고도가 이미 40여 도를 넘고 남으로 탐라에 이르면 북극고도가 겨우 30여 도"라 하여 남북 수천 리의 차이가 있다고 하면서, 남북간 기후의 차이가 농시에 영향을 미치므로 이를 고려하기 위해 각지의 위도를 측정해서 주야의 길이, 계절의 변화 등을 농사에 감안하도록 해야 한다는 주장을 폈다. 이는 농정에 반드시 필요하기 때문에 우리도 중국과 같이 팔도의 경위도 차를 반영해야 한다는 것이었다.[338] 다만 끝내 반영되지 못한 점이 아쉽다.

세종조 역법 편찬을 '창제創制'로 인식

1795년(정조 19)에 관상감에서는 역대 역법의 연혁과 천문관서의 제도, 천문관측의 역사, 측시와 보시의 규정 등을 담아 조선시대 천문학의 역사를 정리한 《국조역상고國朝曆象考》[339]를 편찬하였다. 1798년(동 22)에는 서호수 등이 중심이 되어 갈법喝法[340] 시헌력에 의한 역계산의 방법을 정리한 《칠정보법七政步法》도 편찬하였다. 정조대에 편찬된 이와 같은 여러 천문학 저술들은 모두 시헌력에 적용된 서양천문학 이론을 완전히 이해하고 한양을 기준해 시헌력을 운용할 수 있게 되었음을 말해준다.

그 덕분에 1797년(동 20)과 1798년에 청나라의 역서와 절기 시각 또는 합삭合朔이나 현망弦望 시각 등에 차이가 나도 고치지 않고 조선 기준의 역서를 그대로 시행하였다. 이는 매우 이례적으로 서호수와 관상감 관원들이 시헌력의 역법 계산에 자신감을 갖고 있었기 때문이었다.

이런 자신감은 독자적인 자국의 역서로서 본국력을 시행해야 한다는 의지의 반영이었다.[341]

18세기 말 《천세력》의 발간으로 시헌력 체제의 완성을 고했는데, 이는 세종대 1444년(세종 26) 이후 다시 한번 한양을 기준으로 독자의 힘으로 역법을 완벽하게 계산하고, 시행할 수 있게 됨을 의미했다. 특히 《천세력》에서는 그 역법의 연원을 세종 26년(1444) 갑자년에 두었다. 이는 세종조 역법 편찬을 '창제'로 보는 경향의 반영이었다. 영·정조대에 들어와 조선 역법이 세종대 창제되었다는 인식이 보편화한다.

김육 때까지만 해도 세종대 칠정산은 거론되지 않았다. 그러다가 1728년(영조 4) 2월 경연에서 김동필이 말하기를,

> 순임금은 옥형玉衡을 살펴 천체의 운행을 가지런하게 했으며, 우리 세종대왕께서는 간의대를 설치하고 흠경각과 보루각을 세웠으며, 숙묘조肅廟朝에서는 제정각齊政閣을 설치하고 선기옥형을 안치하여 공경하는 도리를 다하였습니다.

라 하였고, 이종성은 말하기를

> 우리 세종대왕께서는 동방의 성인으로서 예악과 문물이 크게 갖추어졌으니, 세종대왕의 덕화가 있은 후에 간의대와 흠경각을 사용할 수 있습니다.

라 하였다.

이때쯤이면 세종을 '동방의 요순'에 비유하는 경우를 종종 찾을 수 있다. 이미 세종은 1432년(세종 14) 7월경연에서 정인지에게 이르기를

우리 동방이 멀리 바다 밖에 있어서 무릇 시설하는 바가 한결같이 중화의 제도에 따랐으나, 홀로 하늘을 관찰하는 그릇에 빠짐이 있으니, 경이 이미 역산의 제조가 되었으므로, 대제학 정초와 더불어 고전을 강구하여 의표를 창제함으로써 측험하는 일을 갖추게 하라.[342]

고 하였다. 중화의 제도에 비춰 부족함을 언급하면서 '의표창제'를 지시하였는데, 여기서 '창제'란 표현을 사용하고 있어 주목된다. 이는 단순히 중화를 따라가는 데 그치는 것이 아니라 우리 독자의 제도를 갖추어야 한다는 뜻을 내포하고 있었다.

그 후 《조감祖鑑》(1728)의 편찬자인 조현명(趙顯命, 1690~1752)이 세종대 천문의기 제작사업에 대하여 "천문의기와 역법 계산법이 창제되었다"고 하여 '창제'로 평가하였다. 이런 평가에는 영조대 말년 서명응도 같이하였다. 1760년(영조 36) 12월 《성학집요聖學輯要》를 강론하는 자리에서 그는 "우리나라의 역법은 세종대왕 때 창시된 이후 크게 갖추어졌습니다"라고 하였다. 《제가역상집》이나 《동국문헌비고》〈상위고〉에서도 세종대 비로소 처음으로 "중성을 바로잡고, 천문기구를 창제"했다고 서술하고 있다.[343]

우리나라 역법[我國曆法]이 세종대에 '창시되었다'는 서명응과 서호수의 인식은 1782년(정조 6)에 처음 편찬된 《천세력》에서 국가 공인의 담론으로 다시 한번 공식화되었다. 《천세력》의 범례를 보면, "세종조에

이르러 처음으로 추산의 법을 세웠다. 그렇기 때문에 지금 세종 26년 (1444) 갑자년을 상원으로 삼았다"고 하였다. 이는 정조시대에 조선이 보유한 수준 높은 천문역법의 기원을 중국이 아닌 세종대의 칠정산에서 찾았다는 뜻이다.[344]

조선역법의 전통이 세종대에 시작되었다는 서명응 부자의 인식은 서호수가 편찬한 《동국문헌비고》〈상위고〉(1770)와 《국조역상고》(1796) 그리고 《천세력》(1782)에 반영되어 국가 공인의 담론이 되었고, 이후 19세기에는 일반적인 인식이 되었다고 볼 수 있다. 세종대에 조선역법의 전통이 확립되었다는 인식의 확산은 19세기 들어 '동력東曆'이라는 용어가 빈번하게 등장하는 것에서도 확인된다. 동력은 말 그대로 조선의 역법이라는 의미를 지닌다.

19세기 초 조선의 대표적인 소론계 경화세족의 일원인 홍경모(洪敬謨, 1774~1851)는 1840년대에 저술한 〈역론曆論〉에서 중국의 역대 역법들의 소개에 이어서 '동력'을 대등하게 따로 거론하였다. 즉 중국의 역대 역법으로 상고력上古曆부터 명력明曆, 청력淸曆을 다루었고, 이어서 동력을 그리고 마지막으로 서력西曆을 소개하였다. 천하의 모든 역법 계보에 조선의 역법도 '동력'이란 이름으로 나란히 올려 넣었다. 그리고 그 동력의 연원으로는 조선 세종조에 이르러 처음으로 독자적인 역법을 확립했다고 적었다.[345]

'우리만의 역서'가 본국력

조선은 중국과의 관계 때문에 독자적인 역법을 겉으로 드러낼 수는 없

있다. 그래서 역서의 '자주성'을 부각시키기는 어렵다. 하지만 실제로 조선은 국가로 존속하는 내내 한 차례도 역서의 반포를 거른 적이 없었고, 하루라도 백성들에게 시간을 알리지 않은 적이 없었다. 그리고 백성에게 알리는 역서의 반포와 보시 제도는 중국이 아닌, 조선 기준의 연월일시였다. 이처럼 조선은 자신의 시간 규범을 수립하고 이를 백성에게 제공해왔다. 그리고 그 역서를 본국력, 아국력我國曆 또는 향력 등으로 불렀다. 이는 다만 명분 때문에 역법의 이름을 따로 붙이지 못했을 뿐이지 사실상 독자적이고 자주적인 역법이나 마찬가지였다.

명나라가 새로 들어서면서 역법을 대통력으로 바꾸었다. 하지만 이는 원나라의 수시력을 따른 것으로 근본적인 개혁은 없이 이름만 바꾸는 데 그쳤을 뿐이었다. '일조일력'의 개념을 따르던 중국에서는 이런 일이 비일비재하였다. 이는 그야말로 명분을 갖추는 것일 뿐이었다. 그렇다면 자주적 역법이란 어떤 조건을 갖추어야 그 자격이 있을까?《칠정산내편》을 살펴보자.

조선은 조공 · 책봉 체제의 제약 속에서 독자적 역법의 수립은 제약받았지만, 그 제약 속에서도 자국의 시간 규범을 수립하고 실행하는 역서를 갖고자 하였다.《칠정산내편》은 우리나라에서 대통력의 운용을 위한 역산의 원리와 과정을 기술한 역산서였다. 여기에는 중국력과 달리 한양의 위도에 맞춘 매일의 일출입분과 주야각이 실려 있었다. 조선의 시간 규범을 수립하고 실행하기 위한 제반 수치와 계산법을 수록하였던 것이다.[346] 이것만으로도《칠정산내편》은 조선의 역법으로서 갖춰야 할 요건을 제대로 갖춘 셈이었다. 또 구복九服[347]에 적용되는 방식을 배제하였는데, 이것도 한양을 중국의 일개 변방이나 구복이 아닌 본

국력의 기준 처소, 곧 한 나라의 치력治曆의 중심 처소로 삼았음을 확인할 수 있게 해주는 점이다.348

물론《칠정산내편》은 수시력이나 시헌력과 같은 위치에 설 만한 것은 아니었다. 하지만 우리 실정에 맞게 만든 '맞춤형' 역법서임은 틀림없다. 즉 '한양의 역법'이었다. 그럼에도 불구하고 조선에서는 중국의 역서 이름과는 다른 어떤 이름도 붙일 수 없었다. 그렇기 때문에 사실상 새로운 역법서임에도 불구하고 '○○법'이라 부르지 못하고 다만《칠정산내편》이란 이름을 붙였던 것이다. 그런 점에서 본다면《칠정산내편》이야말로 형식적으로 이름만 바꾼 역법과는 달리, 이름은 따로 붙이지 못했지만 내용상으로는 사실상의 독자적 역법이라 할 수 있다. 오직 우리나라 한양에서만 사용할 수 있는 역서였으니 당연히 독자적인 역서가 될 수밖에 없었다.

1897년 조선이 대한제국을 선포한 다음 해인 1898년부터 대한제국의 역서에《대한광무이년세차무술명시력大韓光武二年歲次戊戌明時曆》이라는 자주적이고 독자적인 이름을 붙였다. 이는 중국과 조공·책봉 관계가 해소되었기 때문에 가능한 일이었다. 물론 명시력은 당시까지 써왔던 시헌력법의 체계를 그대로 준용하면서 이름을 바꾼 것이었다. 그렇지만 명시력은 기존의 역법 정의에 따르면 황제국의 연호를 썼고, 독자적인 역법명을 갖추었으니 틀림없는 독자 역법이다. 물론 명시력은 또 나름의 다른 의미도 갖고 있지만, 어쨌든 외형적으로는 '일조일력'의 개념에 부합하는 역서임이 틀림없다.

개력에서 중요한 것이 역법에 사용된 수치와 계산법의 수정이 아니

《대한광무이년세차무술명시력大韓光武二年歲次戊戌明時曆》(1898)의 첫 장

대한제국의 자주적이고 독자적인 공식 역서로 명시력이란 이름을 붙였다. 시헌력에서 명시력으로 역서명 자체를 바꿔 1898년(광무 2)부터 사용하기 시작하였다. 한국천문연구원 천문우주지식포털 제공.

라 역법의 이름을 바꾸는 것이라면 명시력은 거기에 부합한다. 하지만 역법에 사용된 수치와 계산법이 더 의미 있는 것이라면 오히려 《칠정산내편》이 더 독자적 역법의 자격을 갖춘 셈이었다.

여기서 과연 《칠정산내편》과 《명시력》 중 어느 것이 더 독자적 역법이 될 수 있을까 반문해 봐야 할 것 같다. 독자적 연호를 쓰고 새로운 역명을 붙일 때만 자주적 역법이라 한다면, 이는 《명시력》이 더 독자적 역법이 된다. 하지만 실제로 시간생활이란 측면에서 본다면, 역서의 이름을 따로 내세우느냐 마느냐 하는 것은 그리 중요하지 않았다. 조

선의 실정에 맞게 독자적으로 만든 책력이 있고, 이를 한 해도 빼놓지
않고 매년 제작하여 반포하고, 또 이를 중국이 알까 봐 쉬쉬하였던 역
서라면, 이를 사실상의 독자적 역법, 자주적 역법이라 할 수 있지 않을
까? 그런 점에서 본다면 《칠정산내편》이 거기에 더 해당한다. 《칠정산
내편》은 또한 우리나라 외의 다른 어떤 나라에서도 사용할 수 없는 역
이었다.

'구본신참'의
대한제국 역서, 명시력

'구본신참舊本新參'과 근대의 시간

지금은 누구나 양력을 사용한다. 양력은 언제 어떻게 사용하게 되었을까? 이른바 제국주의 시대를 거치면서 서양의 헤게모니가 작용한 예중의 하나가 양력과 서력 기원의 사용이다. 그런데 양력과 근대적 시간관을 무조건 등치관계로 설정하는 태도는 잘못이다.

서양에서도 1,400년이란 기나긴 논란 끝에 비로소 1582년에야 지금 우리가 사용하는 양력, 즉 그레고리력을 공포하였다. 우리가 이를 받아들인 것은 1895년이니 또 그로부터 300여 년이 지난 후였다. 따라서 그레고리력 그 자체가 근대를 뜻하는 것은 아니었다. 그런 점에서 그레고리력의 수용이 곧 근대적 시간관의 수용과 등식 관계를 이루지는 않는다. 그렇다고 그것이 근대적 시간관과 무관한 것도 아니었다. 그레고리력은 제국주의 침략 과정에서 수용하도록 강요되었고, 다른 서구의 근대문물과 함께 들어왔다. 바로 그 점에서 근대적 시간관이라고 볼 수 있다.

그렇다면 우리의 근대적 시간관은 어떤 것이었을까? 이는 조선 역서의 종착지라 할 수 있는 대한제국기 명시력을 통해 살펴볼 수 있다. 결론부터 말하자면, 대한제국 때 근대화를 이끌었던 '광무개혁光武改革'의 정신, 즉 '구본신참'³⁴⁹의 정책이념이 시간관에도 그대로 작용하였다고 볼 수 있다. '구본신참'이란 "옛것을 근본으로 삼고 새것을 참고한다"는 뜻이었으니, 이를테면 음력을 '구본'으로 하고 양력을 '신참'으로 하는 것이었다. 양력이 음력을 완전히 대체한 것은 결코 아니었다. 지금 보더라도 '구본신참'식의 시간관이 오히려 더 적절해 보인다. 이와 같은 우리의 근대적 시간관이 어떻게 자리 잡아갔는지 그 과정을 살펴보기로 하자.

명시력明時曆, 대한제국의 공식 역서

우리나라는 1896년 1월 1일부터 양력을 사용하였다. 음력 1895년 9월 9일, 고종은

> 삼통三統³⁵⁰의 삭일朔日을 교대로 쓰는 것은 때에 따라 알맞게 정한 것이니 정삭正朔을 고쳐 태양력을 쓰되 개국開國 504년 11월 17일을 505년 1월 1일로 삼으라.

는 조칙을 내렸다.³⁵¹ 개국 504년(고종 32, 서기 1895년) 음력 11월 17일을 개국 505년 건양 1년(고종 32, 서기 1896년) 양력 1월 1일로 선포하였다.

언뜻 보면, 1895년 11월 17일부터 1895년 12월 30일까지의 시간이 사라진 듯 보인다. 그러나 그레고리력 도입 때와 같은 사라짐은 아니었다. 왜냐하면 양력은 이때 처음 적용했기 때문에 사라지고 말고 할게 없었고, 음력은 1895년 11월 17일 이후에도 끊임없이 이어지고 있었다. 따라서 그 시간이 "우리 역사상 존재하지 않게 되었다"는 해석은 적절하지 않다.

이때 양력이란 그레고리력이었다. 그러나 양력을 사용한다고 하더라도 역서는 여전히 시헌력이란 이름으로 발간되었다. 즉《대조선개국오백오년세차병신시헌력大朝鮮開國五百五年歲次丙申時憲曆》(1896)이었다. 그 전 해에 반포된 역서의 이름은《대조선개국오백사년세차을미시헌서大朝鮮開國五百四年歲次乙未時憲書》(1895)였다. '시헌서'의 '서書'가 '역력曆'으로 바뀌었을 뿐 일과력의 형식과 내용은 똑같았다. 1894년의 반포력이《대청광서이십년세차갑오시헌서大淸光緖二十年歲次甲午時憲書》였음과 비교하면 크게 달라졌다. 중국 연호 '광서光緖' 대신 '개국開國'이란 조선의 연호를 사용하였다는 점이 그러하다. 하지만 이는 이미 1895년도의 역서에서부터 사용하였으니 빛이 좀 바랬고, 또 역서명을 여전히 시헌력으로 하고 있다는 점에서 기존 역서의 연속에서 벗어나지 못하고 있었다.

그러다가 1897년 대한제국을 선포하고 난 후 크게 달라졌다. 우선 역서의 이름을 따로 정하도록 하였다. 이는 황제국이 되었기 때문에 마땅히 해야 할 일이었다. 그해 11월, 역서에 새 이름을 정하도록 조령을 내렸다.

이전 역사를 상고해 보니, 역서에 대한 정사를 중시한 이유가 천체의 운행을 관측하여 사람들에게 시절을 알려 주는 것이기 때문이다. 금년부터는 역서에 응당 이름이 있어야 하겠으니 의정, 대학사, 학부대신, 장례원당은 두루 상고하여 의정議定하라.

하였다.[352] 이에 의정議政 심순택이 의논하여 '명시明時', '일원一元' 두 이름을 열기하여 바쳤다. 이에 고종은 그중에서 '명시'로 정하여 11월 30일 중외에 반포하였다.[353] 이로써 '시헌력'에서 '명시력'으로 역명이 바뀌었다. 이는 천자의 지위에 오른 자라면 반드시 개력을 통하여 정삭을 고치고, 역명을 바꿔야 한다는 '일조일력'의 원칙에 따른 조치였다. 새 역서는 1898년에 《대한광무이년세차무술명시력大韓光武二年歲次戊戌明時曆》이라는 이름으로 발행되었다. 여기서는 대한제국의 연호를 사용하는 것뿐 아니라 무엇보다 역서 명 자체가 바뀌었다. 명시력은 대한제국의 공식적인 일과력으로서 1898년부터 1908년까지 매년 발행되었다.[354] 명시력은 명백한 대한제국의 자주적 역서로서 조선 역서가 도달한 종착지였다.

광무 8년(1904)에 《천세력》을 《만세력》이라고 고쳐서 중외에 반포하였다. 이 또한 제국에 걸맞는 변화였다.

음력 중시의 음양이중력

명시력은 대한제국기 국가반포력으로 태양력을 적용한 근대력이었다. 명시력에 나타난 시간문화는 곧 우리식 근대 수용의 모습을 볼 수 있어

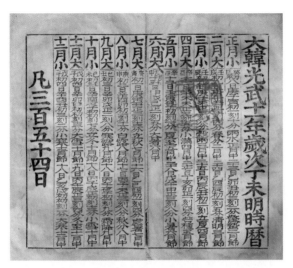

《대한광무십일년세차정미명시력大韓光武十一年歲次丁未明時曆》

대한제국의 공식 역서인 1907년 명시력의 첫 장이다. 한국천문연구원 천문우주지식포털 제공.

1907년 명시력의 정월 부분

하단에 태양력이라 구분하여 달과 일, 그리고 요일을 음력 날짜 밑에 덧붙였다. 한국천문연구원 천문우주지식포털 제공.

흥미롭다. 여기서는 음양이 조화를 이룬다. 명시력에는 7개의 시간 주기가 공존하고 있다.355 즉 기존 시헌력의 다섯 개 시간 주기인 ①음력 달의 29~30일, ②60간지의 60일 주기, ③납음오행納音五行의 30일 주기, ④28수宿의 28일 주기, ⑤12직直의 12일 주기에다가 태양력의 두 개 시간 주기인 ①양력 달과 ②7요일 주기 등, 총 7개의 시간 주기가 병렬적으로 담겨 있다. 시헌력과 그레고리력이 함께 공존하면서 경합하는 독특한 시간질서와 삶의 리듬을 보여주고 있다.

그런데 그런 중에도 음력 중심의 역서체제가 줄곧 그 바탕을 이루고 있었다. 고종은 1896년 7월에 각종 제사를 다시 구력·구식에 따라 시행하는 건으로 다음과 같은 지시를 내린다.

> 국가에 있어 사전祀典은 더없이 엄하고 더없이 공경스러운 것인데 그
> 때(갑오개혁 당시를 이름—필자) 내각의 역신逆臣이 명령을 집행함에서 제
> 멋대로 줄인 것부터가 이미 더없이 통탄스럽다. 더구나 새 역서와 옛
> 역서에는 원래 날짜가 차이 나니 조심스럽고 신중히 하는 도리로 보
> 아 더더욱 미안하다. 이제부터 종묘와 전궁, 각 능원에 지내는 제사
> 는 일체 옛 법대로 하며 일체 대사, 중사, 소사의 날짜는 모두 옛 역
> 서의 날짜대로 하라.356

고종은 갑오개혁 때의 양력 채택을 못마땅하게 여겼다. 비록 양력 자체를 폐기하지는 않았지만, 적어도 사전祀典을 행함에는 구력, 즉 시헌력 체제를 따르도록 하였다. 음력의 복권이었다. 이는 명시력에도 그대로 이어졌다. 양력을 공식력으로 채택했다고는 하지만, 명시력 체제

를 보면, 시헌서나 건양 2년의 시헌력과 별다른 변화가 없어, 전통 '음력'이 복권되었음을 확인할 수 있다.

이처럼 명시력의 체제는 전통적인 시헌력에 양력을 결합한 이중력의 성격을 지닌 것이었다. 하나의 역서 안에 둘을 담은 전형적인 '동도서기'형 역서였다. 대한제국의 광무개혁의 정책 방향인 '구본신참' 그대로였다. 음력이 '동도', '구본'이고, 양력이 '서기', '신참'인 셈이었다. 이렇게 역서에도 한국적 근대화의 방향성을 담고 있었다.

우리가 보통 음력이라 부르는 태음태양력은 시헌력 단계에 이르면 정확성이 고도의 수준에 이르러 일상에서 부족함이 없이 사용할 수 있었다. 갑오개혁에서 양력을 채택하기로 한 결정은 그때까지 사용하던 음력이 부정확하거나 잘못되어서 그랬던 것은 아니었다. 그것은 단지 서양 근대문물을 수용하는 과정 중 하나였을 뿐이었다. 그래서 대한제국에서는 "서양의 양력은 쓰되 시헌력을 기본으로" 했던 것이다. 공식적으로는 태양력을 시행했으나 절후와 기진忌辰 · 생일 · 택일 등은 그대로 음력을 썼다. 달력은 여전히 음력 중심으로 운용되었다.

실제로 명시력은 이름만 다를 뿐이지 앞서 발행된 1896년의 《대조선개국오백오년세차병신시헌력》이나 1897년의 《대조선건양이년세차정유시헌력大朝鮮建陽二年歲次丁酉時憲曆》과 체제 및 형식이 같았다. 이렇게 명시력은 2년간의 시험을 거쳐 1898년에 국가 제도로서 공인되었지만, 역서의 형식과 내용으로 볼 때 시헌력 방식의 역산천문학을 적용했다는 점에서는 변화가 없었다. 양력을 채택했다고는 하나, 기존의 태음태양력에 양력 날짜가 추가된 정도였다. 이처럼 명시력을 국가 공식력으로 채택한 주체들은 음력과 양력이라는 서로 이질적인 역을 공존

시키고자 했다. 그러면서도 어디까지나 음력을 그 바탕에 두고자 하였음이 틀림없다.[357]

음양이중력이라고 하지만, 여전히 음력이 중심인 명시력의 시간관은 어떻게 보아야 할까? 양력 수용 이후인 1896년 시헌력과 마찬가지로 역서의 맨 하단에 태양력의 월, 일 및 요일을 표기하였다. 또 역서의 맨 윗단에 국가의 각종 의례를 표기하였다. 그 이외에는 기존의 전통 역서와 다를 것이 없었다. 바로 이 점이 명시력 시간관의 해석에서 중요하다.

명시력에는 기존 다섯 개의 시간 주기에 양력의 두 개 주기가 더해 모두 일곱 개의 시간 주기를 담고 있을 뿐 아니라, 역주曆註도 그대로 싣고 있다. 현대 달력과는 비교할 수 없을 만큼 많은 시간 요소들이 담겨 있다. 천체인 해와 달의 천문학적 측험에 의한 시간을 기본으로 하지만, 여전히 점술력으로서의 역할을 버리지 않았다.

양력이 주로 신비함을 제거한 객관적 천문학의 시간이라면, 음력은 인간과 각종 신격과 그 밖의 자연물들이 모두 모여 구성된 의례적 시간이었다. 명시력에서는 이렇게 서로 다른 지점에 서 있는 양력과 음력을 혼합해 놓았다. 그래서 언뜻 보면 매우 복잡하고 쓸데없는 시간 더미처럼 보일 수도 있겠지만, 오히려 당 시대 사람들의 요구를 잘 버무려 놓은 합목적적인 달력이었다. 현실적 요구로 양력을 수용하면서도 이미 전통으로 굳건하게 자리 잡고 있던 점술적인 음력을 바탕에 두고 있었던 것이다. 당시인들에게 달력은 단지 시간 정보만을 알려주는 것은 아니었다.

이러한 시간질서는 현재까지도 영향을 미치고 있다. 명시력의 음력

부분은 태음태양력인 시헌력을 따르고 있고, 양력에 가려 잘 보이지 않지만 지금도 여전히 사용하고 있다. 지금 사용하는 달력은 명시력과 사실상 별 차이가 없는 셈이다. 이렇게 보면, 명시력의 시간관이 음양의 균형을 이룬다는 점에서 오히려 더 바람직한 시간생활은 아니었을까? 어차피 태양과 달 양자는 모두 인간의 시간 생활을 규정하는 절대적 기준이다. 시간 생활에는 해와 달의 움직임이 다 필요하다. 양력과 음력은 비중의 차이는 있겠지만 해와 달이 하늘에 떠 있는 한, 결코 어느 하나만을 택할 수는 없을 것이다. 그런 점에서 '구본신참'의 정신에 따라 음력을 바탕으로 양력을 수용한 대한제국의 역서, 명시력은 조선 역서가 마침내 도달한 종착지였고 그런 점에서 명시력은 옳았다.

양력 우위의 역명曆名 없는 연력年曆

1896년 병신력 체제부터는 서양의 태양력을 수용하였다는 점을 반영하여 '음양력' 혹은 '음양이중력'이란 용어를 썼다. 이때 추가된 양력 요소는 매 음력의 역일에다가 그레고리력일 및 일주일 명칭을 병기하는 방식이었다.

태양력이 공식적으로 채택되면서 나타난 특징적 변화 중의 하나가 7요일제였다. 조선시대 사람들에게 익숙한 시간질서는 음력이었다. 음력에서는 1달을 30일로 정하고 이를 초순, 중순, 하순으로 구분한 후 각각 5일을 기준으로 다시 세분하였다. 5일 간격으로 열려 '오일장'이라 불리던 지방 장시가 그 대표적인 예이다. 이처럼 익숙했던 5라는 숫자가 7일, 일주일 체제로 바뀌었다. 5에서 7로 바뀌는 전혀 새로운 변

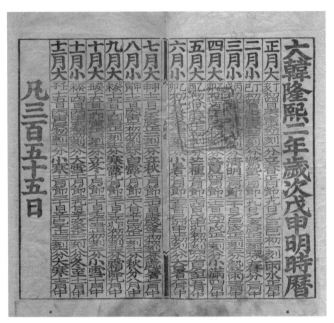

《대한융희이년세차무신명시력大韓隆熙二年歲次戊申明時曆》(1908년)
마지막으로 발간된 대한제국의 공식 역서 명시력이다. 한국천문연구원 천문우
주지식포털 제공.

화였다.358

사실 요일 주기는 태양력보다 반년 앞서서 이미 공식적으로 도입되었었다. 1895년(고종 32) 윤5월 12일에 요일제 도입을 포함한 관청 근무 시간에 관한 규정이 각령 제7호로 발표되었다. 이는 이미 기존의 시간 흐름에서 벗어나 태양력과 요일 주기라는 새로운 시간질서를 받아들일 수밖에 없는 현실에 들어섰음을 보여준다.359 이와 같이 강요된 시간질서는 양력과 요일제 사용을 넘어 음력을 배제하는 데까지 나아갔다.

또 양력을 공식 채택한 1896년에《건양원년력》이란 양력 우위의 역

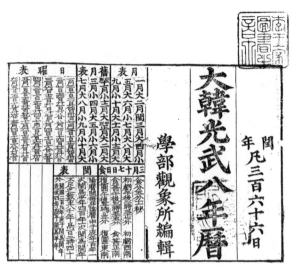

《대한광무팔년력大韓光武八年曆》(1904)

학부 관상소에서 편집한 역명 없는 양력 중심의 연력이다. 한국학중앙연구원 장서각 제공.

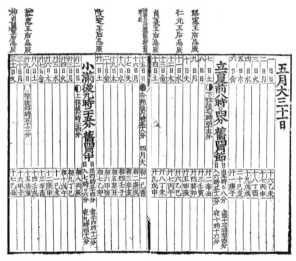

《대한광무팔년력大韓光武八年曆》 중 5월 달력

매우 단순하게 상단에 양력, 하단에 음력을 표기하였다. 한국학중앙연구원 장서각 제공.

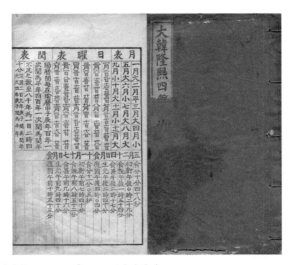

《대한융희사년력大韓隆熙四年曆》(1910) 표지 및 첫 장
명시력 이후 자리 잡은 양력으로 역명 없는 연력 계열이다. 한국천문연구원 천문우주지식포털 제공.

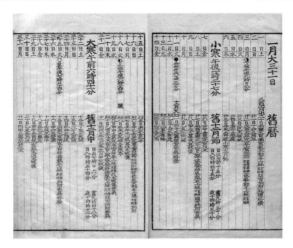

《대한융희사년력大韓隆熙四年曆》 1월 달력
상단에 양력, 하단에 음력을 표기한 구성은 기존의 역명 없는 연력과 같으나 음력의 내용이 조금 늘었다. 명시력이 폐기됨에 따라 음력 내용을 일부 보완한 것으로 보인다. 한국천문연구원 천문우주지식포털 제공.

명 없는 연력을 학부學部 관상소觀象所에서 발간하였다.[360] 그리고 《대한광무칠년력》부터 《대한광무십년력》까지 같은 방식으로 발간한 양력 연력을 확인할 수 있다. 이 연력에는 상단에 양력일과 요일만을, 하단에 음력일과 간지만을 표기하여 단순하게 만들었다. 24절기와 그날의 일출입 시각, 낮과 밤의 길이 등은 구분하여 표기하였다. 역명이 없는 연력 형태의 양력은 대한제국 공식력은 아니지만 줄곧 발간되었던 것으로 보인다.

식민지로 기울어짐이 점점 분명해지던 1908년(융희 2)을 끝으로 대한제국 공식력인 명시력은 멈췄다. 따라서 1909년에는 역명 없는 연력, 즉 《대한융희삼년력大韓隆熙三年曆》만 남았다. 일제가 음력을 줄이고 양력을 사용하도록 강제한 결과였다. 다만 명시력이 사라진 때문인지 기존의 연력과는 달리 이 연력에는 28수, 12직, 납음오행이 기재되고, 일부 의宜와 불의不宜의 역주들이 덧붙여졌다. 하지만 매우 소략해졌다. 결국 일진을 중시했던 전통 역서의 잔흔 정도만을 남긴 채, 날짜를 중시하는 태양력으로 바뀌었던 것이다.

재일본 한국 유학생 통합단체인 대한흥학회의 기관지 《대한흥학보大韓興學報》 제5호(1907. 7)에 지문학地文學에 대한 소개글이 실려 있다. "아국我國은 고래로 태음력을 사용하다가 갑오경장 이후로 태양력을 사용한다고 하였으나, 그동안은 형식에 불과하였고 융희 2년 이래로 실용하느니라"라고 하였다. 그러니까 양력을 수용했다고는 하지만 여전히 음력을 바탕으로 역서를 사용하던 1896~1908년의 기간을 "형식에 불과하였"다고 보았던 것이다. 따라서 1908년 이후에야 비로소 역서에서 음력을 밀어내고 순수 태양력을 사용하게 되었음을 지적하는

것이었다.[361]

또 대한제국기에는 연호는 양력을, 국경일은 음력을 따랐었는데, 《대한융희삼년력》부터는 다수의 황실의례 및 경축일을 모두 없애고, 통감부가 지정한 공식적인 국가경축일로 전면 교체하면서 모두 양력으로 지정하였다. 음력이 사라지면서 조선의 독립도 사라졌다. 전통시간을 이렇게 잃어버렸던 것이다. 1911년부터는 총독부 관측소의 이름으로 식민지 역서인 《조선민력》을 발간하였다. 《조선민력》의 체제 및 구성은 《대한융희삼년력》과 같았다.[362]

역서의 단절, 국가의 단절

19세기 말부터 1907년까지 높은 수준으로 유지되던 조선의 역산천문학은 서양 문명을 앞세운 일제의 식민지 침략으로 전통 역서가 단절되는 파탄을 맞았다. 그 변화는 1907년 말에 나타났다. 그전까지는 역산천문학을 관장하는 부서가 조선의 관상감에서 대한제국 학부 관상국으로, 다시 학부 관상소로 개편되었음에도 역산천문학을 운용하는 일은 변함없이 유지되고 있었다. 그러다가 일제의 간섭으로 1907년 12월 13일, 칙령 제54호로 학부 소속의 관상소를 폐지하였고, 역서에 관한 사항만을 학부 편집국이 담당하게 하였다. 이렇게 시헌력에 기반을 둔 역산천문학을 운용하던 부서가 폐지되자 당연히 국가의 두 가지 공식 역서였던 일과력과 칠정력의 발간도 멈출 수밖에 없었다.

1909년부터 이전까지 관상소에서 발행하던 국가의 공식 일과력인 명시력이 더 이상 발행되지 않았다. 그 대신에 보조 역서로만 발행해 왔던 양력 위주의 간지년력干支年曆에 음력 날짜를 부기해 발행하는 《대한융희삼년력》(1909)과 《대한융희사년력》(1910)이 국가의 공식 역서로 대체되었던 것이다. 국가의 공식력인 일과력이 사라지게 되었던 것이다.

또 국가에서 공식 발행하던 칠정력서인 《칠정경위숙도오성복견목록七政經緯宿度五星伏見目錄》도 1908년까지만 발행되고 끊어졌다. 1907년의 후반기부터는 칠정력서를 작성할 대규모의 계산 작업이 불가능해졌다. 이렇게 시헌력 기반의 전통 역산천문학은 1907년을 고비로 단절되었다.

대한제국이 매년 발행하던 명시력과 칠정력서인 《칠정경위숙도오성복견목록》은 대한제국의 존재와 위신을 보여주는 상징물이었다.[363] 일제가 강제로 관상소를 폐지하고 국가의 공식 역서인 명시력과 칠정력서의 발행을 멈추게 한 것은 결국 대한제국에게서 독립국의 존재감을 박탈한 행위였다. 그런 의미에서 전통 역산천문학의 단절은 단지 역서의 변화에만 그치는 것이 아니라 국가의 단절을 뜻하는 것이었다.

상하이의 대한민국임시정부가 출범한 바로 그해 12월, 임시정부는 《대한민력》(1920)[364]이란 이름으로 독자적인 달력을 작성하여 배부하였다. 이는 비록 지속되지 못했지만, 독자적인 역서 발간이 갖는 의미가 무엇인지를 다시 한번 깨닫게 해주는 상징적 행위였다. 역상수시는 국가의 존재 그 자체를 뜻하는 것이었다.

지금 대한민국의 역서는 국립천문대인 한국천문연구원에서 국가의 위임을 받아 공식적으로 역서를 제작, 매년 11월 중순에 발행한다. 한국천문연구원은 1974년에 대통령령으로 '국립천문대'란 이름으로 설립되었다가 1999년부터 현재의 이름인 '한국천문연구원'을 사용하고 있는데, 현재 대한민국에서 사용하는 모든 달력은 어느 회사에서 만들든, 디자인이야 어떻든, 전부 한국천문연구원에서 배포하는 역서의 내용대로 만든다. 그리고 비록 작아지기는 했지만 여전히 음력일의 시간 주기가 달력에 꼭 표기되어 있다. 또 태양력의 전통이긴 하나 24절기도 빼놓지 않고 기재되어 있음을 볼 수 있다. 태음태양력의 전통은 여전히 달력 속에 살아 있다.

2장

조선의
시계들

시계에 창의성이 돋보이게 된 이유

언젠가 다른 글에서 "별에서 온 그대"가 다름 아닌 세종이란 우스갯소리가 있을 법하다고 쓴 적이 있었다. 세종의 업적은 참으로 놀랍다. 놀라움은 보면 볼수록 더 커진다. 그 놀라운 일 중에 또 하나는 '의표창제'라 불리는 시간 측정과 관련된 일들이다. 의표창제와 관련된 일을 보고 나니 "별에서 온 그대"라는 표현이 더 적절해 보인다.

1445년(세종 27)에 세종의 명을 받아 이순지가 편찬한 천문서인《제가역상집》에서는 천문학의 분야를 천문, 역법, 의상儀象, 구루晷漏로 나누고 있다. 이때 한국적 독창성과 창조성은 천문이나 역법보다는 구루, 즉 해시계와 물시계 등 시계에서 주로 집중 발현되고 있었다. 천문과 역법에는 제후국이라는 한계가 있었지만, 시계에는 그런 제약이 없었다. 하루 안에서의 시간 측정에 대한 제약은 없었다. 어차피 하루에 해가 뜨고 지는 시각[日出入分]이나 밤과 낮의 길이[晝夜刻]는 지역에 따라 달랐기 때문에 한양의 시각을 북경에 맞출 수 없었다. 그러기에는 지구가 너무 컸다.

이 때문에 조선 천문학의 역사에서 창의성을 발휘하려 한다면, 그건 하루 안의 시간 측정, 즉 '시계'의 영역이 수월했다. 따라서 독창성은 시계에서 나왔다. 달력에는 한계가 있었다. 《칠정산내편》에서 다른 모든 내용은 중국의 것을 답습하면서도 한양을 기준으로 한 일출입 시각과 주야각을 실어둔 것도 그것이 하루 안의 시간에 결부되어 있었기 때문이다. 바로 이 점이 《칠정산내편》을 독자적인 본국력으로 평가받게 하는 요소이기도 하다.

그러면 왜 정확한 시간이 필요했을까? 시간을 정확히 안다는 게 왜 필요했을까? 행동의 동시성도 어느 정도 필요했을 것이지만, 그보다는 운세, 의례 그리고 농시 등과 관련되어 있기 때문이었다.

시계 역사는 의표창제로부터

시계, 즉 시각과 시간을 측정하는 기술은 세종 때 획기적으로 발전하였다. 시계의 역사는 오래되었지만, 아무래도 세종대가 집중 관심 대상이 된다. '처음으로', '독창적' 등등의 수식어가 붙는 성과들이 많이 나타났기 때문인데, 어떤 점에서 그렇고 왜 그렇게 되었는지 살펴보자.

1437년(세종 19) 4월 주야측후기晝夜測候器인 '일성정시의日星定時儀'가 완성되었을 때 《세종실록》의 기사에는 그 외의 다른 의상들에 대한 사정들도 함께 기록하여 두었다. 그 안에 승지 김돈이 쓴 간의대 기록이 남아 있다. 거기서 그는 "때를 알려 주는 요要는 하늘을 관측하는 데 있고, 하늘을 관측하는 요는 의표에 있으므로"365라 하였고, 또 그가 지은 흠경각 기문에서는 "절후를 알려 주는 요결은 천기를 보고 기후를 살피는 데에 있는 것이므로, 기형과 의표를 설치하게 되는 것이다"366라 하였다. 여기서 정확한 때를 알려면, 우선 기형과 의표가 필요했음을 알 수 있다.

일성정시의
낮과 밤의 시간 모두를 측정하기 위해 만든 천문시계이다. 자격루의 시각 교정에 사용되었다. 국립민속박물관 제공.

세종은 1432년(동 14) 7월 어느 날, 경연에서 역상의 이치를 논하면서 정인지에게 하늘을 관측하는 기구가 없음을 지적하면서 "고전을 강구하여 의표를 창제하여 측험에 대비하도록 하라"고 하였다. 그리고 "혼의渾儀, 혼상渾象, 규표圭表, 간의簡儀 등과 자격루, 소간의小簡儀

현주일구
적도시반赤道時盤을 가진 휴대용 해시계이다. 시반 양면에 시각 눈금을 새겨 놓고 시반에 맺힌 실 그림자로 시간을 측정하였다. 한국천문연구원 제공.

그리고 앙부仰釜, 천평天平, 현주懸珠의 일구日晷 등의 그릇을 빠짐없이 제작하게 하"였다. 이를 《세종실록》에서는 "그 물건을 만들어 생활에 이용하게 하시는 뜻이 지극하시었다"라고 썼다.[367] 이때부터 7년여에 걸쳐 천문계시의기天文計時儀器, 즉 천문관측 및 시간측정 기구를 만드는 '의표창제' 사업을 추진하였다.

의표창제의 성과

의표창제의 성과를 이순지의 《제가역상집》(1445, 세종 27) 발문에서는 다음과 같이 요약하고 있다.

> 우리 전하께서 거룩하신 생각으로 모든 의상과 구루의 기계며, 천문과 역법의 책을 연구하지 않은 것이 없어서, 모두 극히 정묘하고 치밀하시었다. 의상에서는 이른바 대소간의, 일성정시의, 혼의 및 혼상이요, 구루에서는 이른바 천평일구天平日晷, 현주일구懸珠日晷, 정남일구定南日晷, 앙부일구仰釜日晷, 대소규표大小圭表 및 흠경각루欽敬閣漏, 보루각루報漏閣漏와 행루行漏들이다. 천문에는 칠정과 별자리[列宿]에 대하여 중외의 관아로 하여금 입숙(入宿, 경도)과 거극(去極, 위도)이 몇 도 몇 분인지를 다 측정하게 하고 또 고금의 천문도를 가지고 같고 다름을 참고하여서 측정하여 바른 것을 취하게 하고, 그 28수의 도수·분수와 12차서의 별의 도수를, 모두 《수시력》에 따라 수정해 고쳐서 석본石本으로 간행하였다. 역법에는 《대명력》, 《수시력》, 《회회력》과 《통궤通軌》, 《통경通徑》 등 여러 책을 모두 비교하고 교정하

여, 또《칠정산내외편》을 편찬하였다.

의표창제는 의상·구루의 기계를 만드는 일과, 천문·역법의 책을 만드는 일로 구분된다. 의상은 천체를 관측하는 기구이고, 구루는 해시계와 물시계를 뜻한다. 천문은 "천체에서 일어나는 온갖 현상"을 관찰하는 일, 역법은 "천체의 주기적 현상을 기준으로 세시歲時를 정하는 방법"을 뜻한다. 위 글은 그 성과들이 어떻게 나왔는지를 잘 정리해 주고 있다.

이러한 '의표창제' 사업은 간의로부터 시작하여 1438년(동 20) 정월의 흠경각 낙성으로 마무리되었다. 7년여에 걸친 대역사였다. 의표창제 사업으로 탄생한 것의 정수로는 보루각 자격루, 일성정시의, 옥루, 소간의, 정남일구, 현주일구 등을 꼽는다. 모두 시계와 관련된 성과들이었다. 일상생활에 밀접한 시간 측정 의기들을 가장 창조적으로 또 실용적으로 만들어냈다.

앙부일구, 절기와 시각을 동시에 보여주는 해시계

서광계徐光啓가 말하기를 "시각을 결정하는 법은 다섯 가지가 있는데, 첫째는 물시계[壺漏], 둘째는 지남침指南鍼, 세째는 표얼(表臬, 해시계 말뚝), 넷째는 혼천의, 다섯째는 해시계[日晷]이다"[368]라 하였다. 이와 관련하여 조선 전기에는 앙부일구, 일성정시의, 자격루 등을, 조선 후기에는 신법지평일구, 간평簡平·혼개일구渾蓋日晷와 천문시계 등을 조선 천문학사의 창조적 성취로 꼽는다. [369]

앙부일부, 국립고궁박물관 제공.

많은 창조적 성취 중에서도 가장 돋보이는 것은 앙부일구였다. 앙부일구는 다른 나라에는 없는 독특한 구조와 원리를 적용한 해시계[370]로 이전까지 없었던 전혀 새로운 모델이었다.[371]

우선 모양이 독특하다. 앙부일구는 "하늘을 우러러보는 솥 모양의 해시계"라는 뜻으로 가마솥을 뒤집어 놓은 모양새이다.

《증보문헌비고》를 보면 "앙부일구는 《원사》에 기재된 곽수경의 법에 따라 만든 것이다."[372]라고 하였다. 하지만 실상은 매우 다른 창조적인 해시계였다. 《원사》〈천문지〉〈앙의仰儀〉 조에는 "네모난 표로 둥근 하늘을 측정하는 것은 원으로써 원을 구하는 것만 못하니 이에 앙의를 만든다[以表之矩方 測天之正圓 莫若以圓求圓 作仰儀]"라 하였다. "원으로써 원을 구한다[以圓求圓]"는 발상은 그동안 누구도 상상하지 못한 창조적이고 혁명적인 것이라고 평가한다.

하지만 앙의는 앙부일구와 같은 해시계가 아니고 일식 등을 관측할 수 있도록 설계한 천문관측의기의 하나였다. 중국인들 스스로 앙의를 "일식을 관측하는 기구의 비조[日食觀測工具的鼻祖]"라 부른다. 이처럼 반구의 모양은 따왔지만, 기능은 전혀 달랐던 것이다. 따라서 앙부일구는 세계에서 유일한 오목 해시계였다.

1434년(세종 16) 10월 《세종실록》 기사에 "처음으로 앙부일구를 혜

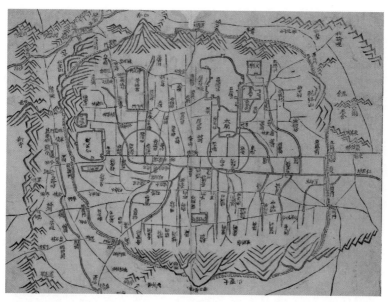

대동여지도(도성도)

좌측 원이 혜정교, 우측 원이 종묘 앞으로 앙부일구를 설치하였던 곳들이다. 언뜻 보아도 서울의 중심지였음을 알 수 있다. 서울역사박물관 제공.

정교惠政橋와 종묘宗廟 앞에 설치하여 해그림자를 관측하였다"373고 하였고, 여기에 붙여 김돈이 앙부일구의 명銘을 지었는데

> 무릇 베풀어 갖추게 하는 데 시간보다 더 중대한 것은 없다. 밤에는 경루更漏가 있으나, 낮에는 알기 어렵다. 구리를 부어서 그릇을 만들었는데, 모양이 솥과 같다. 지름에 둥근 송곳을 설치하여 북에서 남으로 마주 대하게 했으며, 움푹 패인 곳에서 휘어서 돌게 했고, 점을 깨알같이 찍었는데, 그 속에 도度를 새겨서 반주천半周天을 그렸다. 귀신을 그린 것은 어리석은 백성을 위한 것으로, 시각이 정확하고,

해 그림자가 명백하다. 길가에 놓아두니, 구경꾼이 모여든다. 이로부터 백성들도 이것을 만들 줄 알게 되었다.[374]

라 하였다. 오목한 글자판에 절기를 나타내는 13개의 위선과 시각을 나타내는 경선이 교차하도록 그려놓았다.

여기서 두 가지가 중요했다. 하나는 앙부일구에서 해그림자는 절기와 시각을 알려주는 선들이 그어진 반구 형태의 시반에 비쳐 일 년 중의 절기와 하루 중의 시각을 동시에 알 수 있게 해 준다는 점이다.[375] 단지 하루의 시각만이 아니라 일 년 중의 절기까지도 함께 알 수 있게 했다. 별도의 계산 없이 시반면에 생긴 해그림자만 보면 바로 알 수 있게 만들어 대중들도 쉽게 볼 수 있었다. 대중들을 위한 시계였다. 여기에 각별한 의미가 있었다.

다른 하나는 이런 앙부일구를 처음으로 혜정교와 종묘 앞에 설치하여 해그림자를 관측하였다는 점이다. 혜정교[376]나 종묘 남쪽 거리는 모두 뭇사람들의 왕래가 잦은 곳들이었다. "길 곁에 설치한 것은 보는 사람이 모이기 때문이다"라 한 것처럼 설치 목적 자체가 대중들에게 널리 알리려는 데 있었다. 또 시각을 표시하는 데 신신神身, 즉 신의 모습으로 그려 한자를 모르는 '어리석은 백성[愚氓]'들도 쉽게 볼 수 있도록 하였다. 처음부터 대중을 위한 공공의 시계로 만들었던 것이다.

공중 해시계

이처럼 앙부일구의 무엇보다 중요한 특징은 절기와 시각을 동시에 알 수 있게 했다는 점, 또 이를 대중화시켜 시간을 백성과 공유하려 했다는 점이다. 그중에서도 후자의 측면이 각별하다. '어리석은 백성', 즉 공중을 위한 시간 제공은 이렇듯 세종대부터 본격화하였다.

또 다른 기록에서

> 무지한 남녀들이 시각에 어두우므로 앙부일구 둘을 만들고 안에는 시신時神을 그렸으니, 대저 무지한 자로 하여금 보고 시각을 알게 하고자 함이다. 하나는 혜정교 가에 놓고, 하나는 종묘 남쪽 거리에 놓았다.[377]

고 하여 같은 뜻을 전하고 있다. 그만큼 앙부일구를 백성들을 위한 공중 해시계로 제작, 제공했다는 점을 강조하면서 그 점을 중요시여겼음을 보여주고 있다.

그리고 거기에 덧붙여 앞서 본 것처럼 "이로부터 백성들도 이것을 만들 줄 알게 되었다"라 하였다. 이는 백성들이 설치된 앙부일구를 보고 시간을 아는데 그치는 것이 아니라 이 해시계를 본받아 각자 시계를 만들어 편하게 사용하라는 뜻까지 담았던 것이다. 길가에 설치하여 보는 사람들이 모여들게 하고, 일반 백성들도 이를 보고 만들어 사용하게 하였다. 시간을 왕이나 특수 계층의 전유물이 아니라 온 백성 모두가 이용할 수 있는 공중의 것으로 나누어주고자 했던 것이다.[378] 이런 뜻이야말로 세종의 경천애민敬天愛民, 민본의식의 진면목이었다. 공중 해시계로서의 앙부일구는 1549년(명종 4)의 실록 기사에 "동지에 종묘의 동구洞口와 혜정교에 있는 앙부일구를 측후하였는데"[379]라 하여 이때까지도 여전히 설치되어 있었음을 알 수 있다.

공중 해시계로 제작되고 설치된 앙부일구였지만, 조선 전기에는 정부 차원에서 제작 설치해 임금의 애민 정신을 드러내 보이는 역할을 했다면, 조선 후기에는 궁궐용 청동제 앙부일구 외에도 수많은 앙부일구가 사사로이 제작, 보급되어 전면적으로 대중화되었다. 휴대용 앙부일구, 부채 손잡이 끝에 달고 다니던 선추扇錘 해시계 등등 다양하였다. 하지만 아직은 사대부가에서 주로 사용했을 것으로 보여 신분적 틀까지 벗어났던 것은 아니었다.[380] 앙부일구는 그것이 제작된 뒤 400여 년 가까이 백성들의 삶에 실질적인 영향을 끼치며 창조적으로 계승되고 발전했다.[381]

세종이 자격루를
만든 까닭은?

보루각 자격루

보루각 자격루에 얽힌 사연이 흥미롭다. 자격루는 "정밀기술의 극치이
며, 시간 측정사에 길이 빛날 기념비적인 시계인 것이다. … 조선조의
과학기술을 이끈 열쇠 기계"[382]라고 극찬할 만큼 대단한 과학적 창조
물이다. 그럼에도 불구하고 잘 알려져 있지 못하다. 여기서는 시간 측
정 역사에 획기적 변화를 일으킨 세종 시대를 돌아보면서 자격루에 담
긴 성군의 뜻을 살펴보고자 한다.

경회루 남쪽에 집 3간[欄]을 세워서 누기漏器를 놓고 이름을 '보루각'
이라 하였다. 동쪽 간[東欄] 사이에 자리를 두 층으로 마련하고 3신이

위에 있어, 시時를 맡은 자는 종을 치고, 경更을 맡은 자는 북을 치며, 점點을 맡은 자는 징[鉦]을 친다. 12신은 아래에 각각 신패辰牌를 잡고, 사람이 하지 아니하여도 때에 따라 시각을 알린다."383

《세종실록》의 기록이다. 여기서 말하는 새 누기가 바로 '보루각 자격루'이다. 자격루(또는 禁漏)는 1433년(세종 15) 9월경에 그 대체가 완성되었다. 장영실에게 호군護軍의 관직을 더해 주도록 하면서 세종이 한 말을 보면, "이제 자격궁루自擊宮漏를 만들었는데 비록 나의 가르침을 받아서 하였지마는, 만약 이 사람이 아니더라면 암만해도 만들어내지 못했을 것이다"라 하였다. 또 "원나라 순제 때에 저절로 치는 물시계가 있었다 하나, 만듦새의 정교함이 아마도 영실의 정밀함에는 미치지 못하였을 것이다. 만대에 이어 전할 기물을 능히 만들었으니 그 공이 작지 아니하므로 호군의 관직을 더해 주고자 한다"384고 하였고, 김빈의 명문銘文에도 "하늘과 어긋나지 아니하여, 참으로 귀신이 있어 지키는 것 같았으니, 보는 자가 놀라고 감탄하지 않는 자가 없었다. 실로 우리 동방의 전고에 없는 거룩한 제도이다"385라며 극찬하였다. 이처럼 자격궁루는 세종의 가르침과 장영실의 공교한 솜씨가 합쳐져 만들어진 것으로 만듦새의 정교함이 뛰어나 "만대에 이어 전할 기물"386이라고 칭송을 아끼지 않았다. 이처럼 자격루는 시간 측정사에 길이 빛날 당대 최고의 창조적 기계였다.

그런데 단지 만듦새의 정교함만이 자격루의 창조적 가치일까?

자격루에 담긴 뜻, 경천애민敬天愛民

앞서 보았듯이 세종 때는 의표창제 사업을 통해 수많은 천체 관측 및 시간 측정 기구들을 만들었다. 보루각 자격루도 그중 하나였다. 보루각 자격루? 언제 들어본 적은 있는데 …, 아! 그 물시계! 조금 연식이 된 분들은 배춧잎(속칭 만 원권)에 그려져 있던 물시계를 기억할 것이다. 이미 구권이 되어 버렸지만, 2007년까지 사용했던 만 원권을 보면, 세종대왕과 나란히 물시계가 그려져 있었다.

그런데 그 물시계는 물시계 전체가 아니고 파수호와 수수호로 자격루의 누기 부분이다. 정작 자격루가 되려면 별도의 기계장치가 있어야 하는데 지금 남아 있지 않다. 그래서 흔히 그 일부만을 놓고 자격루로 오해하곤 한다.

'자격루自擊漏', 스스로 자自, 부딪칠 격擊, 샐 루漏. 이때 루는 물시계를 뜻한다. 한자 말의 뜻을 풀어보면, 자격루는 "스스로 부딪치는 물시계"란 뜻이다. 그게 뭘까? 시각을 알려주는 기능은 매우 중요했다. 그런데 사람이 하는 일이 다 보니 자주 착오가 생

물시계와 경회루가 있는 옛 만 원권의 앞면과 뒷면
국립민속박물관 제공.

겼다. 이 때문에 담당자가 처벌을 받는 등 어려움이 따랐다. 이미 태종 때 "시간을 알리는 누수漏水, 즉 물시계가 틀리므로, 서운감정 유당柳塘을 의금부에 가두었다."387라는 기록이 보인다.

세종의 말을 빌리자면 "옛날에는 책력을 만들되 차오差誤가 있으면 반드시 죽이고 용서하지 않는 법이 있었다"고 하면서 다만 "이제부터 일식·월식의 시각과 분수가 비록 추보한 숫자와 맞지 않더라도 서운관으로 하여금 모두 기록하여 바치게 하여 뒷날 고찰에 대비토록 하라"388고 하여 착오를 바로잡으려 하였다. 세종은 이미 쓰고 있는 물시계인 경점기更點器가 정밀하지 못해 이것을 지키는 사람들이 시각을 알리는 데 착오가 있으면 중벌을 면치 못한다는 것을 항상 염려하였다.

아니나 다를까, 시간을 알리는 데 자꾸 문제가 생겼다. 예를 들면, 병조에서 아뢰기를 "구름과 안개가 있는 날에는 종소리를 듣지 못하여 여닫는 시간을 잃어서 사람과 물건이 드나드는 데 지장이 있을 뿐 아니라, 문을 파수하는 자가 거개 죄를 받는 일이 많아 매우 옳지 못하오니, …"389라 하듯이 시간을 알리는 데 어려움이 컸다.

성군 세종이 이를 그냥 보고만 있을 리는 없었다. 이 문제의 해결을 위하여 "임금이 또 시간을 알리는 자가 차착差錯됨을 면치 못할까 염려하여, 호군 장영실에게 명하여 사신목인(司辰木人, 시각을 알리는 나무인형)을 만들어 시간에 따라 스스로 알리게 하고, 사람의 힘을 빌리지 아니하도록 하였"다.390 새 물시계를 만들되, 정확한 것은 물론 자동으로 해서 사람의 힘을 빌리지 않도록 하라는 것이었다. 그래서 만든 게 자동시보장치, 스스로 부딪치는 물시계, 자격루였다.

장영실은 자격루를 만들어 "시간을 맡는 목인 3신神과 12신을 만들어 닭과 사람의 직책을 대신하게 하였다.", "목인을 만들어서 수직守直을 아니 쓰네"라는 말처럼 "시각을 맡은 나무 인형을 만들어 물시계를 지키는 관리의 노고를 덜어주도록" 만든 것이 바로 자격루였다. 김빈이 쓴 명문에는 이를 "동편 간[東楹]에는 3신이 위에 있어, 종과 북과 징 하나씩을 나누어 가지고서 닭의 울음 대신하니, 그 소리 질서 있네. 아래에는 12신이 신패辰牌를 가지고서 평륜면平輪面에 둘러 있어, 번갈아 오르면서 시간을 알리도다"391라고 하였다. 12시진에는 종을 치고, 야간의 5경에는 북을 치며, 매경마다 5점에는 징을 쳤다. 이것을 '자격自擊'이라 불렀다.

이 자격루는 1434년(동 16) 6월부터 수시력법에 따라 운용하였다. 이 누각漏刻의 경점更點392에 따라 인정人定과 파루罷漏의 시간을393 정하기로 하였고, 이를 7월 1일부터 적용하였다. 이 누기漏器에 대한 상세한 구조와 원리 및 보관 장소, 누기 명 등에 대한 기록이 잘 남아 있어 그 대체를 짐작할 수 있다.

자격루는 파수호 4개와 수수호 2개로 구성된 누기, 부전浮箭과 방목方木 등이 한쪽에 있고, 접속통로, 동통銅桶 및 철환방출鐵丸放出 기구로 이루어진 동력전달장치를 가운데, 그리고 다른 한쪽에 12시 시보장치, 경점 시보장치 등을 두는 구성으로 되어 있다. 누기 부분에서 일정한 간격으로 동력전달장치를 통해 크고 작은 쇠구슬을 시보장치로 보내주면 그 구슬이 굴러가면서 목인, 즉 나무인형들을 건드려 시간을 자동으로 알려주도록 만들었다.394

1434년(동 16) 7월 1일부터 자격루를 표준 시계로 삼아 자격루가 표시하는 시각에 맞추어 밤과 새벽을 알리는 종을 쳤다. 이것은 자격루가 한양 시준의 일출입 시각과 주야각에 따라 밤 시간을 측정하였으며 나아가 자격루가 알려주는 시각을 전국의 표준으로 삼았다는 의미이다. 자격루의 설치와 실용은 조선 전기 역산 연구의 성과를 상징하는 것이었다.

한글 창제라는 위대한 업적이 있지만, 그 밖에도 세종처럼 유교적 민본의식을 잘 발휘한 왕도 없다. 세종은 "백성은 나라의 근본이니, 근본이 튼튼해야만 나라가 평안하게 된다[民惟邦本 本固邦寧]"라고 온 나라에 천명하였다. 《용비어천가》에서는 "성신聖神이 있으셔도 하늘을 공경하고 백성을 위하여 힘쓰셔야[敬天勤民] 나라가 더욱 군어질 것이다"(125장)라고 하여 민본, 위민의 뜻을 더욱 분명히 하였다.

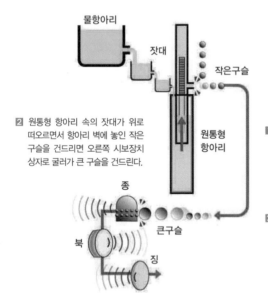

물항아리

잣대

작은구슬

2 원통형 항아리 속의 잣대가 위로 떠오르면서 항아리 벽에 놓인 작은 구슬을 건드리면 오른쪽 시보장치 상자로 굴러가 큰 구슬을 건드린다.

원통형 항아리

1 큰 항아리의 물을 일정속도로 배수관과 작은 항아리를 거쳐 긴 원통형 항아리 안으로 흘려보낸다.

종

큰구슬

북

징

3 큰 구슬이 상자 내부에서 움직이면서 상자 위쪽의 인형이 종, 북, 징을 울린다. 2시간마다 울리는 종소리는 자시, 축시, 인시 등의 12지시를 알리고, 북소리는 밤시간인 1경, 2경 등의 5경을 알린다.

자격루 작동 원리. 문화재청 제공.

자격루 재현, 국립고궁박물관 제공.

군주가 민생 안정을 최고의 국정 목표로 삼고 정치를 운영하고 있음을 상징하는 언어가 '경천애민[하늘을 공경하고 백성을 사랑함]'이었고, 그것이 천문역산학 분야와 연결될 때 '역상수시'로 나타났던 것이다.[395] 자격루는 경천애민의 정신이 역상수시의 측면에서 발현한 구체적 성과였다.

자격루 시간의 전달

보루각 자격루가 만들어지고 난 1434년(동 16)에는 광화문에 종을 달아 자격루에서 울리는 시보를 받아치게 하였다. 궁중의 자격루 소리를 광화문에까지 전달하는 체계는 다음과 같았다.

경회루의 남문과 월화문月華門 · 근정문勤政門에 각각 금고金鼓를 설치하고, 광화문에 대종고大鍾鼓를 세워서, 당일 밤에 각 문의 쇠북을

맡은 자가 목인의 금고 소리를 듣고는 차례로 전하여 친다. 영추문迎
秋門에도 큰 북을 세우고, 오시에 목인의 북소리를 듣고 또한 북을 치
고, 광화문의 북을 맡은 자도 전하여 북을 친다.[396]

최소한 경복궁 주위에라도 자격루가 측정한 정확한 시각을 타종으
로 알리고자 한 것이었다.

그 후 3년이 지난 1437년(동 19) 6월 28일, 보루각에 새 누기를 놓고
서운관생으로 하여금 번갈아 입직하여 감독하게 했는데, 의정부에서
는 보루각의 자격루에서 측정된 표준 시각을 광화문을 넘어 서울의 중
심인 종루로 연결시키는 획기적인 방법을 다음과 같이 제안하였다. 의
정부에서 아뢰기를,

> 국초에는 사방으로 통하는 거리에 종루를 두고 의금부의 누기를 맡
> 은 사람으로 하여금 시각을 맞추어 밤과 새벽으로 종을 쳐서, 만백성
> 의 집에서 밤에 자고 새벽에 일어나는 시기를 조절하게 하였으나, 그
> 누기가 맞지 아니하고, 또 맡은 사람의 착오로 인하여 공사간公私間
> 의 출입할 때에 이르고 늦은 실수가 매우 많으므로 심히 불편하오니,
> 원컨대, 병조 장문兵曹墻門(현 세종문화회관 근처)과 월차소 행랑月差所行
> 廊(현 광화문 네거리)과 수진방壽進坊 동구洞口의 병문屛門(현 광화문 우체
> 국 건너편)에 집을 짓고 모두 금고(金鼓, 북과 징)를 설치하여 궁중의 자
> 격루 소리를 듣고, 이것을 전하여 종을 쳐서 의금부까지 이르게 하여
> 영구히 항식으로 삼게 하옵소서.[397]

복원된 현재의 종루

한양 도성의 한 가운데 있는 종루의 종은 도성민들의 일상을 위한 시계 역할을 하였다. 현재의 이름은 보신각인데 종각으로 더 많이 불린다. 조선 태조년간에 최초 건립되었다가 1440년(세종 22)에 고쳐 지었다. 임진왜란 때 소실, 1619년(광해군 11)에 1층의 종각으로 다시 지었다. 1869년(고종 6)에 불타고, 1895년(고종 32) 보신각이라는 현판을 걸었다. 6·25전쟁 때 폭격으로 또 부서졌다. 현재의 건물은 1979년에 새로 지었다. 이곳에서 매년 12월 31일에 '제야의 종소리' 타종행사가 열린다. 문화재청 제공.

옛 보신각 모습

이 사진은 고종 때의 것으로 고종 때 '보신각'이라는 현판을 건 후부터 이 이름이 붙었다. 6·25전쟁 때 완전히 소실되었다가 1953년 바로 복구하였다. 그후 옛 종루의 모습으로 복원하면서 사라졌다. 국립중앙박물관 제공.

1536년(중종 31) 만들어진 보루각 자격루 이는 자격루의 일부로 〈창경궁 자격루〉란 이름으로 국보 제229호 지정되어 국립고궁박물관에 소재하고 있다. 국립고궁박물관 제공.

라 하였다. 그때까지 종루의 시간은 근처에 있는 의금부의 누기를 따랐는데, 그 누기가 정확도도 떨어지고 맡은 사람의 착오로 인하여 공사 간의 출입에 이르고 늦는 실수가 매우 많았었다. 이에 경복궁에서 종루에 이르는 거리 곳곳에 북과 징을 설치하여 자격루의 소리를 의금부까지 직접 전하고 이를 받아 종루의 종을 치도록 제안하였다. 이는 그대로 받아들여졌다.

종루는 서울 도성의 한 가운데에 있다. 지금 보신각종이 있는 그 자리다. 권근이 종루종명서문鐘樓鐘銘序文에서 "이 종을 도성 큰 거리에서 새벽과 저녁에 두드리고 쳐서 백성들이 일하고 쉬는 시간을 엄하게 하니 종의 쓰임새 또한 큰 것이다"라 함에서 알 수 있듯 종루는 처음부터 도성 민들의 일상을 위한 시계 역할을 하고 있었다.

여기에 보루각 자격루가 시각을 제공하였다. 보루각 자격루는 시時, 경更, 점點의 단위로 종, 북, 징의 시보를 울렸다. 이렇게 자격루 소리는 광화문을 거쳐 종루에까지 이르러 종을 치게 함으로써 도성 전체에 어김없이 시각을 전달하였다. 이때 채택된 제안은 임진왜란 중에 모든 시설이 불타 없어지기 전까지 그대로 준수되었다.[398]

1908년 4월 1일, 일본이 대한제국의 국권을 거의 다 빼앗은 상태에서 통감부령으로 보신각의 타종을 멈추게 하고 오포午砲만 쏘게 했다. 이로써 500년을 내려온 종루 종소리는 듣지 못하게 되었다. 오포는 나중에 다시 사이렌으로 바뀌었다.

1945년 8·15 광복과 동시에 사람들은 보신각에 달려가 종을 쳤다. 해방은 그 존재 의미를 잃어버렸던 보신각종의 소리를 되찾는 데서 시작하였다. 그 이듬해 3·1절 기념행사에서도 보신각종을 치면서 감격을 함께 하였다. 지금은 제야의 종소리가 되어 온 국민이 새로운 한 해를 맞는 기쁨을 함께 누린다. 여전히 시간을 알릴 뿐만 아니라, 거기에 덧붙여 전 국민을 종소리 하나로 일체감을 느끼게 하고 있다.

사람을 먼저 생각하는 자격루

1536년(중종 31) 보루각을 다시 만들면서 논의되었던 말들을 보면, 자격루에 담겨 있는 '자격'의 창조성과 경천근민의 정신이 이어지고 있었음을 알 수 있다. 보루각이 새로 만들어지자 중종이 "내가 어찌 보고 싶지 않겠는가?"라 하여 친히 찾아보기로 하였다. 이에 영상과 좌상인 김근사와 김안로가 아뢰기를

> 세종께서 거룩한 슬기로 특별히 창작하신 것으로, 만든 의도는 옛 조상들의 뜻과 같지만 그 방법의 신묘함은 어느 때보다 훌륭하였습니다. 이것은 시간만을 편리하게 알려줄 뿐 아니라 하늘을 공경하고 백성의 일에 부지런하다는 의의도 내포되어 있으니 참으로 백성을 다스리는 도리에 관계가 있습니다. 그러나 옛 제도가 세월이 오래됨에

따라 와전되어 진실을 잃을까 두려워서 다시 새 보루각을 만들었습니다. 그리하여 거룩하신 세종께서 만드신 제도의 오묘함을 후세에 길이 전하는 것이 바로 그 뜻을 이어받고 발전시키는 참뜻입니다.[399]

라 하였다. "저절로 울려서 시간을 알리는 제도", 즉 자격루는 세종의 성지聖智로부터 창출한 것임을 강조하고 있으며 보루각을 다시 만든 것은 바로 그 뜻을 잇고자 하는 데 있음을 말하고 있다.[400]

무슨 목적에서 과학기술을 개발할 것인가? 거기에 인문정신이 있는 것이다. 생각을 못 해 그렇지, 생각만 하면 못 만드는 기술은 없다는 말도 있다. 물론 그 기술이 새로운 것일 뿐만 아니라 인류를 위한 것이어야 한다. 창의성이란 '독창적이고 가치를 지닌 결과물을 낳는 상상력의 과정'이라고 한다. 그저 새롭다고 창의적인 것은 아니다. 인류에게 유용한 결과물이어야 한다. 그런 점에서 사람을 먼저 생각한 자격루야말로 창의의 백미였고 참된 인문정신의 발현이었다.

창의성의 집합, 조선의 천문시계

천문시계, 그 시작은 늦었지만 꽃을 피우다

천문시계는 천구의 입체 모형인 혼의渾儀나 혼상渾象에 시계 장치를 결합하여 천체의 운행을 기계적으로 재현하며 시간을 알리는 장치였다. 동아시아에서는 천체의 운행에서 시간 측정의 기준을 구하려 했기 때문에 애초부터 혼의나 혼상을 이용해 입체적으로 천체의 운행을 재현하고자 하였다.[401] 따라서 시계 장치가 천문시계로 나타나게 된 것은 자연스런 결과였다.[402]

중국에서는 1086~1089년 사이에 북송의 소송·한공렴이 수운의 상대水運儀象臺를 제작하였다. 이는 대형 천문시계로 혼의를 이용하여 천체의 운동을 자동으로 추적하게 하였다. 3층으로 되어 있는데, 3층

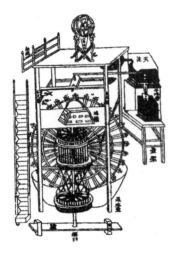
원의 소송이 제작한 수운의상대의 그림
으로 그의 책에 들어있다.

에는 천체를 관측하는 기구인 혼의, 2층에는 천체의 회전과 별자리의 위치를 관측하는 혼상, 1층에는 시간을 자동으로 알려주는 시보장치이자 물의 힘으로 움직이는 동력 기구인 사진司辰을 각각 설치하였다. 수운 구동 장치가 혼천의에 포함된 것은 이때부터였다. 소송의 저서인《신의상법요新儀象法要》에 관련 기록이 전한다.

그 후 원나라가 중국을 통일한 1276년을 전후하여 곽수경이 대명전 앞에 수운계시기로 등루燈漏를 새로 세웠다. 그러나 여기에는 혼의나 혼상이 포함되지 않았기 때문에 천문시계는 아니었다. 1279년(지원 16)에 이르러 다시 곽수경 등이 세운 태사원太史院 영대靈臺의 2층에 천문시계인 수운혼천을 안치하였다. 이를 통해 중국 천문시계의 전통을 한 번 더 되살렸다. 그러나 거기까지였다. 원의 멸망과 함께 태사원의 의기들도 황폐해졌다. 원 순제의 궁루로 추정되는 수정각루의 파쇄사건 이후 중국에서는 이전의 전통을 이을만한 천문시계가 제작되지 않았다. 중국에서 천문시계는 아예 역사의 이면으로 사라져 버렸다.403

세계 최초이자 최고의 기술을 보여주었던 북송과 원대의 천문시계 전통은 이후 명이나 청에 전해진 것이 아니라, 조선에 고스란히 전수되어 오히려 이 땅에서 완성의 꽃을 피웠다. 그 시작은 역시 세종 때였다. 1430년대 후반에 지어진 경복궁 간의대의 소각小閣은 한동안 끊어졌던 동아시아 천문시계의 전통을 계승하는 동시에 원대 혼천의 제도를 한 단계 발전시켰다. 이후 동아시아에서 가장 늦게까지 지속적으로 중수하고 개작하였다.

이제 조선에서 부활하여 꽃을 피운 천문시계의 역사를 따라가 보자. 천문시계는 수운혼천에서 수격식을 거쳐 추동식 천문시계로 진화하였다. 수운혼천 그리고 이어서 흠경각루에 대하여 먼저 알아보기로 하자.

조선 초의 천문시계, 간의대 수운혼천의 창제

조선에서 최초로 건립된 천문시계는 세종대 간의대簡儀臺에 부속되었던 수운혼천水運渾天이었다. 승지 김돈이 지은 〈간의대기〉를 보면,[404] 1432년(세종 14) 7월경에 세종이 예문관제학 정인지, 대제학 정초 등에게 간의를 만들어 북극이 땅 위에 나온 높낮이를 정하도록[定北極出地高下] 명하였다. 이와 관련하여 이듬해인 1433년(동 15) 6월에 정초 · 박연 · 김진 등이 새로 만든 혼천의를 올렸고, 그해 8월에 대제학 정초 · 지중추원사 이천 · 제학 정인지 · 응교 김빈 등이 또다시 혼천의를 올렸다. 이것이 조선에서 최초로 제작된 천문시계, 즉 혼천의였다. 이는 혼의渾儀 · 혼의기渾儀器 · 선기옥형璇璣玉衡 등으로도 불렸다.

〈간의대기〉의 이어지는 부분을 보면, 혼의에 대하여

간의를 만들어 경회루 북쪽에 돌을 쌓아 대를 쌓아 그 위에 놓았다.
… 서쪽에 작은 집을 세우고 혼의와 혼상을 놓았는데 혼의는 동쪽에,

혼상은 서쪽에 두었다. … 혼의의 제도는 역대에 같지 아니하나 …
노끈으로 해를 얽어 황도에 매고, 매일 1도씩 물러나서 행하여 하늘
의 행함과 합하였다. 물을 이용하여 기계가 움직이는 공교로움은 숨
겨져서 보이지 아니한다.

라고 하였다. 이때 혼의의 제도가 역대의 것과 다르다고 하면서 "노끈
으로 해를 얽어 황도에 매달았다"는 점과 "물을 이용하여 자동 운행하
도록 하였다"는 점을 들었다. 간의대에서 간의는 관측용으로 설치되었
는 데 반해, 혼천의는 중국의 천문시계의 뒤를 이은 수운혼천으로 설치
되었다고 보았다. 간의와 서로 어울려 관상수시의 옛 뜻을 실천하고 있
다고 보았다.

　기왕의 중국 천문시계에서는 혼상을 이용하여 항성에 대하여 상대
적인 움직임이 있는 칠정의 운행을 재현하는 것이 통상적이었으나, 간
의대 수운혼천에서는 이런 방식에 큰 변화가 있었던 것으로 추정된다.
당 개원(開元, 713~741)년간의 제도에서는 단순히 일월의 형상을 혼상에
매달기 위하여 끈[繩]을 활용하였다면, 조선의 혼의에서는 노끈으로 해
를 얽어 황도환에 매달아 해를 자동으로 이동시키는 수단으로 사용했
다고 해석할 수 있다. 이로써 간의대의 수운혼천이 혼천설을 보다 완전
하게 구현할 계기가 되었다. 그때까지 중국의 천문시계에서는 일월 오
성의 자동 운행을 한 번도 구현하지 못하였는데, 이를 조선의 간의대
수운혼천에서는 적어도 해의 운행을 실현했던 것이다. 기계적 구현의
창조적 면모를 잘 보여주고 있다. 이는 현종대의 혼천시계가 달의 자동
운행기구까지 완비하는데 중요한 기초가 되었을 것으로 보고 있다.[405]

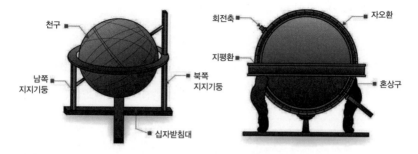

혼상

일종의 천구의天球儀로 하늘의 별들을 보이는 위치 그대로 둥근 구면에 표시한 천문기기이다. 별이 뜨고 지는 것, 계절의 변화와 시간의 흐름을 측정할 수 있다. 문화재청 제공.

적도단환
하늘의 적도 방향으로 향한
단환으로 28수가 새겨져 있음

삼신의 흑쌍환
황도환과 적도환을
지지하며 운행

황도단환
24기와 28수가 새겨져 있고
적도환과 23.5도 어긋남.
태양은 1일 동안 황도단환 상
에서 약 1도씩 동쪽으로 운행

백도단환
달이 운행하는 환으로
황도와 약 5도 어긋남

천경흑쌍환
하늘의 남북방향으로 향한
쌍환으로 지평환과 수직

천위전단환
하늘의 적도 방향으로
향한 단원으로 지평환과
52.5도의 각도를 이룸

지평환
24방위가 표시되어 있음

지구의

월운환
백도단환 안쪽에 장치한
달운행장치를 운행

혼천의 정면도

혼천의渾天儀, 또는 선기옥형璇璣玉衡이라고도 불린다. 세 겹의 동심구면으로 되어 있는데 바깥에서 안쪽으로 각각 지평환地平環·자오환子午環·적도환赤道環으로 이루어져 있다. 문화재청 제공.

흠경각 옥루, 천상시계

김돈의 〈간의대기〉는 이어서 보루각 자격루와 흠경각 옥루에 대한 소개를 덧붙이고 있다. 그 내용으로 보아 수운혼천과 자격루의 제도가 복합된 것이 흠경각 옥루라고 할 수 있겠다. 흠경각의 제도는 화재와 전란으로 소실과 중창을 거듭하였으며, 1656년(효종 7)에 이르러 철폐될 때까지 세종의 성지가 담긴 왕조의 보기寶器로서 중요시되었다. 이어서 흠경각 옥루에 대해 살펴보자.

흠경각은 "대호군 장영실이 건설한 것이나 그 규모와 제도의 묘함은 모두 임금의 결단에서 나온 것"이었다는 기사처럼[406] 여기에도 세종의 창의성이 발휘되었다. 의표창제 사업을 통해 대소간의 · 혼의 · 혼상 · 앙부일구 · 일성정시의 · 규표 · 금루 같은 모든 의기들을 지극

흠경각 옥루
국립중앙과학관 윤용현 박사가 복원해 전시한 '흠경각 옥루'. 국립중앙과학관 제공.

히 정교하게 만들었다. 그런데 이 기구들을 후원에 설치하다 보니 그때 그때 살펴보기가 어려웠다. 이에 경복궁 내 왕의 침전인 강녕전에 가까운 천추전千秋殿 서쪽 뜰에다 한 칸 집을 세워 이 의표들을 한곳에 모아 두게 하였다. 그 집이 흠경각이었다. 집 이름을 흠경이라 한 것은《서경》〈요전堯典〉 편에 "공경함을 하늘과 같이하여, 백성에게 절후를 알려 준다[欽若昊天, 敬授人時]"는 데서 따온 것이었다. 이때가 1434년(세종 16)이었다.407

이렇게 각별히 왕의 침전 곁에 따로 집을 짓기까지 해서 갖추려 했던 기구가 무엇이었을까? 그건 바로 옥루였다. 1438년(동 20)이 되면

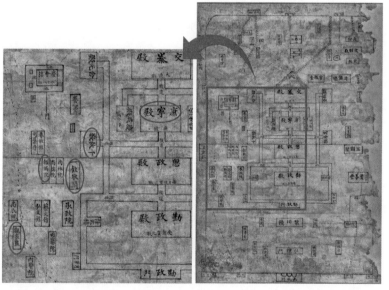

〈경복궁도〉중 흠경각 주변
흠경각 주변 관련 시설을 좌측에 확대하여 붉은 원으로 표시하였다. 좌측부터 관상감, 보루각, 흠경각이 있고, 그 우측에 천추전과 강녕전이 보인다. 흠경각이 얼마나 중요한 자리를 차지했는지 한눈에 알 수 있다. 서울역사박물관 제공.

"흠경각이 완성되었다"는 기사가 나오는데, 이는 흠경각이란 건물보다는 그 안에 놓인 옥루가 완성되었다는 뜻으로 보인다. 옥루는 흠경각루라고도 하는데 자격루를 한 단계 더 발전시킨 천상시계였다. 보루각 자격루나 흠경각 옥루 모두 장영실의 솜씨였다. 당연히 후자가 전자를 발전시킨 것이었다.

흠경각의 완성에 맞추어 김돈이 지은 기문을 보면, 흠경각 옥루의 독창성이 어디 있는지 잘 알 수 있다. 즉

> 대저 당·우 시대로부터 측후하는 기구는 그 시대마다 각자 제도가 있었다. 당·송 이후로 그 법이 점점 갖추어져서 당나라의 황도유의黃道遊儀·수운혼천과 송나라의 부루표영浮漏表影·혼천의상渾天儀象과 원나라의 앙의·간의 같은 것은 모두 정묘하다고 일렀다. 그러나 대개는 한 가지씩으로 되었을 뿐, 겸해서 생각하지는 못했으며, 운용하는 방법도 사람의 손을 빌린 것이 많았다.408

라 하였다. 중국의 옛 측후기구들이 비록 정묘하다고 하여도 각각 한 가지 기능에만 머물러 있었을 뿐, 두세 가지 기능을 겸해서 생각할 줄 몰랐고, 또 사람 손을 빌린 것이었음을 지적하였다. 그런 다음 흠경각 옥루의 특징을 다음과 같이 썼다.

> 지금 이 흠경각에는 하늘과 해의 도수와 해시계·물시계의 시각이며, 또는 사신四神·십이신十二神·고인鼓人·종인鍾人·사신司辰·옥녀玉女 등 온갖 기구들이 차례대로 함께 갖추어져 있고, 사람의 힘

을 빌리지 않고도 저절로 치고 저절로 운행하는 것이 마치 귀신이 시키는 듯하였다. 보는 사람마다 놀라지만 그 연유를 헤아리지 못하며, 위로는 하늘 도수와 털끝만큼도 어긋남이 없으니 이를 만든 규범이 참으로 기묘하다 하겠다.[409]

라 하였다. 즉 천체 관측을 위한 의상과 시각을 측정하는 해시계·물시계를 합쳤고, 자격루의 기구들을 활용하여 사람의 힘을 빌리지 않고도 저절로 움직이게 했음을 강조하였다. 이처럼 흠경각 옥루의 창의적 핵심은 바로 혼천의와 물시계를 융합하고 거기에 자동시보장치를 덧붙인 것이었다. 쇠구슬을 사용하여 인형을 작동하는 자격루의 장치는 흠경각 옥루에도 전승되었다. 게다가 옥루는 해가 뜨고 지는 모습을 모형으로 만들어 시간, 계절을 알 수 있고 천체의 시간, 움직임도 관측할 수 있는 장치였다. 말하자면 천체의 운행을 재현해 주는 천체 모형을 만들어 놓은 천상시계였던 것이다. 결국 옥루는 자격루보다 한 걸음 더 나간 본격적인 수운혼천시계였던 것이다. 동력을 얻는 방식도 보루각 자격루의 수루식과는 달리 수차를 이용한 수격식을 적용하였다. 1435년(동 17) 경에 완성되고 구동 중이던 것을 1438년 흠경각에 간의대 수운혼천의 제도를 업그레이드하여 옥루라는 형태로 구현했던 것으로 보인다.

이후 1548년(명종 3)에 관상감에 명하여 혼천의를 만들어 홍문관에 두게 하였다. 10월에 명이 내려졌고 다음 해 정월에 준공되었다. 또 1550년(동 5)에는 종묘 동구의 앙부일구와 창경궁의 보루각 그리고 흠경각을 개수하는 작업을 진행하였다. 이처럼 흠경각은 계속 관리하면서 이어갔다.

그러다 뜻밖에도 1553년(동 8) 9월, 경복궁에 큰 화재가 나 강녕전, 사정전과 함께 흠경각이 모두 불타 버렸다. 이에 조정에서 그 복구를 논의할 때의 사정을 기록한 《명종실록》의 기사를 보면, 영의정 심연원이

이번 화재로 정전正殿만 불탄 것이 아닙니다. 흠경각은 바로 세종의 성지로 창건한 것인데,【일성日星과 사시四時의 변화가 모두 갖추어져 신묘하기 이를 데 없었다.】모조리 불타 버렸으니, 이보다 가슴 아픈 일이 없습니다. 그러나 근자에 교정校正하는 관원과 장인匠人이 모두 있으므로, 신은 (좌의정) 상진과 함께 의논하여 그 양식을 따라 다시 창건하고자 합니다.

라 하여 옛 모습대로 다시 창건할 것을 건의하였다. 이에 명종도 지난 제도에 따라 재건하도록 하였다. 이때 흠경각이 세종의 성지로 창건한 바라 하면서 사신이 덧붙이기를 "일성日星과 사시四時의 변화가 모두 갖추어져 신묘하기 이를 데 없었다"라고 하였고, 또 심연원은 "근자에 교정하는 관원과 장인이 모두 있"어 옛 모습대로 다시 창건할 수 있다고 하였다. 이를 보면, 흠경각 옥루의 우수성은 여전히 높은 평가를 받고 있었으며 체계적으로 잘 관리되어 내려오고 있었음을 알 수 있다.

흠경각의 기본 골격[초양, 草樣]이 이루어진 것은 그해 12월이었다. 그 내용을 보면 다름 아닌 옥루를 재건하는 것이었는데 옥루가 매우 정교한 것이라 이를 복구할 수 있을지 우려했지만, 초양이 이루어지면서 성공할 수 있음을 확인했다고 되어 있다.[410] 이듬해 4월에는 복구공사가 마무리되었고, 9월에 이 공사를 감수한 흠경각 관원들을 위해 연회

를 베풀었다.411 여기서 말하기를 "세종께서 창건한 흠경각도 함께 타버려 신묘한 그 제도를 다시 볼 수 없으므로 못내 통한스러웠는데, 경들이 성심으로 조치를 하여 일년[期年]이 못되어 그전대로 조성했기에 매우 아름답고 기쁘게 여긴다."412라 하였다. 흠경각을 여전히 신묘한 제도로 평가하면서, 아울러 1년이 채 안 되는 짧은 기간 내에 복구 완료했음을 치하하였다. 이는 그만큼 흠경각 옥루에 대한 관심이 지대했음과 더불어 짧은 기간 내에 이를 복구할 만한 역량을 유지하고 있었음을 보여주는 기록들이다.

국가 재조再造와 선기옥형

명종대에 화재를 만나 불타버렸던 흠경각을 1년도 채 안 되어 재건하였지만, 임진왜란 중에 다시 불타버렸다. 또 세종 때 만든 천문관측용 의상들의 여벌[부본, 副本]을 사각史閣에 보관하여 전해왔는데 그것들도 아쉽게 전쟁 통에 모두 타버렸다. 그 후 10년이 지난 1601년(선조 34)에 영의정 이항복이 중수의상서重修儀象序에 이르기를,

> 신 이항복이 본국本局의 책임을 맡게 되었는데 오래도록 의상의 제도가 전해지지 못한 것을 걱정하던 차에 우연히 옛 간의와 다리[趺] 그리고 늙은 기술자 두 사람을 얻게 되어서 사각史閣의 기록을 참고하여 옛 제도를 회복하기를 아뢰었더니, 임금께서 특별히 이를 허락하였다. 그러나 처음처럼 새로 만들어야 하는 이 시점에서 일은 크고, 힘은 많이 든다. 그래서 먼저 것 중에 가장 정밀해서 만들기 어려운

것부터 만들었다. 물시계[漏器] · 간의 · 혼상 같은 것은 후세의 사람들에게 그 법식이 되게 하였다. 그밖의 규표 · 혼의 · 앙부 · 일성정시의 등의 기구는 모두 만들 겨를이 없었다.[413]

고 하였다.

전쟁이 끝나 얼마 지나지 않았을 때인데 무엇보다 먼저 의상의 제도를 회복하려고 애씀을 볼 수 있다. 이는 국가 재조라는 전후 복구 사업에서 역상수시와 관련된 의상제도의 복구는 빼놓을 수 없는 명분이었기 때문이다. "광대한 하늘을 공경히 따라 삼가 백성들에게 생활에 필요한 절기를 나누어 준다"는 것은 여전히 유교적 왕정관의 요체였다. 그래서 1614년(광해 6)에 이충이 감독하여 흠경각은 창덕궁 서린문 안에, 보루각은 시강원 동쪽에 각각 다시 세웠다. 다만 이때 옥루나 자격루가 복원되었는지는 불분명하다.

시간이 흐르면서 천문시계에 대한 역량은 점차 떨어져 갔다. 1628년(인조 6) 인조가 부제학 정경세와 나눈 대화를 보자.

(인조가) "선기옥형에 대해서는 잘 아는 자가 없었는데 경에게 물어보고 싶다."

하니, 경세가 아뢰기를,

"신이 서생 때부터 연구했으나 아직까지 이해하지 못하고 있습니다. 이것은 성인께서 깊이 생각하셔서 만든 것이니, 결코 범상하게 연구해서 알 수 있는 것이 아닙니다."

하였다.414

이런 대화에서 선기옥형에 대한 기술의 전달이 끊겨 있었음을 엿볼수 있다. 그러다 보니 1655년(효종 6) 12월에는 김육 등의 반대에도 불구하고 흠경각을 허물고 그 터에 만수전萬壽殿을 짓기로 정했다.415 그때까지는 세종조에 만든 일성정시의, 성종조에 만든 소간의, 전쟁 후복원된 보루각 자격루 등이 일부 전해오고는 있었다.416 그러나 아무래도 예전 같지 않았다.

그러나 역상수시는 결코 소홀히 할 수는 없는 일이었기에 1656년(동 7) 왕은 홍문관에 다시 선기옥형을 만들라고 명하였다. 이에 홍처윤이 만들어 올렸다. 그게 어떤 것인지는 분명치 않다. 홍문관에서는 이듬해에 이어서

> 김제군수(전 執義) 최유지崔攸之가 일찍이 기형璣衡 일구一具를 만들었고 물을 사용하여 스스로 작동하게 하였는데, 해와 달의 운행 도수와 해시계[時晷]의 느리고 빠름이 조금의 오차도 없어서 본 사람은 모두 정밀하고 완벽하더라고 하였습니다. 그 기계를 서울의 집에 두었다고 하니, 그가 임지로 떠나기 전에 관상감으로 하여금 천문을 웬만큼 이해하는 자 한 사람을 선발하여 가서 법을 배우게 하고, 아울러 상방(尚方. 상의원)의 솜씨 좋은 목공을 선발하여 그 제도를 모방하여 한 건을 만들어 본관에 보관하게 하소서.417

라 하니 왕이 따랐다고 하였다.

최유지가 만들었다는 선기옥형은 죽원자竹圓子라고 불렀다. 이는 양

난 이후 각종 천문의기가 유실된 17세기 중반에 세종대의 전통을 계승하여 새로운 형태로 제작된 수격식 혼천의였다. 조선 후기 제작되는 혼천의들의 원류격에 해당한다.[418] 이 죽원자에 대하여 위《효종실록》기사에서는 "조금의 오차도 없어서 본 사람은 모두 정밀하고 완벽하더라"고 극찬하며 한 건을 더 만들어 홍문관에 보관할 것을 청했다. 그리하여 최유지의 혼천의를 모방해 새로 만들어 누국漏局에 설치하였다.

그 후 1664년(현종 5) 3월에 성균관에서 "고쳐야 할 곳이 있다"고 하여 성균관으로 옮겨 여러 생도와 함께 바로잡게 하였다.[419] 그런데《현종개수실록》의 기사에 따르면,《현종실록》의 같은 기사에 이어 "(최)유지가 만든 혼천의는 만든 법이 엉성하였다. 우선 옆에다 누주漏籌를 장치하여 물을 따라 오르락내리락하게 하고 이를 실끈으로 혼천의 허리 부분에 매어 상하 운행의 기틀로 삼았는데, 간단하고 엉성해서 웃음이 날 정도였다"라는 기사가 덧붙여 있다.[420] 처음 만들어 올렸을 때는 "본 사람은 모두 정밀하고 완벽하다"고 평했던 혼천의가 불과 7년 만에 "간단하고 엉성해서 웃음이 날 정도"라고 비아냥댈 만큼 그 평가가 바뀌었다. 과연 그사이에 그만큼의 과학기술의 발전이 있었을까? 아마 정치적인 이유가 아니었을까 추측된다. 과학적 성과도 정치가 끼면 이렇게 되는가 보다.

이민철의 수격식水激式 혼천시계[421]

이처럼 최유지의 혼천의에 대한 평가가 엇갈리고 있었는데, 관련 기사에 붙여서 "그 후[422]에 송이영과 이민철로 하여금 각각 자신의 뜻에 따라 측후기를 개조하도록 하고, (개조하여) 올리자 그것을 궁중에 두었다"[423]라고 기록하고 있다. 혼천시계는 이제 송이영과 이민철의 손에 맡겨지면서 분명한 변화가 나타났다. 여기서 주목할 부분은 "각각 자신의 뜻에 따라 측후기를 개조[各以其意, 改造測候之器]"하게 하였다는 점이다. 왜 "각각 자신의 뜻"이란 표현을 썼을까? 여기에는 무슨 의미가 담겨 있을까?

1668년(현종 9)에 임금이 옥당의 감관에게 명하여 혼천의를 수리하게 하였고, 이듬해인 1669년(동 10) 5월에 "정밀하게 만듦으로써 도수가 차이 나지 않도록" 할 것을 다시 신칙하였다.[424] 이에 맞추어 좌주 송준길이 흠경각의 옛 제도 복구를 청했다. 그러자 임금이 이민철에게 명하여 채침蔡沈의 《서경》〈순전 주舜典註〉에 의거하여 구리를 부어서 혼천의를 만들게 하였다.[425] 이때 특별히 물의 힘으로 돌아가는 혼천의를 만들게 하였고 이를 홍문관이 감독하게 하였다. 또 송이영에게는 자명종을 만들어 올리게 하였다. 그리하여 그해 10월에 홍문관에서 이민철과 송이영이 각각 만든 혼천의와 자명종을 바쳤다. 이에 그 공을 인정하여 이민철은 가자加資하고 송이영에게는 실직을 제수하였다.[426]

이때 즈음하여 올린 김석주(金錫胄, 1634~1684)의 상언이 흥미롭다.[427] 이민철이 만든 혼천의가 《서전書傳》의 〈선기옥형〉 장章의 채침의 주註에서 인용한 혼천의설渾天儀說을 모방하여 만든 것이지만, 중요한 차이가 있음을 다음과 같이 밝히고 있다.

이 새 기계는 소위 백단환白單環으로 인하여 약간 변통시켜서 달이 운행하는 궤도를 만들어 삼신三辰의 제도를 갖추게 한 것인데, 이는 물항아리를 널빤지의 뚜껑 위에다 안전하게 설치하고 물이 구멍을 통해 흘러내려 통 안에 있는 작은 항아리에 흘러 들어가 번갈아 채워져 바퀴를 쳐서 돌리게 됩니다. 여러 날에 걸쳐 물을 채워서 법식에 따라 시험하여 보면 삼신의三辰儀의 환이 아울러 일제히 움직이며, 또 각각 그 기본 운행의 길을 따라 느리고 빠른 도수가 조금도 차질이 없습니다. 또 그 옆에 톱니바퀴를 설치하고, 겸하여 방울[鈴]이 굴러 내리는 길을 만들어서 아울러 시간을 알리고 종을 치는 기관이 되게 하였습니다.

하나는 달의 운행 궤도를 만들었다는 것과 다른 하나는 물의 힘으로 바퀴를 돌려 방울을 굴러내리게 함으로써 종을 치는 자동시보장치를 덧붙여 놓은 것이었다. 간의대 수운혼천에서는 일륜[태양]이 혼천의의 황도를 따라 자동으로 움직이도록 하였는데, 이민철은 한걸음 더 나아가 백도환白道環을 갖추어 달의 운행궤도로 삼되, 흑단환을 월운환月運環으로 용도를 바꾸어 일륜과 월륜이 29.5일마다 만날 수 있도록 하였다. 여기에 달의 영측(盈昃. 차고 기욺)을 재현하는 기구까지 더하여 달의 자동 운행을 구현해 냈다. 이로써 이때까지 어느 의기에서도 가능하지 않았던 삼신의의 제도가 이민철에 의해 드디어 완비되었다고 할 수 있다.[428] 이것은 제도의 전통을 최대한 지키되 이를 변통하여 일월의 자동운행이 가능토록 한 이민철의 솜씨로, 돋보이는 대목이라고 평가받고 있다. 이렇게 이민철의 혼천시계는 일월의 자동운행과 더불어 혼천 모형까지 완비하여 조선 천문의기의 역사에서 뛰어난 성취 중 하나가 되었다. 이는 동아시아 또는 세계의 천문시계에 비교하여도 그 완성

도에서 으뜸으로 인정받는 걸작이었다.[429]

1656년(효종 7)에 홍처윤 그리고 최유지가 만든 선기옥형에 뒤이어, 1669년(현종 10)에 이르러 이민철이 완벽한 혼천의 제작에 성공하였다. 이 혼천의는 수력으로 작동되는 수격식 혼천의로서 세종의 간의대 수운혼천과 보루각 자격루, 그리고 흠경각루의 기계시계 제작 전통을 훌륭히 혼융, 계승하면서 한걸음 더 나아가 창의적 변용까지 더하였다. 혼천의의 환環의 제도, 일월의 자동운행, 보시기구의 배열, 수격식 수동장치 등에서 큰 차이를 보이는 매우 독창적인 형태의 자격천문시계였다.[430]

그 후 1687년(숙종 13)에 임금이 최석정·이민철에게 선기옥형을 수리하도록 명하였다. 현종조에 이민철이 '창조'한 옛 혼천의가 중간에 폐지하여 사용하지 않은 지 오래되었는데 최석정이 수리할 것을 건의하자 이에 임금이 이민철에게 명하여 개수하도록 하였고, 최석정은 그 일을 감독하도록 하였다. 이듬해 5월에 선기옥형이 완성되자,[431] 창덕궁의 희정당 남쪽에 따로 제정각齊政閣을 지어 거기에 안치하게 하였다.[432] 전에 비해 더욱 완비되었다. 최석정이 지은 제정각기에 이때 만든 수격식 혼천시계의 구조에 대한 상세한 설명이 있다. 이처럼 혼천시계를 개조하고 제정각을 지어 안치하는 일은 《서경》〈순전〉에서 "선기옥형으로 살펴 칠정을 다스린다[以齊七政]"는 뜻을 계승한 것이었음을 밝히고, "정치에서 경천근민보다 우선하는 것이 없는데, 의상의 기구가 아니면 하늘을 관측하여 때를 살필 수 없다"고 하여 의상을 만든 뜻이 경천근민이란 유교적 왕도정치사상에 있음을 말하고 있다. 제정각은 세종대의 흠경각에 비견할 만한 것이었다.[433] 이때 만들어 올린 것은 두 개였다. 하나는 창덕궁 본각에 두었고, 다른 하나는 경덕궁(후에 경희궁)에 두었다.

이민철은 기술 분야에 재능이 뛰어났음을 인정받아 이미 혼천의를 만들었었는데 그 후에도 자주 그를 불러 헐거나 고장 난 것을 고치게 하였다. 그러다가 이번에 다시 고치게 했는데 전에 비해 더욱 완비되었다고 하였다. 이민철은 왕명으로 수차도 만들었다.

이처럼 이민철의 혼천시계는 창제 이후 거듭 개수되었다. 그가 세운 수격혼천 제도는 100년 이상 조선의 궁궐을 지키면서 계시의기로, 또 왕도사상의 전파도구로 역할하였다. 17세기 중반 이후 효종과 현종, 숙종대의 혼천의 제작과 개수 사업은 이러한 역사적 배경에서 이루어졌다고 할 수 있다.

송이영의 추동식鍾動式 혼천시계

앞서 본 것처럼 현종은 이민철에게는 혼천의를, 송이영에게는 자명종을 만들라 명하였다. 이에 이민철은 옛 수격법[水激之法]을 이용하여 만들었고, 송이영은 서양식 시계인 자명종의 기계장치 구조와 원리를 활용하여 상자형태로 만들어 크기를 작게 줄였다. 전자를 대기형大璣衡 또는 수격혼의水激渾儀라 하여 어좌 옆에 두었고, 후자는 소기형小璣衡 또는 자명종소가自鳴鐘小架라 하여 옥당에 두었다.[434]

그때가 1669년(현종 10) 10월이었다. 앞서 인용한 김석주의 상언에서 그 사정을 다음과 같이 전하고 있다.

송이영이 만든 혼천의도 모양이 역시 서로 같으나 물항아리를 쓰지 않고 서양의 자명종의 톱니바퀴가 서로 물고 돌아가는 제도를 가지고 그 격식대로 확대한 것으로서 해와 달의 운행과 시간이 차이가 나지 않습니다.[435]

라 하여 송이영의 혼천의가 이민철의 것과 다른 점을 지적하였다. 즉 그 차이가 "물항아리를 쓰지 않고 서양의 자명종의 톱니바퀴가 서로 물고 돌아가는 제도"를 적용한 데 있다는 것을 분명히 알려주고 있다. 여기서 말하는 혼천의가 바로 송이영이 만들었다는 자명종이고, 이는 추의 무게로 움직이는 분동시

송이영의 혼천시계
이 혼천시계는 동아시아 혼천의 제작 전통과 서양의 자명종 기계 장치를 융합한 창조물로 세계 과학사학계에 가장 잘 알려져 있다. 국보 230호. 문화재청 제공.

계의 원리를 활용한 혼천시계였음을 알 수 있다. 이는 혼의와 기계시계를 결합하여 만든 천문시계였다. 우리가 흔히 사진으로 보고 있듯이, 큰 상자 안 왼쪽에 혼의, 오른쪽에 추의 무게로 움직이는 기계 시계장치가 각각 있어서 톱니바퀴로 연결되어 함께 움직이도록 되어 있었다.

한편 1687년(숙종 13)에 임금이 최석정·이민철에게 선기옥형을 수리하도록 명하였을 때, 송이영의 자명종도 수리하게 하였는데, 송이영이 이미 죽은 후라 이듬해인 1688년에 서운관 이진과 장인 박성건 등이 이를 중수하였다.[436] 당초 송이영의 자명종은 폴리오트foliot 방식이

었고, 이번에 중수된 것은 진자 방식의 굴대 탈진기(verge escapement)를 적용한 것이어서 정밀도가 크게 향상되었을 것으로 본다. [437]

송이영의 혼천시계는 동아시아의 혼천의 제작 전통과 서양의 자명종 기계장치가 융합된 창조물이었다. 이 혼천시계는 우리나라 과학문화재 중에서 세계 과학사학계에 가장 잘 알려져 있다. 영국의 저명한 과학사의 대가 니덤[J. Needham] 박사가 《중국의 과학과 문명》 제4권 〈기계공학편〉(1965)에서 이를 세계적으로도 주목할 만한 천문시계라 하여 기술사적으로 높이 평가하였고, 나아가 "완벽하게 복원하여 세계 과학박물관에 전시하자"라고 하여 더욱 유명해졌다. [438] 니덤은 1986년에 조선의 혼천시계는 동아시아 시계학사에서 획기적인 유물로 전 세계에 널리 알릴 만한 가치가 있다고 다시 한번 찬사를 아끼지 않았다. 그는 이 혼천시계가 동양의 오랜 시계 제작기술 전통에 서양의 기계시계 제작기술을 섞어서 만든 아주 특징 있는 자랑스런 유산이라고 하였다. 그리고 미국의 국립 스미소니언박물관은 특별전시를 계획하기도 했었다. 국보 230호로 지정되었다.

혼천시계의 역사는 계속되다

혼천의는 이민철, 송이영을 전후하여 제작, 수리, 개조를 계속하였다. 1704년(숙종 30) 7월에는 관상감에서 선기옥형을 바쳤는데, 구제舊制에 따라 조금 크게 만들었다. [439] 같은 해에 안중태 · 이시화 등에게 명하여 여벌의 혼천의를 주조하게 하였다. [440]

또 1721년(경종 1) 4월에는 관상감에서 "세종 때에 혼천의를 만들어

본감本監에 두었는데, 병화兵火 끝에 깨어져 없어졌습니다. 이번 절사(節使, 중국 사절단)의 행차 때 혼천의의 가본假本을 얻어 왔는데, 만든 모양이 정묘하니, 청컨대 모양에 따라 1건을 만들어 바치게 하여 본감에 보관해 두게 하소서"라 하여 그렇게 허락하였다.441

1732년(영조 8) 3월에 관상감 제조 윤순의 청에 따라 현종조에 처음 만든 혼천의를 수리하게 하였다. 이때에 이르러 세월이 오래되어 파괴, 손상되었으므로 이를 고치고 수리하게 하였다.442 그해 8월에 선기옥형의 수리가 완성되었다. 제술관 조명익에게 명하여 명銘을 짓게 하고 감역관 이하에게 시상하게 하였다.

또 같은 해에, 숙종조에 여벌로 만든 혼천의도 안중태 등에게 명하여 중수하게 하고, 이를 경희궁 흥정당 동쪽에 규정각揆政閣을 새로 지어 안치하게 하였다. 영조가 지은 〈규정각기揆政閣記〉에 그 사정을 자세히 적었는데 다음 구절이 눈에 띈다.

대개 역상에 대한 선기옥형은 곧 왕정에서 먼저 해야 할 것인데, 단지 이것이 창덕궁에만 있다는 것은 가석한 일이다. 다행히 이 기회에 (경희궁) 흥정당 동쪽 숭양당 북쪽에다 옛 행랑 3간을 이용하여 옛 형태 그대로 두고 간단히 문과 창을 설치하고, 그 속에 선기옥형을 안치하고 규정당揆政堂이라고 이름하였다. 이는 곧 서상 진덕수가 이른바 칠정을 다스린다는 뜻이다. 희정·홍정·제정·규정이 그 뜻은 다 한 가지로서 서로 표리를 이룬다.443

희정·홍정·제정·규정으로 이름을 달리하였지만, 하나같이 칠정

을 다스린다는 뜻을 가진 것으로 천문시계를 안치한 장소들이었다. 그
만큼 천문시계는 간헐적인 단절은 있었지만, 조선왕조 내내 끊임없이
반복 재생되면서 그 역할을 다하였음을 알 수 있다.

1769년(동 45) 임금이 관상감의 관원 김태서에게 "선기옥형의 고제
古制가 궁궐 안에 있는데, 수보修補할 수 있겠는가?" 하였는데 김태서가
대답하기를 "할 수 있습니다" 하니, 소옥형小玉衡과 간의판簡儀板을 만
들어 바치도록 명하였다.444

정조대에도 이런 흐름은 이어졌다. 1777년(정조 1) 8월에는 서호수
에게 제정각의 혼천의를 중수하게 하였다.445 또 세종대 지은 흠경각
이 방치된 상태로 경복궁에 남아 있었는데, 1794년(동 18)년에 호조판
서 심이지에게 이를 보수하도록 명하였다. 이때 정조가 이르기를,

> 이 건물은 세종 때 지은 집으로 우리나라에서 제일 웅장한 건축인데
> 지금껏 우뚝 솟아 있어 마치 영광전靈光殿과 흡사하다. 이 건물을 만
> 일 수리하면 조상의 사업을 계승하는 한 가지 일이 될 것이다. 12선
> 동仙童 등의 의기 만드는 법이 문헌에 상세히 기재되어 있어서 충분
> 히 모방하여 설치할 수 있을 것이다.446

라 하였다. 정조가 허물어져 가는 흠경각을 다시 세워 역상수시의 옛
뜻을 이으려는 모습을 볼 수 있다.

이규경李圭景이 19세기에 편찬한《오주연문장전산고五洲衍文長箋散
稿》를 보면, 〈수명종루종표변증설水鳴鍾漏鍾表辨證說〉이 있다. 거기에 순
조의 아들 익종(翼宗, 1809~1830)447이 세자 시절에 강이중과 강이오에

게 명하여 혼천시계를 만들도록 하였는데, 이에 대하여 "위에는 선기璇璣를, 아래에는 명종鳴鐘을 설치하여 톱니바퀴로 기계를 돌게 하면서 종을 울려 상응하게 하였는데 시각이 어긋나지 않았다. 사람들이 서양 것보다 더 기교하다고 하였다"고 평하고 있다.[448] 자명종의 기계장치를 이용해 혼천의를 제작하는 기술은 19세기에도 여전히 이어지고 있었다.[449]

〈수명종루종표변증설〉에는 또

> 의기 중에 수명종水鳴鐘이란 것이 있는데 위에는 혼의, 가운데에 누용漏筩, 아래에 누륜漏輪을 각각 설치하였다. 물이 누륜에 흘러내려 축을 돌리면 종이 울리고 의기가 돌아 누표漏表가 때[時]를 가리키는 것으로 대개 또한 기묘하게 만들었다.[450]

라 하여 혼천시계의 기본구조를 설명하고 있다.

사실 천체의 운행을 기준으로 시간을 측정한다는 측면에서 보면 마땅히 천체 관측이 우선이고 이에 따라 혼천의를 움직이게 하여 거기서 시간을 얻도록 해야 한다. 그것이 순서가 맞다. 그런데 중국 13세기 말의 사정을 《산당고색山堂考索》이 전하고 있는데, "망통望筒을 혼의의 한 가운데 둠은 실로 아무런 소용이 없다. 이에 새롭게 고안하여 망통이 항상 해를 가리키게 하여 해가 항상 망통 속에 있도록 하였다"라 하여 관천에 편리하도록 사유환과 망통을 바깥으로 들어낸 열린 구조의 간의를 만들었다는 것이고, 이때부터 혼의의 관측기능은 급속하게 줄어들었다는 것이다.[451]

관측기능이 떨어져 나가자 혼의는 거꾸로 천체운동을 재현하는 역할로 바뀌었다. 이때 이를 자동으로 움직이게 할 것을 고안하여 물의 힘으로 이를 실현시켰다. 한공렴의 수운의상대가 그것이다. 그러다 보니 혼천의는 천체 관측 그 자체보다는 천체운동을 재현하는 모습이 되었다. 이 재현을 실제 천체운동과 일치시키려는 데 기술의 초점이 모이게 되었고, 그것을 통제하기 위해 물시계가 또 필요했던 것이다. 혼천의는 천체의 움직임을 재현한 것일 뿐 그것을 움직이는 것은 물시계였으니 자못 거꾸로 된 셈이다.

그렇다면 이렇게 혼의를 형식만 있었음에도 꼭 혼천시계에 넣었던 이유는 무엇일까? 바로 역상수시의 정신을 계승한다는 유교적 왕정관의 반영이었다. 그렇기 때문에 어떻게든 혼천의의 모양은 유지해야 했던 것이다. 그래서 때로는 혼의만을 혼천이라 부르기도 하고 시계가 덧붙여 있는 것도 혼천의라고 불렀던 것이다. 이를 중국의《산당고색》에서는 "물로써 구동한 것을 일컬어 혼천의라 하고, 그렇지 않은 것은 다만 동후의銅候儀라 한다"라 하여 구분하고 있었다.

이유원(李裕元, 1814~1888)의 《임하필기林下筆記》에는 이런 이야기가 있다.

> 신유(1861, 철종12), 임술(1862, 철종13) 연간에 여러 역관들이 자격종自擊鍾을 만들었는데 선기옥형의 제도와 같되, 그 크기는 반 칸이나 되며 더없이 정교하였다. 이세욱 등이 그 일을 주관하여 하옥 김좌근에게 바쳤는데, 뒤에 유관 김흥근에게 옮겨졌다. 나도 일찍이 한 번 본 적이 있으나 지금은 어느 곳에 있는지 알 수 없다. 452

자격종의 기능을 지니는 선기옥형을 만들었다고 하는데 이는 바로 혼천시계를 뜻한다. 이를 여러 역관이 만들었는데, 더욱 작게 그리고 더욱 정교하게 제작되었다고 하였다. 19세기 내내 선기옥형은 제작되고 있었다. 다만 "지금은 어느 곳에 있는지 알 수 없다"는 끝에 붙은 말이 아쉽다.

19세기에 들어와 성해응(成海應, 1760~1839)이 조선왕조 의상의 연혁을 정리하면서 세종대의 경복궁 흠경각, 선조대의 창경궁 흠경각, 숙종대의 창덕궁 제정각, 영조년간의 경희궁 규정각을 축으로 그 흐름을 정리하고 있다.[453] 이는 앞서 본 영조의 규정각기에서처럼 "역상에 대한 선기옥형은 곧 왕정에서 먼저 해야 할 것"이었다는 인식이 그 바탕에 있었음을 보여준다.

이렇게 지속적으로 끊임없이 '선기옥형'이란 표현을 써가며 혼천시계를 제작, 수리, 개조했다. 집착이라고까지 하면 뭐하지만 그렇게 연연해했던 것은 그것이 유교적 왕정관과 관련되었기 때문이다. 《서경》에서 제왕이 제위를 계승한 초기에 해야 할 급선무로 "선기옥형으로 살펴 칠정을 다스린다[在璿璣玉衡 以齊七政]"는 것을 들었다. 따라서 요순시대의 재현을 궁극적 목적으로 하는 유교적 왕정에서 선기옥형을 이해하고 그에 따라 역상수시해야 함은 왕정의 권위를 위해서, 또 통치의 정당성을 확보하기 위해서 우선해야 할 일이었다. 혼천의라는 표현보다는 선기옥형을 더 선호했던 배경도 거기에 있었고, '흠경'을 중시하는 것도 마찬가지 이유였다. 시계 그 자체보다는 천체의 운행원리를 이해하는 것이 더 중요했지만, 결국은 이를 통해 인시人時를 정해주어야 했으니 결국 조선의 왕정은 시계로부터 시작한 셈이었다.

또 하나의 천문시계, 농수각 통천의

서양 문물 수용의 척도

혼천의와 같은 천체의 운행장치에는 서양 천문 역산학의 발전에 맞춰 새로운 기계기술이 적용되었다. 그런 가운데 조선에서도 서법西法에 통할 수 있도록 옛 제도를 개선해 가면서 새로운 시계들을 창제하고 발전시켜왔다.[454] 그런 자취 중에 또 하나의 천문시계로 '통천의統天儀'가 있었다. 이 시계는 서양 문물의 수용이란 측면에서 새로운 단계로 나아가는 전환기적 위치에 있어 독특한 위상을 점한다. 통천의는 통천의 자체가 갖는 천문시계 역사의 의미와 아울러 그것이 만들어지기까지의 사연에서 당시의 지적 풍토를 엿볼 수 있어 흥미롭다.

이를 만든 담헌 홍대용((洪大容, 1731~1783)은 실학의 역사에서 차지하는 위치도 독특한데 그런 정신이 통천의에도 그대로 반영되어 있다. 홍대용은 천안 수신면 장산리 수촌 마을에서 홍력(洪櫟, 1708~1767)의 아들로 태어났다. 김원행(金元行, 1702~1772)의 제자로 김원행의 아들인 김이안, 황윤석과 동문으로 학술교류를 지속하였다. 박지원(朴趾源, 1737~1805)과도 가까웠다. 젊었을 때부터 실학 그리고 특히 과학에 대한 관심이 컸다.

홍대용은 1773년, 43세 무렵 《의산문답醫山問答》이라는 과학서적을 세상에 내놓았다. 이 《의산문답》에서 홍대용은 실옹實翁이라는 가상 인물을 통해 지구설, 지전설, 무한우주설과 같은 자신의 과학 지식과 사상을 한껏 펼쳐 보였다. 특히 "지구는 둥글다"는 지구설에 근거해 세계는 둥글고 자전하기 때문에 어디를 기준으로 삼느냐에 따라 어느 곳이나 세상의 중심이 될 수 있다고 하였다. 이는 모든 나라가 세상의 중심이 될 수 있다는 파격적인 생각으로 '화이론적 세계관'과는 전혀 다른 것이었다. 홍대용은 오늘날 자타가 공인하는 "조선 최고의 과학자이자 과학사상가"로 인정받고 있다.

통천의는 그보다 10여 년 전인 1762년에 완성되었다. 이때는 서양의 문물이 많이 들어와 조선의 지식인들에게 민감한 영향을 미치고 있었다. 특히 천문학과 시계기술의 영향이 컸다. 이때 통천의는 서양 문물 수용의 척도가 되었다. 이는 훗날 광무개혁의 정책이 되는 '구본신참舊本新參'의 선구적 모습을 보여주고 있어 자못 의미가 깊다.

나경적을 만나 통천의를 만들다

먼저 홍대용과 석당 나경적(羅景績, 1690~1762)의 만남을 계기로 통천의가 탄생하기까지의 과정에 대하여 살펴보자.[455] 그의 나이 29세 무렵인 1759년(영조 35), 이 해 홍대용은 전라도 나주목사로 부임한 아버지 홍력을 만나기 위해 나주에 왔다. 이때 그는 근처 동복同福[456] 물염정 아래에 은거하고 있던 나경적과 그 제자인 안처인安處仁이 혼의의 제조와 운용의 이치를 잘 꿰고 있다는 이야기를 듣고 직접 찾아갔다. 나경적은 이미 나이 70의 노인이었지만, 측후에 조예가 깊었다. 안처인은 스승의 가르침을 더욱 깊이 연구하여 정교한 고안이 많았다. 두 사람 모두 기이한 선비[奇士]였다.

거기서 그는 나경적이 손수 만든 후종候鍾을 보았다.[457] 그 후종은 "서양 법에 유래하였는데, 제작이 정밀하여 하늘의 신묘한 공을 빼앗을 만하다"고 하였다. 그의 재주와 고안의 교묘함을 신기하게 여겨 몇 시간 동안 더불어 이야기하였다. 그리하여 나경적이 자용침(自舂砧, 방아)·자전마(自轉磨, 맷돌)·자전수차自轉水車 등의 것들을 두루 연구하여 모두 그 묘법을 얻었다는 것도 알았다. 나경적이 나중에 말하기를,

선기옥형 혼천의 제도는 주자의 남겨놓은 법이 있으나 자세히 말하지 아니하였고, 후세 사람들의 고증한 것도 없어서 이에 감히 의문되는 것은 버려두고 결함된 것은 보충하되 서양의 방법을 참고하여 우러러 관찰하고 구부려 생각하기를 거의 수년을 해서 대략 방법을 이뤄 놓은 것이 있으나, 집이 가난하여 자력이 없으므로 제작의 비용을

장만하지 못해서 그 뜻을 이루지 못한다.

고 하였다. 홍대용도 혼천의 제도에 일찍부터 관심을 갖고 있었으나 그 요령을 얻지 못하고 있었다. 이에 석당의 재능이 있음을 기뻐하여 그 재주를 크게 활용하여 옛 성인의 법상法象을 다시 세상에 전하게 하리라 생각하였다.

이런 만남 후에 홍대용은 김이안金履安을 만나 이에 대해 말하기를 "내가 이번 걸음에 기이한 선비를 얻었는데 이름은 나경적이요, 나이 70여 세로 이 기器 제작에 대하여 말을 나누니, 매우 깊이 알고 있기에 함께 힘을 합쳐 완성하기를 약속하였다"고 하였다.[458]

그리하여 다음 해(1760년) 첫여름에 나경적을 나주로 초빙해 왔다. 작업은 나주목의 객사인 금성관에서 이루어졌다. 재력을 많이 들여서 손재주 있는 장인들을 불러들여 작업을 재촉하였다. 얼마 지나지 않아 시제품을 만들었으나 거칠고 커서 다시 철제 기구에 맞게 작게 만들어 달라고 부탁했다.[459] 두 해가 지나서 대략 이루어 놓았다. 이때 만든 것은 철제 혼천의였다.

그러나 이것 또한 도수에 자못 착오가 있었고 여전히 기물이 너무 거칠고 크며 혹 쓸데없이 번쇄한 것도 있었다. 이에

혼천의
홍대용의 농수각 유물인데, 나경적이 주로 만든 '철제 혼천의'로 추정한다. 숭실대학교 한국기독교박물관 제공.

홍대용은 "나의 마음대로 번잡한 것을 버리고 간이하게 하여 힘써 천상에 맞게 하였고, 또 후종의 제도를 취하여 많은 증손을 가해서 톱니바퀴가 서로 돌아 밤낮으로 하늘을 따라 운전함이 각각 그 도수를 얻게 하였"다. 이렇게 한 해가 더 지나서야 대기형大璣衡의 제작을 마칠 수 있었다. 이것이 바로 통천의로 앞서 나경적이 주도한 철제 혼천의와는 또 달랐다. 제작에는 공비功費가 4~5만문 정도 들었다. 염영서도 여기에 참여하였다. 그는 일찍이 나경적과 함께 윤종輪鐘을 제작하였는데 이때 함께 했던 것으로 보인다.

그런데 나경적은 아쉽게도 통천의의 완성을 보지 못하고 1762년 6월에 먼저 죽었다. 이에 홍대용은 "선기옥형을 개수하려 했으나 끝내는 교정할 수 없었고, 한번 나아가려는 계획도 미처 이루지 못하니 이 아득한 한탄스러움을 어찌 잊겠습니까?"[460]라는 글을 남겼다. 하지만 이 일을 하는데 홍대용이 스스로 말하듯이 "명물과 도수에 관한 것은 대개 석당 나공의 뜻에서 나왔고, 제작의 교묘한 기술은 안처인의 손에서 많이 이뤄졌다"고 하였다. 나경적이 없었으면 아예 일을 시작하지도 못했을 것이다. 안처인에 대하여는 "그 정밀한 생각과 특출한 기교는 깊이 석당의 학술을 얻었다"라 하듯 제작의 기술적인 부분은 안처인에 의지하는 바가 컸다.

홍대용이 "함께 마음을 비우고 옛 제도를 수정하였다"고 한 것처럼 서로의 역할이 조화를 이루면서 각자의 장기를 발휘할 수 있었다. 그래서 "대개 나경적과 안처인은 담헌을 만나지 못했으면 그 기지를 발휘할 수 없었으며, 담헌은 두 사람을 얻지 못했으면 그 거대한 제작을 이룰 수 없었을 것이다"[461]라고 한 것처럼 이들의 인연은 통천의라는 또 하나의 명물을 탄생시킨 운명적인 만남이었다. 한편, 통천의와는 별도로 의기 하나를 따로 만든 것으로 되어 있는데, 이는 혼상의渾象儀로 보인다.[462] 이 혼상의는 조선 중기 이후에 제작된 거의 유일한 수격水激 혼상의였다.[463]

혼상의는 실제 천상과 일치시키기 어려워 잘 만들지 않았었다. 그런데 그는 왜 굳이 새로 만들었을까? 그 이유로 세 가지가 거론되고 있다.[464] 첫째, 통천의와 짝을 이루어 중국의 수운의상대나 경복궁 간의대의 수운혼천의 제도를 되살리고자 하였다. 둘째, 나경적의 수차 기술을 활용하여 수격기륜을 이용한 전통 방식으로 구동하는 혼상의와 서양식 후종으로 구동하는 통천의를 대비시켜 동서의 조화를 이루려고 하였다. 셋째, 세차歲差까지 고려한 새로운 천문지식을 반영하여 혼상의의 새로운 제도를 세우고자 하였다. 이런 이유들을 통해 볼 때, 통천의와 마찬가지로 옛 제도에 기반을 두되, 서법과의 대비를 통해 새로운 변화를 기대하고자 하였던 그의 의도를 엿볼 수 있을 것이다.

홍대용은 통천의와 혼상의가 이루어지자 이를 그의 천안 집에 농수각籠水閣이란 건물을 새로 지어 그곳으로 옮겼다. 두 개의 의기와 새로 얻은 서양의 후종을 함께 설치하였다.

'회통서법會通西法'의 통천의

통천의는 어떤 모습이었을까? 그 제도의 대강은 쇠로 만들고 안팎에 두 층이 있으니, 각각 세 고리를 만들고 서로 맺어 하늘의 둥근 제도와 모양을 이루었다. 또한 가운데에 둥근 쇠를 걸어 땅의 모양을 형상하고, 24방위와 사계절에 따라 해와 달이 다니는 길을 표시하고, 둥근 쇠를 붙여 해와 달의 형상을 만들어 하루의 길고 짧음과 한달의 현망회삭(弦望晦朔, 상현 · 하현 · 보름 · 그믐 · 초하루)의 대강을 상고하게 하였다. 당초 통천의를 통해 관찰하려고 했던 것은 다음과 같았다. 즉

> 경위經緯의 도수와 교식交蝕의 이치 그리고 분지 단장分至短長의 시각
> (즉 춘분 · 추분 · 동지 · 하지에서의 길고 짧은 시각)과 그 광경 그리고 그믐
> [晦], 삭일朔日, 초생[弦], 보름 등의 9도道에 관한 사실 등 가히 그 대
> 략을 고찰할 수 있을 것이다.465

구현된 통천의에는 대개 이런 목적을 담아냈다고 볼 수 있겠다.

통천의가 만들어지는 과정을 처음부터 끝까지 관심 있게 지켜봤던 김이안이 직접 농수각에 올라가 보고 나서 말하기를 "그 제조된 것을 보니 혼천의의 구제를 토대로, 서양의 설을 참용한 것"[因渾天之舊 而參用西洋之說]466이라 하였다.

홍대용도 이를 "혼의의 옛 제도에 나아가 번다함을 줄여 서법과 서로 통할[會通西法] 수 있도록 의기 하나를 창립하여 통천의라 이름하였다"467라고 하였다. 이는 단지 서법을 무조건 수용한 것이 아니라, 옛 제도를 고쳐 서법과 통하게 했다는 것이었다. '회통서법會通西法'이란 바로 이런 뜻이다. 서법만을 따른 것이 아니라는 점에서 의미 있는 변화였다. 혼천시계는 시간의 흐름에 따라 지속적인 변화를 이끌어내고 있었는데, 통천의에서 주목되는 것은 바로 이런 점들이었다.468

홍대용으로부터 통천의에 대한 이야기를 듣고 중국의 육비가 "대개

이 둘[혼천의와 후종]은 반드시 잘 맞지는 않으나 합치되기를 구하는데 몹시 부지런하였고, 그것을 만드는데 이와 같았으니 전문적 연구가 오래되었다"[469]라고 한 것처럼 옛 제도=혼천의와 서법=후종을 합치한다는게 결코 쉬운 일은 아니었다.

어떤 서법들이 어떻게 수용되고 있었을까? 통천의의 구조와 기능에 나타난 점들을 살펴보자.[470] 통천의는 철로 만든 혼의를 중심으로 그 옆에 10근의 추를 메달은 목궤와 후종을 설치한 동갑을 두어 만든 자명종, 즉 추동식 혼천시계였다. 기존의 혼의가 육합의六合儀─삼신의三辰儀─사유의四遊儀의 3층 구조로 되어 있는데, 통천의에서는 제일 안쪽에 있는 사유의를 없애고 내외의 2층 구조로 구성하였다. 환들을 직교 결합시키는 새로운 형태를 취하였다. 삼신의 안에 해와 달의 운행을 알수 있도록 황도일규(黃道日規, 황도환)와 백도월규(白道月規, 백도환)를 설치하였다. 이는 서양의 방식을 도입한 형태로 보고 있다. 또 추를 이용하여 동력을 얻고 그 힘으로 여러 개의 톱니바퀴를 연결하여 소리를 내게 만든 후종은 버지verge 탈진기를 사용한 서양식 기계시계를 응용한 것으로 보인다.[471] 또 일종의 차동差動 장치를 활용한 독창적인 일행日行기구를 장착하였는데 이것도 서양으로부터 전해진 기술을 적극 활용한사례로 보고 있다.[472]

나경적과 같은 마을에 살며 기형璣衡에 대해 논의하던 하영청(屏巖 河永淸, 1697~1771)이[473] 새로 제작한 선기옥형을 보고 이를 기념하며 지은 시에서 "가로놓인 대통이 물을 치는 옛 제도를 덜어내고 하늘에 별이 운행하는 새로운 혼천의를 보완했네"[474] 라고 하여 수격식이 아닌 추동식임을 지적하고 있다. 이 점이 가장 눈에 띈 변화였다. 황윤석도 통천의에 대하여 말하기를 "혼천의는 자명윤종自鳴輪鐘과 문신종의 방법을 결합한 것이다"[475] 라 하여 역시 같은 기조로 받아들였다.

당시 서법을 받아들이는 것은 낯선 일이 아니었다. 황윤석은 초산楚山[476]의 상사 이언복李彦復이 60냥을 주고 자명종을 새로 구매하자 이를 직접 찾아가 보았다.[477] 그리고 말하기를 "이 자명종은 처음 서양에서 나왔으나, 혹자는 일본을 거쳐서 우리나라에 이르렀다고 말한다. 본떠서 만들 수 있는 자는 도성에서는 최천약崔天若[478]과 홍수해洪壽海[479]이고, 호남에서는 동복현 사람 나경훈羅景壎[480] 뿐이다"라 한 데 이어 율시에서는 이(자명종 자체를 말함)를 "서양의 신묘한 제도 우리나라에 내려오니"[西洋妙制落吾東]라 하여 이것을 "서양의 묘제"라고 하였다. 당시에 자명종 제작자가 몇 되지 않음을 아쉬워했지만, 그래도 제작자들을 거론하면서 자명종을 갖고 싶은 욕구를 드러냈다. 서양의 묘제에 대한 동경이 있었다. 서법을 받아들이는 것이 하등 이상한 일은 아니었다.

송이영의 혼천시계도 서양식 추동장치를 활용하지만, 현종대까지는 시기상 아직 서양 천문학의 영향이 덜하였다. 통천의에 이르러 서양 혼천의의 제도와 운행기구가 적극적으로 참조되었다고 볼 수 있다.

통천의는 가까이는 이민철의 제도를 이은 것이고, 멀게는 흠경각루의 제도를 원용하여 전통의 맥을 살린 것이었다. 그런데도 이름을 '혼천의'라 하지 않고 굳이 '통천의'라고 부른 데는 이유가 있었을 것이다. 그건 바로 위와 같은 논의들을 통해 볼 때 '회통서법'의 뜻을 반영하고자 했던 데 있었다고 생각된다.

홍대용은 3년에 걸친 '농수각 통천의'의 제작을 통해 천문 지식이 이제 서법까지 섭렵하면서 성리학적 우주관의 굴레를 벗어나 한층 더 물리적 실체에 접근한 진전된 체계를 갖추게 되었다. 이렇듯 혼천의와 같은 천체 관측 도구 등을 직접 제작하고 집 안에 설치한 다음 이를 적극 활용해 각종 과학 실험과 연구를 했던 경험들이 쌓여 10여 년 후 지구설과 지전설을 담은 《의산문답》을 주저 없이 펴낼 수 있었다고 보인다.

나경적의 제문에 "선기옥형에 근본하여 의혹들을 없애고 서양의 방법을 참작하여, 그 신기함을 탐구하였다네"[481]라 하였는데, 여기서 "서양의 방법을 참작하여"[參之西法]라는 표현은 앞서 본 '회통서법'과 통하는 말이다. 이런 사정들을 모아 생각하면 이는 마치 훗날 대한제국의 정책기조였던 구본신참에 맥이 닿는 것이었다.

실측 위에 선 과학

통천의는 18세기 중엽에 나온 것인데 이때는 서양의 문물이 다양한 형태로 전래되었을 때였기 때문에 통천의는 기존의 다른 혼천시계보다 서양의 영향을 더 많이 받았다. 그중에서도 측량을 중시하는 명물도수의 영향이 컸고, 그런 점에서 보다 과학적이었다. 이 점에 대하여 좀 더 살펴보자.

17세기 이후로 '천동설에서 지동설로' 완전히 바뀐 새로운 패러다임을 담은 서양 천문학이 유입되면서 이것과 회통할 수 있게 전통 천문학을 재해석하는 것이 절실히 필요해졌다. 이를 수행하려면 서양 천문역산학을 소화하여 새로운 형태의 천문의기를 제작하여야 했다. 이에 의상개수론이 나왔고, 그에 따라 혼개통헌의渾蓋通憲儀, 간평일구, 혼개일구 등이 만들어졌다.

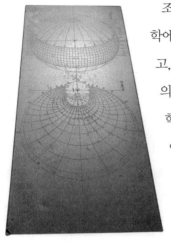

조선 후기 의상개수론자들은 천문역산학에서 실측[측량·측험]의 중요성을 강조했고, 실측을 위한 유용한 도구로 천문의기의 제작을 주장했으며, 그를 위한 기초 학문으로서 수학의 필요성을 역설했다. 이들이 서양의 천문역산학이 지금까지 없던 새로운[前人未發]의 경지에 이르렀다고 높이 평가하고 그 원인을 수학[산수]과 의기의 우수성에서 찾았던 이유가 바로 이것이었다.[482] 통천의 역시 이런 변화 과정의 산물이었다.

선기옥형은 왕정에만 필요한 게 아니라 유교 지식인이라면 누구나 관심사였다. 서양의 과학이 전래되면서 지적 호기심이 더해져 관심은 더욱 커졌다. 황윤석이 자명종을 갖고 싶었던 동기가 주희나 이황, 송시열이 선기옥형을 제작하여 소유한 사례를 본받고자 한 데 있었다. 이것은 '이수理數'와 관계된 완물이었고, 매우 비쌌다. 그래서 더욱 갖고 싶어 했다. 김이안도 "나는 생각건대, 옛날에 성인이 신지神智를 창출하여 이 기器를 만들어 천운天運의 순역順逆을 관찰하고 인사人事의 득실을 징험하였으니, 그 쓰임이 심히 중하였음을 알겠다. 그리고 그 법상法象의 오묘한 것은 하도河圖·낙서洛書와 서로 통하니 이것은 유자儒者들이 마땅히 마음을 다해 연구해야 할 것이다"라 하여 같은 마음을 전하였다. 이는 홍대용도 마찬가지였

남양주 실학박물관의 대표적 소장품인 혼개통헌의(Astronomical Clock)
1787년 실학자 유금(柳琴, 1741~1788)이 이슬람식 천문기기인 아스트롤라베를 본따 만든 휴대
용 천문시계이다. 보물 2032호(2019. 6. 26. 지정), 실학박물관 제공.

다. 그도 농수각혼천의기사籠水閣渾天儀記事에서 "도산陶山의 퇴옹(退翁.
이황)이 제작한 것이나 화양華陽의 우암(尤庵, 송시열)이 제작한 것은 모두
파괴 손상되고 소략하여 증빙할 만한 것이 없었다. 이에 석당의 재능이
있음을 기뻐하여 그 재주를 크게 활용하여 옛 성인의 법상法象을 다시
세상에 전하게 하리라"라는 생각에서 통천의 제작을 시작했던 것이다.

천문의기에 대한 관심은 기본적으로 전통 위에 서 있었다. 하지만
그런 중에도 조선 후기의 변화된 지적 환경 속에서 실측의 논리를 바탕
으로 천문의기에 관심을 두었던 지식인들 간에는 지구설, 지전설 등과
같이 전통적 사고를 정면으로 부정하는 변화들을 수용하였다. 이에 자
연학의 독자적 가치를 인정하고 그 법칙을 객관적으로 탐구하는 길로
나갈 수 있는 잠재적 가능성을 확인할 수 있다. [483]

고비에 선
19세기 천문과학

서양 과학이 지식인의 교양이 되다₄₈₄

18세기 중엽 이후 서울을 중심으로 천문학과 수학을 거의 전문가 수준으로 학습하고 논의하는 지식인들을 여럿 볼 수 있다. 황윤석의 《이재 난고頤齋亂藁》에 따르면, 대표적으로 서명응(1716~1787)과 서호수 부자, 이가환(李家煥, 1742~1801), 홍대용(1731~1783), 이벽(李蘗, 1754~1786), 정철조(鄭喆祚, 1730~1781)와 정후조鄭厚祚 형제 등이 그들이다.

특히 홍석주(洪奭周, 1774~1842)가 그의 동생 항해 홍길주(洪吉周, 1786~1841)에게 준 《홍씨독서록》(1810년 경)에서 자격 있는 유학자가 되기 위해서는 《수리정온數理精蘊》 53권, 《신법산서新法算書》 100권, 《역상고성》 42권, 《역상고성 후편》 10권, 《역산전서曆算全書》 60권 등을 읽어야 한다고 강조했다. 홍길주는 술수학과 수학의 서적에 두루 통달했으며, 조선 후기 수학사에 빛나는 성과를 남겼다.[485] 이런 사정들로 미루어 볼 때, 19세기 전후 유가 지식인들에게 천문학과 수학은 마치 교양처럼 경학을 위한 필수지식이 되고 있었다. 이는 서울에만 그치는 것도 아니었다.

특히 천문학과 수학이 관심을 끌었던 데에는 중국 고증학의 영향이 있었다. 그 배경에는 명나라 말기에 들어온 서양 선교사들이 전해준 서양문물이 있었다. 알다시피 마테오 리치, 아담 샬 등을 통해 전해진 서양문물의 주류는 천문학이었다. 매문정(梅文鼎, 1633~1721)을 중심으로 한 청대의 경학자들이 서양에서 전래한 천문학과 수학을 경학적 틀 속에 공존시키기에 이르렀고, 이에 이런 지식은 경학을 위한 필수지식으로 자리 잡았다. 매문정의 천문학과 수학 연구는 그의 손자인 매각성이 중심이 되어 편찬한 《역상고성》과 《수리정온》에 채용되면서 서양 천문학과 수학을 전통과학 및 경학에 융합시킨 새로운 지식의 전범으로 인정되었다. 나아가 서양 과학을 통한 경전의 새로운 이해로까지 나아가게 되었다.

이런 중국 고증학의 새로운 경향은 조선에도 전해졌다. 빈번한 북경 사행使行을 통한 서적의 수입과 유통 그리고 청조 지식인들과의 직접적인 만남을 통해, "천문학과 수학이 경학을 위한 필수지식"이라는 인식을 같이하였다.[486] 그동안 성리학과 양명학을 통해 철학적이고 추상적인 문제를 다루었던 것에 비해 현실에 바탕을 두고 실증적 귀납적 방법으로 사실을 밝히고자 하는 학풍이 발전하였고, 종래의 경서 연구 방법도 달라졌다. 《서양신법역서》와 《역상고성》에는 일월의 운동, 교식, 오행성 운동을 다루는 각각의 부분에도 모두 이론적 논의에 해당하는 '역리曆理'가 있었다.[487] 이런 이론적 지식을 동원하여 새로운 차원의 경학적 논의가 가능해졌다.

남병철·남병길 형제가 도달한 곳

이런 분위기 속에서 19세기에 들어오면, 정조대를 이어 천문학이나 수학 분야에서는 매우 높은 수준의 성과들이 나왔다. 아울러 인식변화도 눈에 띈다. 그러나 여전히 한계도 있었다. 시대 전환의 막다른 고비에 서 있는 모습이었다. 구체적인 사정을 살펴보자.

19세기 초반 홍길주의 수학 연구를 보면, 한국 과학사의 창조적 기운이 정조 이후로도 지속되고 있었음을 확인할 수 있다. 이는 19세기 중반의 관료 천문학자인 남병철(南秉哲, 1817~1863)과 남병길(南秉吉, 1820~1869) 형제에게 더욱 잘 나타났다.[488]

남병철의 천문학 저술인 《추보속해推步續解》(1862)는 "19세기 중반 조선의 유학자가 도달한 천문학적 이해의 최고 수준"을 보여준다. 《추보속해》는 18세기 중국의 전통 천문학이 이룩한 최종적 성과물로 케플러의 타원궤도설에 입각한 《역상고성 후편》(1742)의 체제를 기본적으로 따랐지만 역원을 저술 연대와 가까운 1860년으로 바꾸고 황도경사각을 《의상고성 속편》(관측기준 1834년)의 값을 적용하는 등 최신의 데이터를 활용한 탁월한 역법 계산의 매뉴얼이었다. 《추보속해》에서는 수학과 천문학에 기초한 고증학적 탐구를 보여주었다. 그의 천문학 연구는 청조 고증학과의 밀접한 연관 속에서 성장한 것으로 보인다. 그는 그런 영향으로 서양 과학을 높이 평가하고 존중하였다.[489] 다만 남병철이 추구한 천문학은 정밀성과 체계성 면에서 전근대 천문학의 최고 수준을 보여주지만, 그것이 '유학자'로서의 한계를 벗어나는 데까지는 이르지 못하였다.[490] 그의 자연학은 전통적인 유학에 복무하는 도구적 학술에 그쳤다고 평가받고 있다.

동생 남병길의 《시헌기요時憲紀要》, 《추보첩례》를 통해 국가천문학 차원에서 시헌력의 이론적 탐구가 지속되었음을 확인할 수 있고, 《성경星鏡》, 《중수중성표重修重星表》, 《태양출입표太陽出入表》는 천체를 기준으로 한 시각표준의 개정 노력이 지속되었다는 증거가 된다. 남병길은 수학은 격치의 실학이요, 국가 운영에 실제로 사용되며 국가를 운영하는 사람들이 가장 먼저 힘써야 할 학문이라고 강조하였다. 남병길의 《춘추일식고春秋日食考》 또한 경학의 필수지식이 된 천문학이 어떻게 경학의 문제 해명에 기여하는지를 잘 보여준다. 시헌력에 관한 지식은 《춘추春秋》에 기록된 일식 기록을 검증하고 그 신뢰성을 판별하는 데 사용되었다. 19세기 중반, 이와 같은 학술적 성과들은 조선 말기 시대상을 재조명해 보아야 할 만큼 인상적인 것들이었다.

과학은 과학일 뿐, 문화를 넘지 못한다

남병철은 천문학, 수학, 기계기술 같은 과학기술은 사실과 합치하는가가 관건일 뿐, 문화적 의미의 중화나 이적의 개념을 개입시키지 말아야 한다고 했다.[491] 정확하고 정밀하면 좋은 천문학이고 그렇지 않으면 좋지 않은 천문학일 뿐이었다. 그는 하늘의 천체는 중국과 서양을 따지지 않으므로, 오로지 "정밀한 관측과 기교 있는 계산"만이 옳고 합당한 것이라고 주장했다. 그리하여 그는 "천문학을 논할 때에는 하늘의 험부(驗否, 부합 여부)만을 논할 뿐 사람의 화이를 논하지 말아야 한다"고 말했다.[492] 과학은 과학일 뿐, 그것이 서양오랑캐의 것이건 만주족인 청의 것이건, 그것이 과학으로 옳으면 그것으로 충분하다는 것이었다. 이렇게 과학과 문화를 분리하려 했다. 그래서 서양이건 청나라건 과학적으로 옳으면 수용한다는 입장을 견지하였다.

그러나 거기까지였다. 서양천문학이 정확성과 정밀성에서 우수하다는 점은 인정하지만, 그것이 곧 문화적 우위까지 나아가지는 않았다. 다만 효율적이기 때문에 활용할 뿐 문화까지 수용하는 것은 아니었다. 여전히 서양인들을 성인의 교화를 받지 못한 미개인들로 여겼다. 문화는 우리 것에서 벗어나지 않았다. 서양의 과학도 우리의 문화를 해석하기 위해 필요한 것일 뿐이었다.

서양의 과학기술은 성인의 도를 이해하게 하는 데 좋은 도구일 뿐이지 거기에 성인의 도가 있다고는 여기지 않았다. 그것의 가치는 거기에 그친다. 정밀함과 정확함은 경학에 필요한 유용한 도구는 될지언정, 성인의 가치와 동격일 수 없었다. 그런 점에서 천문학과 수학, 나아가 서양 과학은 경학에 필요한 좋은 도구적 학문에 그쳤다. 과학은 천문학적 가치는 될 수 있지만, 성인이 되기 위한 학문으로서의 가치는 될 수 없었다. 이처럼 남병철은 철저하게 중화문화의 우월성을 전제로, 서양 과학을 도구적 학문으로 수용하였으며, 문화적 가치와는 철저하게 분리하였다. 이것이 남병철이 서양 과학과 그것을 포함한 자연학에 부여한 지위였고 가치였다. 그런 점에서 근대 과학의 문턱을 넘지는 못했다.

고비에 선 19세기 천문학

고비를 넘을 듯 넘지 못하고 있었다. 이는 남병철 개인의 한계가 아니라 시대적 한계였다. 일식과 같은 자연현상은 아무리 천문학적으로 해석하고 예측한다고 해도, 여전히 현실에서는 재이災異였던 것이다. 정밀함과 정확함을 선호한다고 해도 그것이 곧 문화적 가치를 초월할 수는 없었다. 그 넘을 수 없는 고비, 거기에 패러다임paradigm493의 강력한 틀이 가로막고 있었다. 19세기 조선의 천문학에 발현된 자연학과 자연학적 탐구는 도학에 복무하는 도구적이고 기능적인 역할을 벗어날 수 없었다.494

청조 고증학자들에게서도 자연은 여전히 인간의 존재와 가치로부터 분리된 세계가 아니었다. 서양 과학이 관측에 의해 천체 운행의 원리를 새롭게 바꾸면 그 바꾼 데 맞춰 경학적으로 천체를 재해석하려고 했을 뿐, 과학과 경학을 분리시키지 못했다. 천문학, 이를 위해 수학이 필요했을 뿐이었다. 천문학을 하는 궁극적 이유가, 우주 탄생의 원리나 천체 운영의 실체를 파악하려는 과학적 필요에 있었다기보다, 도학이나 경학을 통한 성인됨에 있었기 때문에, 천문학을 하는 목적 자체가 바뀌지 않는 한 그 틀을 벗어날 수 없었던 것이다.

그렇다고 해서 조선의 유학자가 도달한 최고 수준의 천문학적 이해와 수학이 의미가 없는 것은 결코 아니었다. 어떤 의미가 있을까? 모든 과학은 그것의 논리적 기반과 배경들의 총체인 특정한 패러다임에 속해 있다고 한다. 그렇다면 조선사회에도 전통과학의 패러다임이 존재했다는 뜻이다. 그때 들어온 서양 과학은 전통과학의 패러다임과는 전혀 다른 패러다임에 있었다. 두 패러다임은 이른바 '공약 불가능성 incommensurability'495의 상태였다. 따라서 전통과학의 패러다임에 속해 있던 유학자들이 자신의 패러다임을 '순순히' 버리고 이질적인 패러다임으로 옮겨가기는 쉽지 않았다. 그렇기 때문에 전통적 사고 체계의 논리적 기반 위에서 서양 과학을 이해하고 수용하려 했을 뿐이다.496

조선 천문학의 패러다임이란 무엇이었을까? '역상수시'에서 시작해서 '역상수시'로 끝을 맺는 하나의 틀이었다. 그런 점에서 천문학과 관련된 지식은 유교가 지속되는 한 지식인들의 관심사에서 벗어날 수 없었고, 유교의 틀도 벗어날 수 없었다. 이기설理氣說에 기반한 성리학의 강고한 인식틀이었다. 그 틀은 그리 쉽게 무너지지 않았다. 청나라의 고증학도 끝내 이 '이기설'의 테두리를 벗어나지 못했다. 조선에서는 고증학이 학파를 이루는 데까지도 나가지 못했고, 오히려 19세기 후반에는 위정척사파의 등장 등을 통해 성리학적 세계가 재건되는 모습까지 보였다.

그렇지만 조선의 과학기술이 그 자리에 머물러 있었던 것은 아니었다. 정량적 논법과 체계적 실험을 통해 인과관계를 찾아내는 과정을 과학이라고 한다면,497 19세기 조선의 천문학도 전통과학의 패러다임 내에서는 최고의 수준까지 갔다. 그게 19세기였다. 유교의 사고틀 안에서 할 수 있는 최고의 경지에 도달했다고 해석한다. '구본신참'의 방식으로 서양 과학을 받아들였다고 해석할 수 있겠다. 그리고 그게 최선이었다. 순수과학이 유교적 자연관을 끝내 이겨내지 못하였다. 그러나 충분히 성숙되어 있었기 때문에 틀만 바꾸면 급속한 발전을 이룰 수 있는 단계에까지는 도달했다.

전통과학의 패러다임 내에서 최고의 경지에 도달한 19세기, 고비에 올라서 있었다. 약간의 자극만 주어진다면 기꺼이 기존의 패러다임을 벗어나 다음 패러다임으로 전환할 수 있고, 그때 빠른 속도로 적응할 수 있는 준비는 이미, 충분히 되어 있었다. 다만 이때의 패러다임 전환은 '천동설에서 지동설로'와 같은 과학 안에서의 전환이 아니었다. 그렇기 때문에 과학의 해석을 가로막고 있던 기존 문화의 외투를 벗고 새 외투로 갈아입어야 했다. 그러나 그것이 쉬운 일이 아니었다. 그 결과가 어떻게 나타났는지 지금은 잘 알고 있다.

보론

근대 시간의
경험

근대성의 경험

근대성의 전형은 없다. 다만 각기 다른 근대성의 경험이 있을 뿐이다.
버먼의 말을 빌려 보자.

> 근대성의 경험은 근대화가 유럽 봉건사회를 체계적으로 파괴하고 세
> 계 전체로 확대되면서 인류에게 초래한 보편적인 경험이다. 근본적
> 으로는 세계적 규모의 자본주의에 의해 추동되는 근대성은 비록 시
> 간과 정도에 차이가 있을지라도 인류 전체가 공유하는 경험이 되었
> 다.[498]

근대성은 19~20세기 전반에 걸쳐 인류 전체가 공유한 경험이었다.
다만 그 경험의 내용은 크게 달랐다. 누군가는 제국주의로, 다른 누군
가는 식민지로 겪었다. 그래서 '병행의 역사'라고도 말한다.[499] 즉 주류

는 없고 병행하는 역사만이 존재하고 있다는 뜻이다. 병행의 역사는 단선적 발전을 부정한다. 근대라는 시기를 어떻게 겪었느냐의 차이가 있을 뿐, "이건 근대성이고 저건 근대성이 아니다"라고 말할 수는 없다.

우리는 근대를 식민지로 겪었다. 따라서 제국주의가 겪은 근대와는 다를 수밖에 없다. 따라서 지금 해야 할 일은 서구의 길을 압축해서 따라가 근대성을 완성하는 데 있는 것이 아니라, 우리 근대사의 경험을 정확히 이해하고 그 위에서 우리에게 맞는 발전방향을 논하는 것이다.

시간도 마찬가지다. 서구로부터 비롯된 근대의 시간은 한편에서는 일제에 의해 강요되었고, 다른 한편에서는 우리 스스로 수용하였다. 과연 우리가 겪은 근대적 시간의 수용은 어떤 모습이었을까? 개항부터 1945년까지를 근대라고 할 때, 시간생활에 나타난 변화의 단계를 나눈다면 1896년 양력 사용에서 비롯된 근대적 시간체제로의 편입, 1921년 '시時의 기념일' 시행 등이 획기가 될 수 있다. 먼저 근대적 시간체제로의 편입과정을 살펴보고 이어서 '시의 기념일'에 대하여 알아보도록 하자.

근대적 시간체제로의 편입

기계시계는 '문명'을 상징하는 최첨단 기계였다. 기계라는 그 사실만으로도 그건 문명이었다. 그러므로 시계에 맞추어 생활하는 행위는 그 자체가 문명화의 과정이었다. 이처럼 근대적 시간생활은 문명화의 가장 중요한 시발점이었다.[500]

우리는 1896년 1월 1일부터 양력을 사용했다. 근대적 시간과의 첫 만남이었다. 이미 양력은 세계 시간질서 속에 절대강자로 자리 잡았기 때문에 불가피한 선택이었다. 하지만 갑오개혁이 그렇듯이 양력의 사용 역시 일제에 의해 강요된 측면이 컸다. 이 때문에 그 후 대한제국에서는 명시력을 국가력으로 반포하면서 양력을 사용하긴 하나, 음력을 중시하는 음양이중력을 택하였다. 특히 국가의 각종 기념일은 음력을 따르도록 하였다. 종두법으로 유명한 지석영(池錫永, 1855~1935)은 양력을 없애고 음력을 전용하여 나라의 체모[國體]를 높이자고 주장하였다. "저들이 강하고 부유하고 공교工巧하게 된 이유를 따져 보아야" 하겠지만, 양력이 나라를 부강하게 하는 기틀은 아니라면서 오히려 저들, 즉 일본을 비롯한 제국주의 국가들과 대등하기 위해 음력을 전용해야 한다고 하였다.[501]

하지만 당시에도 일반적인 추세는 양력 전용 쪽이었다. 1906년 〈황성신문〉에서 양력 전용을 주장하는 기사를 보자.

> 만약 음력을 사용하려면 다만 음력만 있게 하면 되고, 만약 양력을 사용하려면 다만 양력만 있게 하면 되는데, 이미 양력이 있는데 또 음력이 있으니 지금 사용하는 것이 과연 어떤 역서인지 모르겠구나. … (지금) 역서를 보면 음력을 중시하는 것 같으면서도 공문에는 양력만을 사용하니, 오호라! 하나[一]에 법을 세움을 들어봤어도 섞어서[雜] 법을 세운다는 것은 들어보지 못했다. 지금부터는 특별히 하나의 순태양력만을 반포하기를 간절히 바라노라.[502]

이렇게 양력 전용을 주장하였다. 그런데 그 이유가 음력이 잘못되었다기보다는 한 나라에 두 가지의 역서가 있으면 혼란스러우니 어느 하나로 정하자는 것이었다. 이때 양력은 곧 문명을 상징했기 때문에 양력 전용으로 기울었을 뿐이었다.

1896년 4월 7일 창간한 〈독립신문〉은 한글 전용을 비롯하여 일상생활의 근대화에 적지 않은 영향을 미쳤는데, 근대적 시간상을 만들고 이를 전파하는 데도 역할이 컸다. 먼저 〈독립신문〉은 창간호부터 세 개의 '표'를 반복해서 싣는다. 하나는 물가표, 다른 하나는 제물포 윤선시간표, 또 하나는 한성 내외 지역의 우체시간표였다.[503] 이중 윤선시간표는 양력 날짜로 표기하였고, 우체시간표는 기계시계의 시간으로 안내하였다. 따라서 이에 반복적으로 노출되다 보면, 당연히 양력과 더불어 기계시계의 시간에 익숙해지게 된다.

또 〈황성신문〉에서는

> 기汽 · 전電 · 활活 · 우郵를 천하의 네 가지 큰 그릇[四大器]이라 하나니 이것들을 이용후생함이 다 국부민강의 대기초라.[504]

하였는데, 여기서 말하는 기차, 전차, 우편 등은 근대 문명의 상징들이고, 시간생활과 밀접한 관련을 가졌다. 따라서 이를 이용하면 저절로 근대적 시간체계에 들어갈 수밖에 없었다. 우편은 1898년에 전국적인 우편망이 완성되었을 뿐 아니라, 1900년 1월 1일 국호 대한국大韓國으로 만국우편연합(Universal Postal Union, UPU)에도 가입하여 국제우편업무를 개시하였다. 또 대한제국은 세계표준시에 맞춰 대한표준시라는 고유의 시간을 사용했다. 대한표준시는 그리니치 천문대에서 127도 30

분에 해당하는 한양의 경도에 따른 표준시를 사용하였다.[505]

이처럼 대한제국기의 근대화 과정에서 만국우편연합 가입, 세계표준시에 따른 대한표준시의 사용 등으로 양력은 물론 근대적 시간체제로의 편입은 필연이었다. 또 시간을 아끼자는 정도에서이긴 하지만, "시간은 돈"이라는 말도 자연스럽게 받아들였다. 이런 과정 속에서 새로운 시간질서가 형성되어 갔다. 그렇다고 해서 전통을 부정하는 데까지 나가지는 않았다. 오히려 음양이중력을 통해 음력의 토대 위에서 '구본신참'을 지향하고 있었다. 이것이 우리가 스스로 택한 근대적 시간체제였다.

그러던 것이 일제강점이 현실로 나타나는 1905년 이후가 되면 음력과 양력의 지위에 근본적인 변화가 나타났다. 양력 쪽으로 대세가 기울었음은 물론이고, 거기에 덧붙여 음력은 미신으로 나쁜 것, 심지어는 귀력鬼曆으로 규정하기까지 하면서 '폐지'를 강요하기 시작하였다.[506] 국가에 표준은 하나라는 논리에다가 "음력은 미신"이라고 비하하여, 문명과 부강을 얻으려면 양력을 채택해야 한다면서 음력 폐기의 구실들을 만들어갔다.

양력 사용에 대한 일제의 압박은 계속되었다. 일본은 조선의 식민지화를 앞당기고자 일본과 같은 체제를 강요하였다. 이를 위해 양력과 음력이 공존하던 대한제국의 '이중적 시간'을 없애고자 하였다. 그 명분으로 양력이 '정확'하고 '편리'한 문명의 길이라고 미화하였다. 그리하여 조선의 시간을 일본에 맞추어 바꾸려 하였다. 이렇게 조선의 식민지화는 음력의 폐지와 운명을 같이 했다. 하지만 1930년대까지도 〈음력을 완전히 폐지하라〉는 신문 사설이 나올 만큼 민간에서의 음력 사용

은 여전하였다. 507

똑같이 양력 사용을 주장한다고 해도 그 입장은 서로 달랐다. 일본이 전통의 색깔 빼기, 중국 지우기, 탈아론脫亞論 등의 성격을 지녔다면, 조선의 개화파들은 문명 세계에 진입하기 위해, 근대화의 상징으로 양력을 수용하고자 했던 것이다. 이처럼 양력의 사용은 제국주의의 지배를 확고히 하기 위한 일제의 강요가 컸지만, 시간단축으로 문명국을 따라잡으려면 빨리 서구화되어야 한다는 측면에서 양력을 수용하는 다른 입장도 있었다.

시의 기념일

근대적 시간체제에 편입된다는 것은 '시간 지키기[時間勵行]'와 '시간 아끼기[時間尊重]'로 나타났다. 그 대표적인 표현이 "시간은 돈"이었다. 〈독립신문〉 1899년 7월 3일자 〈시간은 돈〉이란 논설에서 "서양 말에 시간이 돈이라 하고"라 시작하면서, 서양 사람들은 무단히 놀지 않는데, "대한 사람들은 놀고 편히 지내는 것이 고질이 되어 시간 정하고 하는 일이 드물고, 대로 상에 행인을 보더라도 급히 걷는 사람은 몇이 못 되고…"라 하여 돈이 되는 시간을 아껴 쓰지 못하고 허비함을 안타까워했다. 무슨 일이든 게을리하지 말고 부지런히 힘써 하라는 뜻이었다.

또 〈황성신문〉 1901년 10월 3일 논설에서 시간은 음력의 시간이든 서력의 시간이든 같다면서 분초도 어긋나지 않도록 지켜야 한다면서 시간의 관섭關涉이 중차대함을 강조하였다.

시간을 잘 맞추는 것이 시계의 미덕인 것처럼, 사람 또한 직무를 정확하게 수행하는 사람이 제대로 된 사람이라는 것이다. 여기서 더 나아가 사람됨 자체를 시계에 비유하는 경우도 발견된다.[508] 기계시계의 보급도 활발해졌다. 병합되던 1910년 말에 경성의 시계점 주인들은 시계점조합을 설립하기 위한 청원활동을 벌였고, 그 결과 '경성시계흥진회'라는 단체가 설립되었다. 염가판매, 할인판매 등을 통해 시계 판매를 확장해 나갔다.

이와 함께 시간관념의 선전도 활발해졌다. 〈매일신보〉의 논설에서

> 민족의 부강함도 시간을 중시함에 있고 민족의 문명함도 시간을 중시함에 있으니 이와 같은 시간을 낭비하면서 어찌 자기의 보잘것없음[貧弱]을 사랑[愛]하며 어찌 자기의 어리석음[野昧]를 한탄[恨]할까.[509]

라 하고, "천금같은 시간을 사랑할지어라"로 맺고 있다. 근대적 시간관념의 선전은 1920년 이후 가속화되었다. 1920년대 일상생활에 근대의 개념이 들어오면서 바쁘게 바뀌어 갔다. 이를 재촉했던 상징적 행위가 '시(時, 때)의 기념일'이었다.

1921년부터 6월 10일을 '시의 기념일'로 정해 전국의 주요도시에서 기념행사를 거행했다. 이 소식을 알리는 〈동아일보〉 기사를 보면 이 기념일이 시간관념의 선전을 목표로 하고 있음을 전한다. 6월 10일을 기하여 해마다 한 번씩 때에 대한 관념, 즉 시간을 절약하고 시간을 엄수하는 근대적 시간관념을 갖게 하였다. '시의 기념일'은 동경에 있는 생활개선동맹회에서 시작하였다. 일본의 '생활개선' 운동 속에서 탄생한

'시의 기념일'을 식민지 조선에 곧바로 이식하였다. 기념의 주체는 조선 총독부와 지방관청이었다.[510]

구체적 행사 내용을 〈시의 기념과 광주시〉라는 신문기사를 통해 보면 이날 경찰서, 각 교회, 각 학교, 각 사원에서 정오에 종을 치고, 보통학교 생도들은 줄을 맞춰 시가지 행진을 하며 '시의 노래'를 높이 부르고 '시의 깃발'을 들게 하였다. 고등보통학교 생도들은 시가에서 연설을 하게 하였다. 광주군에서는 군수를 선두로 직원들은 오색의 색지로 어깨띠를 하고 시내 각 가호마다 선전물을 배포하였고, 도청에서는 도청 직원들이 자동차로 시내 요지를 돌며 선전하고, 도지사는 시간에 대한 연설을 하였다. 광주수비대 및 일본인 소학교 생도들도 이 같은 선전을 하게 하였다. 그리하여 광주시가는 일시에 "시간은 금전이라 잘 노동하여라, 집회의 시간에 늦은 사람은 누를 끼침이라, 방문에는 시간을 선택하라, 납세의 시기를 잊지마라"는 풍자화를 삽입한 선전문으로써 포위되었다고 하였다.[511]

시간 계몽의 핵심은 "시간 여행, 시간 존중"이었다. "분초의 타임이 흐르는 공간에 생명줄을 타고 달음박질치는 우리 인생으로서 이 '때'가 얼마나 귀한 것이냐?"라고 하면서 시간 지키기와 시간 아끼기를 강조하였다. 일상생활에서는 집무시간, 집회시간, 심방尋訪시간 그리고 침식寢食시간 등의 엄수를 계몽하였다.

1932년 '시의 기념일'을 알리는 〈동아일보〉의 신문 기사가 재미있다.[512] 사진을 게재하였는데 제목이 〈무정부상태의 장단침長短針과 시時의 기념탑〉이었다. 시계점 시계들의 시침과 분침이 각각 달라서 마치 무정부상태와 같다고 비유하였다. 이렇듯 시침과 분침을 잘 맞추자는 뜻을 강조하였다. 또 다른 기사에서는 모든 시계가 똑같은 시간을 가리키고 있는 사진을 게재하여 역시 시계를 잘 맞춰 시간을 지키자는 계몽의 뜻을 담았다.[513] '시의 기념일'과 함께 시계의 상식이나 시계의 역사를 신문에 연재하여 시계 전반에 대한 일반인의 지식을 높이려고도 하였다.

'시의 기념일'이 근대적 시간체계 속에 식민지 조선 대중을 포섭하여 식민지배의 효율성을 높이려는 데 목적을 두었음은 분명하다. 1940년 '시의 기념일' 신문기사에서는 〈신시대의 생활은 시간엄수로부터〉라는 제목 하에 "시간은 황금보다 귀중하다"는 것은 가장 평범한 진리가 되었다고 하면서 "시간을 아끼자! 시간을 엄수하자! 시간을 선용하자!"에 때의 기념 의의가 있다고 하였다. "특히 지식지도계급사람들이 시간 지키기[勵行]에 모범을 보이기로 한다"에 방점을 두었는데, 여기서 또한 전형적인 식민지배전략의 일단을 엿볼 수 있다.[514] 물론 근대적 시간관념은 식민지배가 아니더라도 가져야 할 관념이었지만, 일제는 식민지배의 효율을 목표로 강요했던 것이다.

1937년 〈매일신보〉에서 6월 10일 '시의 기념일' 관련 전면 기사를 낸다. 거기서 기념일의 취지를 다음과 같이 썼다.

우리 조선사람은 예전부터 시간에 대한 관념이 박약하였습니다. 남과 철석같이 맞춰놓고도 태연히 에누리를 하거나 안 가거나 하는 나쁜 습관을 가졌습니다. 사사로뿐 아니라 공사에도 시간은 으레 에누리하는 것으로 여겨왔습니다. 이렇게 시간을 우습게 알아온 고로 이것을 고치기 위하여 6월 10일을 기념일로 정하고 시간이 얼마나 귀중한 것이라는 것을 널리 선전해오는 것입니다.

특히 우리 조선사람의 나쁜 습관을 강조하면서 그 취지를 전하고 있다. 이런 데서도 식민지 근대성의 단면이 잘 드러난다.

'시의 기념일'은 전시체제로 들어가면서 군국주의 색깔이 덧씌워졌다. 1938년부터 '시의 기념일' 행사에 총독부에서는 오전 6시 30분과 정오 두 번에 걸쳐 전 조선에서 일제히 황거요배(皇居遙拜, 일본의 왕이 거처하는 곳을 향해 절함)를 하고 이어서 1분 동안 황군의 무운장구武運長久를 위한 묵도를 하도록 지시하였다.[515] 1940년에는 국민정신총동원의 전시체제임을 들어 전몰장사의 영령에 대한 묵도가 추가되었다. 묵도 시간도 3분으로 늘었다.[516]

컵에 찬 물

해방이 되면서 '시의 기념일' 행사는 더 이상 없었다. 시간 엄수를 이미 잘해서일까? 아니면 그것이 필요 없어서일까? '시의 기념일'은 단순히 시간만을 기념하는 것이 아니었다. 근대적 시간생활을 내세워 더욱 많은 노동을 동원함으로써 결국은 식민지배의 이익을 극대화하려는 데 정책적 목표가 있었다. 또 나아가 궁성요배 등 동화정책의 수단으로 변질되었고, 전시동원체제와도 결합하면서 시간을 통해 식민지 조선인의 통제를 더욱 강화했던 것이다. 따라서 해방 이후 그런 류의 기념일은 당연히 거부될 수밖에 없었다.

지금까지 살펴본 것처럼, 근대적 시간체제는 갑오개혁을 거치고,

대한제국기에 들어서면서 적극 도입되었다. 그러나 불행히도 일제에 의해 자주적 근대화의 노력이 좌절되면서 제국주의적 근대로 변질되었고, 일제의 식민지배에 용이한 형태로 자리잡아갔다. 그리하여 식민지 근대성의 틀 안에서 근대적 시간을 경험했다. 제국주의와 함께 시작된 근대는 '제국주의 시간'이 전파되는 과정을 겪었다. 근대적 시간관념은 짧은 시간 내에 일상생활 속에 들어왔고, 일제하의 자본주의 성장에 동원되었다.

일본의 근대화는 곧 유럽화였고 이를 뒷받침한 것이 탈아론이었다. 일본은 아시아를 벗어나는 것을 목표로 한 근대화였기에 '구본신참'을 지향한 대한제국의 근대화와는 달랐다. 따라서 식민지에서 강요된 근대화, 그에 따른 근대적 시간관념은 우리가 경험한 근대일 뿐, 우리가 지향한 근대는 분명 아니었다.

조선 시대에 근대화에 필요한 물이 비록 부족하긴 했지만, 컵에 많이 차올랐다.[517] 컵에 이미 찼던 물은 오늘날까지 이어져 우리나라 발전의 토대가 되었음도 분명하다. 조선 시대의 성취는 식민지가 되었다고 해서 사라지는 것은 아니었다. 따라서 지금 필요한 것은 우리가 겪은 근대와 우리가 지향한 근대와의 차이에서 비롯된 문제들을 검토하여 우리에게 맞는 미래의 방향을 찾아가는 데 있다.

시간차와 역사

시계, 즉 과학기술이 바꾼 세계

8세기 말 아랍에서 유럽의 샤를마뉴에게 시계를 보내주었다. 작은 청동 종이 열두 시간을 알려주는 정교한 물시계였다. 1548년, 이번에는 거꾸로 유럽에서 아랍의 술탄을 위한 선물로 시계 네 개와 한 명의 시계공을 보냈다. 그 시계는 기계시계였다. 이를 통해 유럽은 기술적 우월성을 뽐냈다. 이렇게 유럽은 기계시계로 근대 과학의 발달을 선도하였다. 그리하여 16~17세기 과학혁명을 이끌었고, 나아가 18세기 중반에서 19세기 초반에 산업혁명을 일으켜 유럽을 근대 이후 선진국의 지위에 올려놓았다.

유럽을 이렇게 만든 그 선두에 시계가 있었다. 시계는 특히 자동장치의 핵심요소들을 집약하고 있었다. 시계는 근대 기술을 대표하는 최고의 기계였다. 그래서 시계는 기계를 넘어 사회를, 문화를 바꾸는 역할까지 하였다. 루이스 멈포드는 근대 산업사회는 석탄, 철, 증기기관 없이는 지탱될 수 있을지 몰라도 시계 없이는 한시도 유지될 수 없었다고 한다. "18세기에 신은 시계였다"라고까지 말한다. 그래서 "근대적 산업 시대를 추동한 핵심 기계는 증기기관이 아니라 바로 시계"라고 단언한다.[518]

지금 '제4차 산업혁명'이 인구에 회자되는데 여전히 '산업혁명'이란 말을 쓰고 있듯이 산업혁명은 현재까지도 세계 나라들의 순위를 정하는 결정적 요인이다. 산업혁명을 이끌었던 변화는 무엇보다 과학기술에서 왔다. 과학기술! 지금까지 그래왔던 것처럼 앞으로도 역사 발전에 가장 큰 변수가 될 것임은 분명하다. 이 책에서 시계에 주목했던 이유도 거기에 정밀 과학기술의 모든 것이 들어있기 때문이며 나아가 그것이 기술에만 머물지 않고, 사회를 바꾸고 문명을 바꾸는 결정적 변수가 되었다고 생각하기 때문이다.

시간차의 서열화

지금까지 흔히 인류 삶의 목적, 지향을 단선적으로 제시하면서 각 문명들을 그 선상의 앞과 뒤에 배치하고, 그런 앞뒤의 차이를 문명간 우열의 차이로 규정하여 서열화하였다. 단선의 길을 따라 다음 단계로 나가는 것은 결국 시간의 문제인데 누구는 빨리 가고 누구는 느리게 간다면, 거기서 선후의 차이가 생긴다. 속도차가 단선상의 위치(공간)차를 만든다. 그리고 그 위치 간의 거리차는 곧 시간차로 해석한다. 공간차가 시간차가 된다. 그 거리차의 단계를 시간의 순서에 따라 야만, 미개, 문명으로 나누었다. 이런 단계적 진행을 진화로 여겼고, 진화단계의 차이에 따라 서열을 매겼다. 차이를 다름으로 보기보다는 진화단계의 차이로 보아 선후의 순서로 서열화시켰던 것이다.

"선수先手를 잡으면 남을 제압할 수 있고, 후수後手가 된다면 남에게 제압 당한다[先則制人, 後則爲人所制]"[519]는 말이 있듯이 시간차에 따라 제압하는 나라와 제압당하는 나라로 나뉘게 된다고 말한다. 근대화의 과정에서는 그 결과가 어느 때보다 혹독하였다. 선수와 후수의 차이가 제국과 식민지로 운명을 갈랐던 것이다. 이렇게 근대의 이데올로기가 자리잡았다. 이는 제국주의의 논리였고, '시간차'라는 말로 모든 것을 서열화시켜 버렸다.

근대 문명의 선수에는 여러 가지가 있겠지만, 뚜렷한 것 하나가 바로 시계와 그것이 만든 근대적 '시간규율(time discipline)'이었다. 근대=기계=시계라는 등식은 분명했다. 근대적 시간규율은 시간=화폐라는 자본주의적 시간관에 닿았고 이는 사회진화론과 결합했다. 따라서 근대적 시간생활의 수용 속도가 근대화의 차이를 만든다고 믿었다. 이는 말을 바꾸면, 시계 내지 시간에 대한 수용의 시간차가 근대화의 속도를 가늠해 준다는 뜻이다. 그 속도의 차이만큼 근대화의 시간차가 생기고 앞선 나라와 뒤처진 나라 간에 제국-식민지의 관계가 형성된다는 것이다.

이는 제국-식민지의 관계가 되어 버린 조선에도 그대로 나타났다. 벽안의 외국인들이나 이를 흉내 낸 일본인들은 조선에서 보이는 여러 차이를 진화의 단계로 환원하여 차별화하였다. 근대화의 차이를 만드는 핵심 요소 중 하나를 근대적 시간규율의 수용에서 찾았다.

그리하여 그 차이를 시간화하였다. 식민사관의 핵심인 정체성론이 바로 그것이다. 후쿠자와 유키치는 조선이 일본보다 문명의 수준이 "100년은 뒤떨어졌다"고 주장했다.[520] 근대화의 차이를 100년이라는 시간만큼의 차이로 표현하였다. 차이를 시간화함으로써 우열을 설정해 조선에 대한 식민지배를 합리화하였다.

시간차 따라잡기

일본이나 조선의 개화론자들은 둘 다 시간 격차를 전제한다는 점에서는 같은 논리 위에 서 있었다. 다만 일본은 앞선 자의 논리에 서서 지배를 정당화하는 논리로 활용했다면, 조선은 뒤처진 자의 입장에서 시간의 문제로 보아 따라잡기를 강조한다는 점에서 서로 달랐다.

윤치호는 자신의 일기에서 다음과 같이 적었다.[521]

> 갈색과 황색 인종은 백인종이 [미개의] 숲을 벗어나기 훨씬 전부터 높은 수준의 문명을 발전시켰다. 우리 [동양인이] 진보에 있어서 [지난 수세기 동안] 멈춰선 거였다면, 우리는 여전히 배울 능력이 있다. 그것은 오직 '시간의 문제'에 불과하다. … 우리는 백인종을 뒤따라 잡을 것이다. 누가 아는가? 우리는 다시 그들을 추월할지도 모른다.

윤치호는 과거에 서양이 무지의 어둠 속을 헤맬 때 동양의 문명은 이미 놀라운 수준에 도달했었다고 한다. 이후 동양은 일시적으로 진보를 멈췄고, 그 때문에 지금 서양에 추월당했다는 것이다. 그는 동양인이 배울 능력이 있기 때문에 서양을 뒤따라 잡는 것은 물론이고, 더 나아가 다시 추월할 수도 있을 것이라 기대하였다. 이를 그야말로 '시간의 문제'로 여겼다.

〈독립신문〉에도 그런 시각이 여실히 드러난다. 1899년 2월 23일자 논설의 제목은 〈나라 등수〉인데

> 현금 동서양 각국이 다 등수가 있으니 제1등은 문명국이요, 그다음에는 개화국이요, 그다음에는 반개화국이요, 그다음에는 개화 못 한 야만국이라.

고 구분하고 영국, 미국, 프랑스, 독일 등은 제1등 문명국으로 일본, 이탈리아, 러시아 등은 개화국으로, 우리나라와 청나라 등은 반개화국으로 구분하였다. 반개화국은 "그 나라 정치와 풍속들이 혹 아름다운 일이 있으나 대개 10분에 5, 6분은 미개화한 일이 많음을 이름이요"라고 적었다. 그리고 〈독립신문〉은 이어지는 글에서 정부와 백성이 일심합력하여 죽기를 무릅쓰고 정부 뒤를 받쳐주면 몇 해가 지나지 않아 제1등 문명개화국의 등수에 올라갈 수 있다고 하며 우리 정부와 인민의 각성을 촉구하였다. 이처럼 문명의 차이를 시간차로 받아들여 노력에 따라 시간의 간격을 줄일 수 있다고 보았다.

당시 조선의 개화론자들은 비록 현재 조선이 정치·경제적으로 서양과 일본에 뒤떨어져 있지만, 차후에 언젠가 이들을 따라잡을 수 있다고 믿었다. 그들은 진보에서 격차란 언제든지 따라잡을 수 있다고 보았

다. 그래서 이를 '시간의 문제'로 여겼고 이를 위해 근대 시간규율의 실천을 더욱 강조하였다. 시간엄수와 시간절약을 통해 시간차를 줄여나가는 데 선진화의 길이 있다고 여겼다.

〈황성신문〉 1899년 4월 6일 자 논설 〈유명한 폭포와 기계〉에서, 나이아가라 폭포수를 이용하여 기계를 돌려 전기를 얻고, 그 전기로 각종 기계를 돌려 생산성을 높이는 예를 들면서 다음과 같이 말하였다.

> 무슨 제조물이든지 인력과 시간을 적게 들여가지고 많이 만들어야 부비附費가 적게 들 것이요, 부비가 적게 들어야 그 물건이 쌀 것이요, 물건이 싸야 많이 팔릴 것이요, 물건이 많이 팔려야 그 생업이 흥왕할지라.

라 하여 선진국의 예를 들었다. 그리고 이어서

> 대한에는 무명 짜는 것 한 가지만 보아도 한 필쯤 짜려면 기계로 몇 만 통 짤 시간을 허비하며 그렇게 시간을 허비하고도 물건이 정미치 못하며 시간을 대단히 허비함으로 부비가 많이 들어 값이 비싼 까닭에…

라고 우리의 사정과 비교하면서 산업경쟁력이 인력과 시간에 있음을 강조하였고, '시간차'의 원인을 '시간의 허비'에서 찾았다.

이처럼 '시간차'로 뒤떨어져 있기 때문에 시간을 아끼고 지켜야만 격차를 따라잡을 수 있다고 생각했다. 시간을 알려주는 기계, 시계는 더구나 '문명'을 상징하는 기계였으니, 시간은 그대로 문명이었다. 따라서 시계가 알려주는 시간에 맞춰 사는 생활, 시간엄수와 시간절약은 근대적 생활일 뿐 아니라 뒤떨어진 시간차를 따라잡을 수 있는 가장 효과적인 수단으로 받아들였다. 그래서 더욱 시간에 집착했다. 그런 점에서 시간차를 극적으로 줄이는 압축성장은 필요하겠지만, 그것만이 문제의 본질은 아니다.

변화는 어떻게 오는가?

1230년대 경에 고려가 세계 최초로 금속활자 인쇄를 하였음은 분명하다. 독일의 구텐베르크가 1450년경에 금속활자 인쇄를 시작하였으니 200여 년이나 앞섰다. 금속활자는 목판과는 달리 여러 종류의 다양한 책을 소량으로 신속하게 찍어내는 데 효과적이었다. 이는 당시 고려의 현실에 적합한 인쇄 규모이면서 또 전란으로 소실된 책들을 신속하게 복간할 수 있는 장점도 있었기에 이 기술이 활성화될 수 있었다. 다만 거기서 멈췄다.

오히려 금속활자는 조선 세종대에 전성기를 맞았다. 국가의 문화사업을 총체적으로 진흥시키는 데 인쇄 출판 기술이 요구되었다. 세종대에는 이전 활자의 단점을 대폭 개선하여 1420년에는 경자자를, 1434년에는 크고 작은 20만 여자의 갑인자를 주조하였다. 이 또한 세종대 천문 의기의 제작을 총감독했을 뿐 아니라 조선 고유의 화약 무기를 개량하는 데도 큰 업적을 남긴 이천李蕆의 주도 하에 이루어졌다. 갑인자로 인쇄한 서적은 15세기에 만들어진 세계의 어떤 서적보다도 아름답다고 평가받을 정도였다. 그리고 이때만 해도 구텐베르크보다 20년이나 앞서 있었다.

세종대의 금속활자 인쇄술은 14~15세기 한국 사회가 요구하는 사회적 필요에 부응하여 개발된 훌륭한 기술이었다. 그러나 구텐베르크의 인쇄술만큼 혁명적인 변화를 이끌지는 못하였다. 왜 그랬을까? 여러 가지 이유가 있겠지만, 사회문화적 환경의 차이가 컸다.[522] 변화는 어느 하나만으로는 오지 않기 때문이다. 이를 단재 신채호는 상속성相續性과 보편성으로 해석하였다. 상속성과 보편성의 강약에 따라 같은 사건이라도 파급력, 영향력이 달라진다는 것이다. 그 강약을 결정하는 요인은 정신과 환경에서 온다고 하였다.[523]

대다수의 변화는 특정 시기에 몰려 있으면서 문화적으로 볼 때 대체로 일관된 덩어리를 이루고 있다고 한다.[524] 그리고 이런 현상은 '인접 가능성(adjacent possible)' 때문에 나타난다고 해석한다.[525] 인접 가능성이란 주변 기술과 사회 제반 환경이 조성되어 어떤 기술을 발명할 가능성이 높아지는 정도라고 할 수 있다. 아무리 똑똑하고 영리한 사람도 혼자서 새로운 혁신을 다 이뤄낼 수는 없다. 혁신은 거기에 필요한 모든 조각들이 모아졌을 때 가능한 것이다. 즉 혁신을 이룰 수 있는 조건들이 인접해 있을 때 한 천재에 의해 혁신이 가능해진다는 뜻이다. 이를 인접 가능성이라 한다.

이는 다음과 같이 해석될 수 있다. 새로운 과학기술을 발명하는 천재적 역량은 전제가 되어야겠지만 그것만으로는 안 되고, 이를 뒷받침하는 사회의 요구나 환경이 뒷받침될 때, 변화가 혁명이 될 수 있다. 기계시계도 13세기에 나왔지만 그 영향력은 미약했다. 그러다가 시계를 요구하는 환경이 만들어지자 기계시계의 역할이 커졌고 급속한 발전을 이루어 냈다.

또 이런 변화 발전은 결코 선후가 있는 시간 순서대로만 일어나는 것은 아니다. 서로 다른 지역에서 동시다발적으로 전혀 관계없이 일어나기도 한다. 인접 가능성이 있으면, 서로 다른 길을 따라 비슷한 결과를 만들어낸다. 물론 그 결과가 결코 같을 수는 없겠지만…. 따라서 인접 가능성 위에서 다양한 길을 찾아야 한다. 그렇게 새로운 길을 찾을 때 '시간차'를 비켜 갈 수 있을 뿐만 아니라 'Fast Follower'를 벗어나 새로운 '시간차'를 선도하는 'First Mover'가 될 수 있을 것이다. 그러기 위해 필요한 것이 역사 속에서 확인할 수 있는 것처럼, 과학기술이 발전할 수 있는 환경을 만드는 것이다. 그 환경의 차이가 변화를 이끌 수 있을지, 나아가 변화를 넘어 혁명을 이룰지를 규정한다. 이를 위해 기술 발전의 내적 축적이 있어야겠지만 그에 못지않게 인간 정신, 문화가 뒷받침되어야 한다. 그래서 사회의 전면적인 변화가 함께할 때 진정한 'First Mover'가 될 수 있을 것이다.[526] 이와 같은 환경의 차이를 만들어 그 시대의 주도적 기술을 먼저 갖는 것, 거기에 'First Mover'가 될 수 있는 답이 있다.

지금은 누가 뭐래도 분명한 창의사회이다. 창의력과 혁신성, 적응력과 융통성 등이 삶의 키워드로 강조되고 있다. 그런 추세에 맞춰 "지식의 대통합=통섭"을 말한다. 무슨 과학기술이 필요할지? 어떻게 연쇄적인 변화로 이끌어 갈지? 그 답은 상호교잡, 과학과 인문학의 경계를 넘는 융합적 사고에서 나온다는 뜻이다.[527] 창의사회를 이끌어 갈 수 있는 융합적 사고가 거침없이 받아들여지는 그런 사회환경을 만드는 일이 최우선 과제가 되어야 할 것이다.

아울러 창의력은 협동과 소통 그리고 비판적 사고의 교집합을 통해 배양된다. 이중 비판적 사고가 무엇보다 중요하다. 과학기술 자체는 중립적이다. 따라서 사용하는 사람들에 의해 과학기술은 인류발전에 도움을 주기도 하고 거꾸로 파괴하는 데 악용되기도 한다. 이때 과학기술을 인류의 이익을 위해 종사하게 하는 데, 그래서 미래의 사회가 더 많은 인류에게 더 많은 행복을 주는 쪽으로 가게 만드는 데, 비판적 사고의 역할이 있다. 비판적 사고는 철학과 역사 그리고 문화에 대한 이해를 통해 얻게 된다. 그러므로 '제4차 산업혁명'이 가져올 미래에도 비판적 사고의 요람인 인문학은 여전히 필요하다.

본문의 주

1 그리스어로는 '무사Mousa'이고 복수형이 '무사이Mousai'이다. 대개 복수형인 무사이로 불린다.

2 그리스 3대 비극 작가인 소포클레스(Sophocles, B.C. 496~406)의 말로 "Wisdom outweighs any wealth"이다.

3 독일의 역사가 프리드리히 마이네케(Friedrich Meinecke, 1862~1954)의 말이다.

4 움베르토 에코, 에른스트 곰브리치, 크리스틴 리핀콧 외/김석희, 《시간박물관》(푸른 숲, 1999/2000), 23쪽.

5 E. H. 카/김택현, 《역사란 무엇인가》(까치, 1961/1997), 50쪽.

6 같은 책, 186쪽.

7 알렉산더 데만트/이덕임, 《시간의 탄생》(북라이프, 2015/2018), 85쪽.

8 같은 책, 630쪽.

9 같은 책, 421쪽.

10 E. H. 카/김택현, 앞 책, 134쪽; 알렉산더 데만트/이덕임, 앞 책, 425쪽.

11 Archōn, 그리스의 폴리스에서 귀족정 시기의 최고 관리로 집정관執政官에 해당한다.

12 알렉산더 데만트/이덕임, 앞 책, 401~403쪽.

13 Deucalion, 그리스 신화에 나오는 프로메테우스의 아들이다. 데우칼리온의 맏아들인 헬렌의 후손들은 자신들을 헬레네스라고 불렀다. 이는 그리스인을 통칭하는 말이 되었으며 헬레니즘도 여기서 유래한다. 그런 점에서 헬렌은 모든 그리스인의 조상이 된다.

14 아리아드네는 그리스 신화에 나오는 크레타 왕 미노스의 딸이다. 아리아드네의 실은 아테네의 왕자 테세우스가 크레타의 미궁에서 길을 잃지 않게 하기 위해 아리아드네가 건네준 실타래를 말한다. 어려운 문제를 푸는 실마리라는 의미를 갖는다.

15 G. J. 휘트로/이종인, 《시간의 문화사》(영림카디널, 1988/1998), 242쪽.

16 테오도르 몸젠은 독일의 역사가·작가이다. 《로마사Römische Geschichte》로 유명하며 1902년 노벨 문학상을 받았다. G. J. 휘트로/이종인, 앞 책, 292쪽.

17 E. H. 카/김택현, 앞 책, 200쪽.

18 공자 말하기를 "하夏나라 예禮를 내가 말할 수 있으나 (그 후예인) 기杞나라의 그것을

증명할 수 없다. 은殷나라 예를 내가 말할 수 있으나 (그 후예인) 송나라의 그것은 증명할 수 없다. (증명할) 문헌이 부족하기 때문이니 그것만 충분하다면 나는 증명할 수 있을 것이다"라 하였다(《論語》券3, 八佾 篇). 중국 상고사에서 '주周'가 특히 주목되는 까닭은 바로 문헌 때문이다. 이는 삼국 중 고구려나 백제의 역사책은 남아 있지 않고 오로지 신라 출신의 김부식이 쓴 《삼국사기》만이 남아 있어 우리의 역사 서술이 신라 중심이 될 수밖에 없었다고 이해하는 것과 같다. 기록의 상실은 역사의 상실로 이어진다.

19 이성규, 〈司馬遷의 時間觀念과 《史記》의 敍述〉《東方學志》70권, 1991), 208~211쪽.

20 단속평형이론은 1972년 스티븐 제이 굴드와 닐스 엘드리지Niles Eldredge가 함께 조명한 것으로 지구에서 생물의 역사는 긴 기간의 진화적 안정 상태와 짧은 기간의 급격한 진화적 변화 시기의 교호 반복으로 특징 지어진다는 것이다. 스티븐 제이 굴드/이철우, 《시간의 화살, 시간의 순환 – 지질학적 시간의 발견에서 신화와 은유》(아카넷, 1987/2012), 21쪽.

21 알렉산더 데만트/이덕임, 앞 책, 52쪽.

22 앨런 버딕/이영기, 《시간은 왜 흘러가는가》(엑스오북스, 2017), 427쪽.

23 "고통받는 사람에게 더한 고통을 주다(염장을 지른다)"라는 의미의 관용구로 사용되고 있다. 하지만 상처에 소금을 뿌리면 상처가 아물지 않아 고통이 오랫동안 지속된다. 고통을 잊지 못하게 한다는 뜻도 있다.

24 알렉산더 데만트/이덕임, 앞 책, 636쪽.

25 L. 페브르와 M. 블로크가 1929년에 《Annales, Economique et Sociale(경제·사회연보)》를 창간하였는데 여기서 이름을 따 아날학파라 불린다. 장기지속적인 전체사로서의 사회사를 강조하였다.

26 장강명, 〈마음읽기〉 〈중앙일보〉, 2018. 11. 28., 32면

27 〈조선일보〉 2018. 11. 3. A19, 책 소개: 12가지 인생의 법칙.

28 호르헤 루이스 보르헤스(Jorge Luis Borges, 1899~1986)의 1944년도 작품 《Funes El Memorioso(기억의 왕 푸네스)》의 주인공. 그는 모든 것을 기억하는 대가로 전신마비의 굴레에 갇힌다.

29 아우구스티누스/성염, 《고백록》(경세원, 2016), 40쪽.

30 알렉산더 데만트/이덕임, 《시간의 탄생》(북라이프, 2015/2018), 234쪽.

31 앨런 버딕/이영기, 《시간은 왜 흘러가는가》(엑스오북스, 2017), 9쪽.

32 움베르토 에코, 에른스트 곰브리치, 크리스틴 리핀콧 외/김석희, 《시간박물관》(푸른숲, 1999/2000), 253쪽; 스티븐 제이 굴드/이철우, 《시간의 화살, 시간의 순환》(아카넷, 1987/2012), 15쪽.

33 마틴 러드윅, 〈지질학자의 시간〉,《시간박물관》, 푸른 숲, 1999/2000), 253쪽.

34 1650년에 아일랜드 주교 제임스 어셔James Ussher가 세계 최고의 성서 연대기를 펴냈는데, 여기서 그는 신의 창조활동이 기원전 4004년 10월 23일에 시작하였다고 못 박았다. 애덤 프랭크/고은주,《시간 연대기About Time》(에이도스, 2011), 141~142쪽.

35 데이비드 유잉 던컨/신동욱,《캘린더》(씨엔씨미디어, 1998/1999), 13쪽.

36 G. J. 휘트로/이종인,《시간의 문화사》(영림카디널, 1988/1998), 91쪽.

37 앨런 버딕/이영기, 앞 책, 358쪽.

38 G. J. 휘트로/이종인, 앞 책, 72쪽.

39 같은 책, 104쪽.

40 알렉산더 데만트/이덕임, 앞 책. 72, 639쪽.

41 《로마사(History of Rome)》의 저자이다. 스티븐 제이 굴드/이철우, 앞 책, 230쪽.

42 스티븐 호킹/김동광,《그림으로 보는 시간의 역사》(까치, 1996/1998), 33쪽.

43 《文子》〈自然〉. "往古來今謂之宙, 四方上下謂之宇."

44 김문용, 〈조선 후기 서학의 영향과 우주론적 시공관념의 변화〉,《시대와 철학》제18권 3호, 2007), 460쪽.

45 스티븐 호킹/김동광, 앞 책, 34쪽.

46 G. J. 휘트로/이종인,《시간의 문화사》(영림카디널, 1988/1998), 296쪽.

47 칼하인츠 A. 가이슬러/박계수,《시간》(석필, 1996/1999), 153쪽.

48 G. J. 휘트로/이종인, 앞 책, 19, 274쪽.

49 스티븐 컨/박성관,《시간과 공간의 문화사 1880-1918》(휴머니스트, 1983/2004), 119쪽.

50 칼하인츠 A. 가이슬러/박계수, 앞 책, 145쪽.

51 같은 책, 154쪽.

52 이상철, 〈헤겔에 있어서의 시간과 역사〉,《헤겔연구》1, 한국헤겔학회, 1984), 93쪽.

53 움베르토 에코, 에른스트 곰브리치, 크리스틴 리핀콧 외/김석희,《시간박물관》(푸른 숲, 1999/2000), 8쪽.

54 앨런 버딕/이영기,《시간은 왜 흘러가는가》(엑스오북스, 2017), 150쪽.

55 실비 보시에 글/메 알젤리 그림/선선 옮김,《보이지 않는 질서 시간》(푸른숲, 2004/2007), 106쪽.

56 움베르토 에코, 에른스트 곰브리치, 크리스틴 리핀콧 외/김석희, 앞 책, 181쪽.

57 이 점에 대하여는 고석규, 〈임자도 유배가 조희룡의 예술에 미친 영향〉《島嶼文化》55, 목포대 도서문화연구원, 2020.06) 참조.

58 조희룡, 〈石友忘年錄〉《趙熙龍全集》1, 한길아트, 1999), 100항, 142쪽.

59 하랄트 바인리히/김태희, 《시간 추적자들》(황소자리, 2005/2008), 229쪽.

60 James Muilenburg, "The Biblical View of Time," Harvard Theological Review 54 (1961), 229쪽. 정용석, 〈플로티노스와 아우구스티누스의 시간론〉《대학과 선교》 제30집, 2016), 75쪽에서 재인용.

61 정용석, 같은 글, 78∼79쪽.

62 움베르토 에코, 에른스트 곰브리치, 크리스틴 리핀콧 외/김석희, 《시간박물관》(푸른 숲, 1999/2000), 287쪽.

63 움베르토 에코 외/문지영, 박재환《시간의 종말》(끌리오, 1998/1999), 79쪽.

64 정용석, 앞 글, 84쪽.

65 카이로스들이 모여 창세와 말세 사이를 채우고 있는 큰 흐름을 '크로노스Chronos' 라 한다. 이 크로노스의 개념은 희랍 형이상학에서 1년 12개월의 물리적 양적 절대시간을 의미한다.

66 손관수, 〈보르헤스 시간의 재조명–'신학자들'을 중심으로–〉《스페인어문학》17권, 한국스페인어문학회, 2000), 9, 12쪽. 신약성서에 시간의 표현으로 사용되는 희랍어는 日 hemera, 時 hora, 瞬間 kairos, 때 chronos, 期限 aion, 無期限 aiones 등인데, 모두가 하느님의 인간 구원의 계획과 연계되어 있고, 성서적 해석이 필요한 용어들이라고 한다. Kairos, Kairoi는 어떤 목적이 실현되는 결정적 시간(즉 인간구원의 시간)을 의미하며, Aion, Aiones는 그 목적(인간 구원)이 실현되는데 경과되는 시간의 지속, 즉 하느님의 기다림을 의미한다고 한다.

67 움베르토 에코 외/문지영 ,박재환, 앞 책, 81쪽.

68 G. J. 휘트로/이종인, 《시간의 문화사》(영림카디널, 1988/1998), 218∼219쪽.

69 〈요한계시록〉에 따르면, 그리스도의 재림과 함께 1000년 동안 악마가 감옥에 갇히고, 선한 자들이 부활하여 지상에 평화 시대가 온다고 한다. 이것이 천년왕국이다.

70 움베르토 에코 외/문지영, 박재환, 앞 책, 126∼127쪽.

71 스티븐 제이 굴드/이철우, 앞 책, 274, 278쪽.

72 움베르토 에코, 에른스트 곰브리치, 크리스틴 리핀콧 외/김석희, 《시간박물관》(푸른 숲, 1999/2000), 250쪽.

73 이창익, 〈시헌력 역주에 나타난 시간 선택의 의미〉《종교문화비평》1, 2002) 참조.

74 움베르토 에코 외/문지영, 박재환, 앞 책, 311쪽.

75 G. J. 휘트로/이종인, 앞 책, 244쪽.

76 스티븐 제이 굴드/이철우, 앞 책, 96쪽.

77 알렉산더 데만트/이덕임, 앞 책, 110쪽.

78 같은 책, 33쪽.

79 30년을 세, 세가 12개인 360년을 운, 운이 30개인 1만 800년을 회, 회가 12개인 12만 9600년을 원으로 구분하였다.

80 이 부분은 이성규, 〈司馬遷의 時間觀念과 《史記》의 敍述〉《東方學志》70권, 1991), 217 ~221쪽 참조. 이 글에서는 '문'은 "인간의 인위적인 노력에 의해서 추구되는 문명적인 가치"로, '질'은 "자연의 본래 그러한 상태나 성질" 정도로 이해하였다.

81 김문용, 〈조선 후기 서학의 영향과 우주론적 시공관념의 변화〉《시대와 철학》제18권 3호, 2007), 479쪽.

82 일합일벽一闔一闢은 한 번 닫히고 한 번 열린다는 뜻이다. 합闔은 조음調音할 때 입을 오므리는 것을 말하는데 훈민정음 중성中聲의 'ㅗㅜㅛㅠ'가 여기에 해당되고, 벽闢은 조음할 때 입을 벌리는 것을 말하는데 훈민정음 중성의 'ㅏㅓㅑㅕ'가 여기에 해당된다. 《한국고전용어사전》(세종대왕기념사업회, 2001) 참조. 일합일벽은 《주역周易》〈계사상전繫辭上傳〉11장에 나오는 말이다.

83 김문용, 앞 글, 481쪽.

84 스티븐 제이 굴드/이철우, 앞 책, 34쪽.

85 카를로 M. 치폴라/최파일, 《시계와 문명》(미지북스, 1996/2013), 11쪽.

86 움베르토 에코, 에른스트 곰브리치, 크리스틴 리핀콧 외/김석희, 《시간박물관》(푸른숲, 1999/2000), 26쪽

87 거기에 덧붙여 별도 있었다. 밤의 시간이나 한 해 중 시점의 파악에는 별의 움직임이 기준이 되었다. 또 목성이 궤도를 한 바퀴 도는 데에는 11.6년이 걸리는데, 중국인들은 이 12년에 12종의 동물 이름을 따서 쥐해, 소해, 호랑이해 등으로 이름을 붙였다.

88 움베르토 에코 외/문지영, 박재환, 《시간의 종말》(글리오, 1998/1999), 21쪽.

89 움베르토 에코, 에른스트 곰브리치, 크리스틴 리핀콧 외/김석희, 앞 책, 45쪽.

90 G. J. 휘트로/이종인, 《시간의 문화사》(영림카디널, 1988/1998), 59쪽.

91 움베르토 에코, 에른스트 곰브리치, 크리스틴 리핀콧 외/김석희, 앞 책, 75쪽.

92 '기계시계'는 보통 '기계식 시계'라고 부른다. 그런데 〈동아일보〉 1937년 6월 10일자 '때의 기념일' 관련 기사에서 시계의 역사를 소개하면서 해시계, 물시계, 모래시계, 불시계에 이어 현대 우리가 쓰는 시계를 '기계시계'라고 불렀다. 그 표현이 더 적합한 것 같아 이 책에서는 이를 따라 '기계식 시계' 대신 '기계시계'라고 부르고자 한다.

93 카를로 M. 치폴라/최파일, 《시계와 문명》(미지북스, 1996/2013), 56쪽.

94 G. J. 휘트로/이종인, 《시간의 문화사》(영림카디널, 1988/1998), 198쪽. 그럼에도 불구하고 세계적인 대문호가 같은 날에 죽었다고 이를 기념해서 유네스코가 1995년에 4월 23일을 세계인의 독서 증진을 위한 날, 즉 '세계 책과 저작권의 날'(1995)로 정했다. 사실과 진실의 차이는 여기에도 있나 보다.

95 움베르토 에코, 에른스트 곰브리치, 크리스틴 리핀콧 외/김석희, 《시간박물관》(푸른 숲, 1999/2000), 87, 274쪽. 데이비드 유윙 던컨/신동욱, 《캘린더》(씨엔씨미디어, 1998/1999), 46쪽.

96 외르크 뤼프케/김용현, 《시간과 권력의 역사》(알마, 2006/2011), 33쪽.

97 이 개정의 핵심은 BC 238년 프톨레마이오스 3세가 내린 명령과 거의 같았다. 데이비드 유윙 던컨/신동욱, 앞 책, 74쪽.

98 5월의 명칭은 Julius, July로 바꾸었다. BC 27년 아우구스티누스가 황제로 취임하면서 여덟 번째 달을 자기 이름을 따서 아우구스트로 개명하고 날짜도 하루를 더 늘려놓으면서 혼란스럽게 되었다. 이 날짜 배열은 지난 2천 년 동안 대부분의 지역에서 별 탈 없이 준수되어 왔다.

99 데이비드 유윙 던컨/신동욱, 앞 책, 68, 74쪽.

100 같은 책, 80쪽.

101 태양년의 길이는 지구의 공전주기에 따라 정해지는데, 그 기간을 정하려면 외부의 기준점이 필요하다. 그런 기준점 가운데 하나는 춘분이다. 태양이 춘분점을 통과한 뒤 두 번째로 춘분점을 지날 때까지의 간격은 365.2422일(약 365.25일)이고, 이것을 회귀년回歸年이라고 부른다.

102 ③의 문제에 대하여는 이어지는 〈부활절에 담긴 시간들〉을 참조하기 바란다.

103 G. J. 휘트로/이종인, 앞 책, 194쪽.

104 데이비드 유윙 던컨/신동욱, 앞 책, 28쪽.

105 움베르토 에코 외/문지영, 박재환, 앞 책, 18쪽.

106 400년 동안 총 97회의 윤년을 두면 1년 평균이 365.2425일이 된다. 이는 보다 정확한 지구의 공전주기 365.24219일과는 1년에 0.00031일, 즉 26.784초의 차이가 생긴다. 3300년×26초=85800초=1430분≒23.83시간≒1일이므로, 대략 3,300년마다 하루의 차이가 발생하는 셈이다. 이를 다시 보정하기 위해 원래 윤년인 4000년, 8000년 … 등을 다시 평년으로 하자는 제안도 있다.

107 움베르토 에코, 에른스트 곰브리치, 크리스틴 리핀콧 외/김석희, 앞 책, 72쪽.

108 데이비드 유윙 던컨/신동욱, 앞 책, 333쪽.

109 1911년 신해혁명 이듬해인 1912년부터 양력을 사용하였지만, 얼마 후 군벌할거 시기에는 군벌마다 서로 다른 역법을 사용하였다. 그러다가 국민당 정부가 군벌을 통일하고 1929년 1월 1일부터 양력 사용을 명했다. 1949년 공산당이 승리한 후에도 계속 양력을 사용하였다.

110 알렉산더 데만트/이덕임, 앞 책, 323쪽.

111 1995년 워싱턴 포스트지 송년 특집호에서 지난 1천 년간 인류 역사에서 '가장 중요한 인물'로 칭기즈칸을 선정하고 '천년의 인물'이란 칭호를 주었다. 선정 이유는 "사람과 과학기술의 이동을 통해 이 지구를 좁게 만들었다"는 것이다. 그는 "인간의 가장 큰 행복은 적을 추격해서 쓰러뜨리고, 적의 소유물을 모두 손에 넣고, 그와 결혼한 여인들이 눈물을 흘리며 울부짖도록 하며, 적의 말을 타고 다니고, 그 여인들의 몸을 잠옷과 받침대로 사용하는 것이지"라고 말하였다. 그의 군대는 공포 그 자체였다. 이렇게 문명의 파괴자로 기억되던 칭기즈칸이 1995년 마지막 날에 '천년의 인물'이란 칭호를 받으며 '글로벌 맨'으로 돌아왔다.

112 알렉산드리아 최후의 위대한 그리스 천문학자 클라우디우스 프톨레마이오스. 《알마게스트Almagest》로 더 잘 알려진 그가 쓴 《천문학 대집성》은 천동설에 근거를 둔 수리 천문서로서 중세 전체를 통틀어 가장 널리 읽힌 교과서였다. 프톨레마이오스가 계산한 달과 년의 길이나 태양, 달, 별들의 운동, 일식과 월식, 정확한 춘·추분점 등은 그 후 1,000년 동안이나 시간을 측정하는 모든 사람의 기본 명제가 되었다.

113 로저 베이컨은 영국의 중세 신학자이자 철학자이다. 근대 과학의 선구자로 평가되어 '경이驚異의 박사'로 불렸다. 그의 언어연구는 성서에 대한 비판적 연구의 선구였다.

114 알렉산더 데만트/이덕임, 《시간의 탄생》(북라이프, 2015/2018), 6쪽.

115 데이비드 유윙 던컨/신동욱, 《캘린더》(씨엔씨미디어, 1998/1999), 108~109쪽. 이 절의 서술에는 이 책의 도움을 크게 받았다.

116 같은 책, 121쪽.

117 같은 책, 138쪽.

118 카를로 M. 치폴라/최파일, 《시계와 문명》(미지북스, 1996/2013), 36쪽.

119 데이비드 유윙 던컨/신동욱, 앞 책, 167쪽.

120 같은 책, 172~175쪽.

121 같은 책, 165쪽.

122 비드는 영국 중세의 위대한 신학자이자 역사가였다. 사학, 자연과학, 음악 등 광범위한 분야를 연구하여 라틴어로 약 40권의 책을 저술했다. 앵글로색슨족의 기독교 개종사를 다룬 중요한 사료인 《영국인 교회사》를 썼다. 영국 사학史學의 아버지로 불린다.

123 데이비드 유윙 던컨/신동욱, 앞 책, 188쪽.

124 같은 책, 246쪽.

125 헤르만은 중세 음악이론가로 유명하다. 그는 지체 장애인으로 절름발이 헤르만 (Hermann der Lahmer)이라고도 부른다. 신체 장애에도 불구하고 악기나 시계 등을 제작하기도 하였다.

126 데이비드 유잉 던컨/신동욱, 앞 책, 264쪽.

127 이상은 같은 책, 258~275쪽 참조.

128 같은 책, 274쪽.

129 같은 책, 277쪽.

130 같은 책, 347쪽.

131 알렉산더 데만트/이덕임, 《시간의 탄생》(북라이프, 2015/2017), 493쪽.

132 이 부분은 데이비드 유잉 던컨/신동욱, 《캘린더》(씨엔씨미디어, 1998/1999), 98~105쪽 참조.

133 같은 책, 114쪽.

134 알렉산더 데만트/이덕임, 앞 책, 436쪽.

135 데이비드 유잉 던컨/신동욱, 앞 책, 137쪽.

136 같은 책, 138쪽.

137 종교색을 드러내지 않으려고 할 때는 기원전은 B.C.E.(before the common era)로 서기는 C.E.(common era)로 한다.

138 움베르토 에코, 에른스트 곰브리치, 크리스틴 리핀콧 외/김석희, 《시간박물관》(푸른숲, 1999/2000), 73쪽.

139 같은 책, 73쪽.

140 알렉산더 데만트/이덕임, 앞 책, 261쪽.

141 G. J. 휘트로/이종인, 《시간의 문화사》(영림카디널, 1988/1998), 55~56쪽.

142 이은성, 〈해시계의 역사와 그 원리〉(《동방학지》33권, 1982), 81쪽.

143 G. J. 휘트로/이종인, 앞 책, 118쪽.

144 시時의 기준이 되는 조속방법을 조속기(speed governor)에 의해 분류하면, 진자식 · 템포식 · 음차식 · 수정발진식 · 원자시계 등으로 구분된다.

145 G. J. 휘트로/이종인, 앞 책, 169쪽.

146 이 부분에 대하여는 같은 책, 169~175쪽 참조.

147 움베르토 에코, 에른스트 곰브리치, 크리스틴 리핀콧 외/김석희, 《시간박물관》(푸른숲, 1999/2000), 131쪽.

148 알렉산더 데만트/이덕임, 《시간의 탄생》(북라이프, 2015/2018), 190쪽. 헨라인은 회중시계의 최초 발명가로 알려져 있는데, 이에 대하여는 그 전에 이미 존재했었다고 하여 부정하는 주장도 있다. 카를로 M. 치폴라/최파일, 《시계와 문명》(미지북스, 1996/2013), 96쪽 참조.

149 카를로 M. 치폴라/최파일, 앞 책, 88쪽.

150 기계시계의 시간 표시방식은 해시계에서 따왔다. 시곗바늘이 오른쪽으로 도는 것은 해시계의 그림자가 오른쪽에서 왼쪽으로 돌았던 데서 유래했다.

151 움베르토 에코, 에른스트 곰브리치, 크리스틴 리핀콧 외/김석희, 《시간박물관》(푸른숲, 1999/2000), 132쪽.

152 G. J. 휘트로/이종인, 앞 책, 227~237쪽.

153 같은 책, 264~268쪽.

154 알렉산더 데만트/이덕임, 앞 책, 202~203쪽.

155 같은 책, 196~198쪽.

156 金容燮, 〈우리나라 近代 歷史學의 成立〉(《韓國現代史》 6권, 1970); 《韓國의 歷史認識》(下) (1976, 창작과 비평사)에 재수록, 422~423쪽.

157 G. J. 휘트로/이종인, 《시간의 문화사》(영림카디널, 1988/1998), 172쪽.

158 같은 책, 146~147쪽.

159 데이비드 유잉 던컨/신동욱, 《캘린더》(씨엔씨미디어, 1998/1999), 275쪽.

160 G. J. 휘트로/이종인, 앞 책, 294쪽.

161 같은 책, 201쪽.

162 장 베르동/이병욱, 《중세의 밤》(이학사, 1994/1999), 282~283쪽.

163 스티븐 컨/박성관, 《시간과 공간의 문화사 1880-1918》(휴머니스트, 1983/2004), 32쪽.

164 G. J. 휘트로/이종인, 앞 책, 207쪽.

165 석영(石英, quartz)은 자연계에서 가장 흔한 광물 중 하나이다. 석영이 흠이 적고 투명한 색을 띄는 큰 결정으로 나타날 때 수정(水晶, crystal)이라 부른다. 그래서 수정이라 하기도 석영이라 하기도 한다.

166 G. J. 휘트로/이종인, 앞 책, 289~290쪽.

167 같은 책, 270~271쪽.

168 [시계 속의 시계] "홈 파인 뼈에서 광학시계까지…2만 년 시계 역사를 되돌아본다" (김강현 기자, 《서울경제》 2018.09.27). 이 콘텐츠는 FORTUNE KOREA 2018년 10월호에 실린 기사에서 인용하였다.

169 알렉산더 데만트/이덕임, 《시간의 탄생》(북라이프, 2015/2018), 194쪽.

170 앨런 버딕/이영기, 《시간은 왜 흘러가는가》(엑스오북스, 2017), 26쪽.

171 스티브 존슨/강주헌, 《우리는 어떻게 여기까지 왔을까》(프런티어, 2014/2015), 222쪽.

172 앤서니 애브니/최광열 《시간의 문화사》(북로드, 1990/2007), 150쪽.

173 위와 같음.

174 G. J. 휘트로/이종인, 앞 책, 272쪽.

175 데이비드 유윙 던컨/신동욱, 앞 책, 374쪽.

176 스티븐 제이 굴드/이철우, 《시간의 화살, 시간의 순환 – 지질학적 시간의 발견에서 신화와 은유》(아카넷, 1987/2012), 19쪽.

177 G. J. 휘트로/이종인, 앞 책, 254쪽.

178 앨런 버딕/이영기, 앞 책, 63쪽; 스티브 존슨/강주헌, 앞 책, 226쪽.

179 조너선 베츠, 〈근대 시계의 발전 – 진자시계에서 원자시계까지〉《시간 박물관》, 푸른숲, 1999/2000), 134~135쪽.

180 G. J. 휘트로/이종인, 《시간의 문화사》(영림카디널, 1988/1998), 266쪽.

181 조너선 베츠, 앞 글, 144~146, 266쪽.

182 스티븐 컨/박성관, 《시간과 공간의 문화사 1880-1918》(휴머니스트, 1983/2004), 47쪽.

183 협정세계시는 영어로 Coordinated Universal Time, 프랑스어로 Temps Universel Coordonné 이다. 따라서 약자로 하면 각각 CUT, TUC가 되지만 공식적인 약자는 UTC이다. 영국과 프랑스의 싸움으로 인해 Universal Time 계열 시간인 UT0, UT1, UT2와 비슷해 보이는 UTC를 약자로 사용하게 되었다고 한다. 비공식적으로는 Universal Time Coordinated, Universel Temps Coordonné 라고 각각 영어와 프랑스어로 쓰기도 한다.

184 한국에서도 대덕의 한국표준과학연구원에 세슘원자시계가 설치되어 있으며, 대한민국 표준시는 한국표준과학연구원이 보유하고 있는 3대의 상용 세슘원자시계와 1대의 수소메이저에 의해서 유지되고 있다. 한국표준과학연구원은 1980년 8월 15일을 기하여 표준시보제標準時報制를 실시하고 있다. 한국표준과학연구원 시간주파수 연구실이 운영하는 표준주파수국(호출부호 HLA)에서 단파 5MHz, 출력 2kW 로 표준 시각 정보(초, 분, 시, BCD, UTC 와 UT1 차이, 시간음성안내) 등을 24시간 방송하고 있다. [출처] 시사상식사전, pmg 지식엔진연구소

185 앨런 버딕/이영기, 《시간은 왜 흘러가는가》(엑스오북스, 2017), 24, 37, 40쪽.

186 조너선 베츠, 앞 글, 135쪽.

187 스티븐 컨/박성관, 앞 책, 52쪽.

188 앨런 버딕/이영기, 앞 책, 201~202쪽.

189 스티븐 컨/박성관, 앞 책, 43쪽.

190 G. J. 휘트로/이종인, 《시간의 문화사》(영림카디널, 1988/1998), 191쪽. 《가르강튀
아》를 읽어 보았다. 거기에 "시간이 인간을 위해서 만들어진 것이지, 인간이 시간을
위해 만들어진 것은 아니다!"라는 문장을 찾지 못했다. "(시간을 알려주는) 종鐘이 없는
도시는 지팡이 없는 장님"이라거나 "신속하게 지휘관들의 명령을 이해하고 복종하
며, 행동은 매우 민첩하고, 공격력은 막강하고, 진군에는 신중하여, 군대나 기병대라
기보다는 오르간의 화음을 듣거나 시계의 기계장치를 보는 것 같았다"라고 하는 데
서 시계는 이미 생활에 없어서는 안 되는 것이었고, 시계의 기계장치는 신속, 민첩,
정확 등의 의미를 지니는 것으로 묘사하였다.
제23장에 "가르강튀아는 어떻게 포노그라트에 의하여 하루에 한 시간도 허비하지 않
도록 엄격한 규율에 따른 교육을 받았는가"에서 가르강튀아가 이미 시간의 노예로 길
들여지고 있었음을 말하였고, 제52장 "가르강튀아는 어떻게 수도사를 위하여 텔렘 수
도원을 짓게 했는가"에서 가르강튀아가 말하기를 "자신이 아는 바로는 진정한 시간의
낭비는 시간을 따지는 것이고, ㅡ그것에서 무슨 이득을 얻을 수 있단 말인가?ㅡ 이 세
상에서 가장 큰 망상은 양식과 분별력을 따르는 대신 종소리에 맞추어 자신을 다스리
는 것이기 때문이다"라고 하였는데 아마 이 뜻을 위와 같이 해석한 것으로 보인다.

191 앨런 버딕/이영기, 《시간은 왜 흘러가는가》(엑스오북스, 2017), 45쪽.

192 알렉산더 데만트/이덕임, 《시간의 탄생》(북라이프, 2015/2018), 134쪽.

193 《林下筆記》 권 27, 〈春明逸史〉〈心庵明見〉

194 D. S. Landes, 《Revolution in Time》(Cambridge, Mass. :Harvard Univercity Press, 1983),
89쪽. G. J. 휘트로/이종인, 앞 책, 188쪽에서 재인용.

195 알렉산더 데만트/이덕임, 앞 책, 195쪽.

196 G. J. 휘트로/이종인, 앞 책, 256쪽.

197 같은 책, 265쪽.

198 칼하인츠 A. 가이슬러/박계수, 《시간》(석필, 1996/1999), 243, 246쪽.

199 루이스 멈포드/문종만, 《기술과 문명》(책세상, 1934/1963/2013), 39쪽.

200 칼하인츠 A. 가이슬러/박계수, 앞 책, 59, 61쪽.

201 알렉산더 데만트/이덕임, 앞 책, 198쪽.

202 E. P. 톰슨은 18세기 말 영국에서 공장제 산업이 정착되어감에 따라 고용주와 임노동
자의 관계에서 '화폐로서의 시간'의 개념이 생겨났다고 주장했다. 그에 의하면, 고용
주들이 제품의 시간당 출하량을 증대시킬 수 있는 방법을 발견했을 당시, 노동자들은
증가한 생산량의 금전적 몫을 요구했고 표준적 생산의 시간보다 더 투입된 근무 시간

에 대해서는 추가 임금을 달라고 했던 것이다. 고용주나 노동자나 시간이 돈이라는 데는 같은 생각이었다.

203 하랄트 바인리히/김태희, 《시간 추적자들》(황소자리, 2005/2008), 139쪽.

204 루이스 멈포드/문종만, 앞 책, 38쪽.

205 칼하인츠 A. 가이슬러/박계수, 앞 책, 47, 253쪽.

206 이 장의 서술에는 칼하인츠 A. 가이슬러/박계수, 《시간》(석필, 1996/1999)을 주로 참고하여 작성하였다.

207 같은 책 중 〈시작과 끝―논스톱이 우상인 사회〉 참조.

208 사회의 양극화 현상에 대하여는 폴 로버츠/김선영, 《근시사회 ― 오늘을 사는 충동인류의 미래 ―》(민음사, 2014/2016) 참조.

209 이행단계에 대하여는 칼하인츠 A. 가이슬러/박계수, 앞 책 중 〈경계의 시간―'바로 지금'의 욕구에 희생당한 시간〉을 참고하였다.

210 '내일을 팔아 오늘을 사는 충동인류의 미래'라는 부제를 단 폴 로버츠의 앞 책에서는 근시안적 성향을 보이고 있는 현대사회의 양극화가 가져올 위험을 경고하고 있다.

211 같은 책 중 〈느림―이제 천천히 하자, 급하니까〉 참조.

212 칼하인츠 A. 가이슬러/박계수, 앞 책 중 〈기다림―어서 기다려봐〉 참조.

213 앨런 버딕/이영기, 《시간은 왜 흘러가는가》(엑스오북스, 2017), 61쪽.

214 같은 책, 66, 71쪽.

215 엘리자베스 블랙번, 엘리사 에펠/이한음, 《늙지 않는 비밀(The Telomere Effect)》(알에이치코리아, 2017/2018). 텔로미어와 텔로머라아제에 관한 내용은 이 책을 참조하기 바란다.

216 하이더 와라이치/홍지수, 《죽는 게 두렵지 않다면 거짓말이겠지만》(부키, 2017/2018), 52쪽.

217 엘리자베스 블랙번, 엘리사 에펠/이한음, 앞 책, 394쪽.

218 마틴 노왁, 로저 하이필드/허준석, 《초협력자》(사이언스 북스, 2011/2012), 20쪽.

219 엘리자베스 블랙번, 엘리사 에펠/이한음, 앞 책, 400쪽.

220 움베르토 에코 외/문지영, 박재환, 《시간의 종말》(끌리오, 1998/1999), 26쪽.

221 알렉산더 데만트/이덕임, 《시간의 탄생》(북라이프, 2015/2018), 504쪽.

222 같은 책, 511쪽.

223 《세종실록》 12권, 세종 3년(1421) 6월 10일 5번째 기사 "曆象授時 國家之重任".

224 《書經》 卷1 虞書 堯典 3章 "乃命羲和 欽若昊天 曆象日月星辰 敬授人時"

225 《書經》卷1 虞書 舜典 5章 "在璿璣玉衡 以齊七政"

226 문중양, 〈제2장 시간의 측정과 보시〉《《하늘, 시간, 땅에 대한 전통적 사색》(두산동아, 국사 편찬위원회, 2007), 71~74쪽.

227 《국역 증보문헌비고》제1권 〈상위고〉 1, 〈역상연혁〉, 60~78쪽.

228 《周易》卷22, 繫辭上 4章 "易 與天地準 故 能彌綸天地之道 仰以觀於天文 俯以察於地 理 是故 知幽明之故 …"

229 《국역 증보문헌비고》제1권 〈상위고〉 1, 〈영조조 어제 동국문헌비고 후서〉, 44쪽.

230 흠경각의 '흠경欽敬'은 《서경》 〈요전堯典〉의 "欽若昊天 敬授人時[광대한 하늘을 공경히 따라 삼가 백성들에게 생활에 필요한 절기를 나누어 준다]"에서 글자를 따온 것이다.

231 기형은 선기옥형, 즉 혼천의渾天儀이고, 의표는 천체관측기와 계시기를 통틀어 말한다.

232 《세종실록》80권, 세종 20년(1438) 1월 7일 3번째 기사.

233 《세종실록》107권, 세종 27년(1445) 3월 30일 4번째 기사.

234 《국역 증보문헌비고》제1권 〈상위고〉 1, 〈영조조 어제 동국문헌비고 후서〉 43쪽, "我 朝亦有欽敬閣 敬天之義 顧不重歟"

235 역易이란 글자를 파자하면 해[日]와 달[月]의 합성어로 풀이되듯이 易=日+月 역학의 출 발점에서부터 천문이 반영되어 있다.

236 《漢書》〈藝文志〉第十

237 김일권, 〈동양 천문의 범주와 그 세계관적인 역할 −고려와 조선의 하늘 이해를 덧붙 여〉《정신문화연구》27(1), 한국학중앙연구원, 2004.03), 49쪽

238 최진묵, 〈중국 고대사회의 시간활용〉《인문논총》제70집, 인문학연구원, 2013), 103쪽.

239 구만옥, 《세종시대의 과학기술》(들녘, 2016), 55쪽.

240 《고종실록》1권, 고종 1년(1864) 1월 11일 3번째 기사.

241 서운관은, 고려시대에는 태복감太卜監, 사천대司天臺, 사천감司天監, 관후서觀候署 등과 같이 명칭이 바뀌다가 충렬왕 34년(1308) 사천감이 태사국과 합쳐지면서 서운관이 되 었다. 이후 1356년(공민왕 5) 사천감과 태사국으로 분리되었고 병합과 분리를 거듭하 다 1372년 서운관으로 합쳐져 조선으로 이어졌다. 서운관은 조선 개국 후 이어지다가 1466년(세조 12) 관상감으로 이름을 바꾸었다. 연산군 때에는 사력서司曆署로 바꿨다 가 중종 때에 다시 관상감으로 환원하였다. 조선 후기에 이르러서도 관상감은 종종 서 운관으로 불렸다. '관상'이란 명칭은 '중앙관상대'에까지 이어지다가 1982년 1월에 '중 앙기상대'로 바뀌면서 사라졌다.

242 《태조실록》1권, 태조 1년(1392) 7월 28일 4번째 기사.

243 《經國大典》〈吏典〉〈京官職 正三品衙門 觀象監〉 "觀象監掌天文・地理・曆數・占算

· 測候 · 刻漏等事"

244 구만옥, 〈제1장 천문의 관측과 기상의 측후〉《하늘, 시간, 땅에 대한 전통적 사색》두산동
아, 국사편찬위원회, 2007) 참조.

245 전용훈, 〈전통적 역산천문학의 단절과 근대천문학의 유입〉《한국문화》59, 서울대 규장각
한국학연구원, 2012.09), 38쪽.

246 "하늘의 명을 받아 제도를 고친다"는 '수명개제受命改制'의 사상은《춘추》에서 유래했
다. 이때 제도는 곧 역법을 고친다는 뜻이다.

247 《史記》〈曆書〉(中華書局 標點校堪本), 1256쪽.
　　"王者易姓受命 必愼始初 改正朔 易服色 推本天元 順承厥意" 이에 대한 색은索隱의 주
　　석은 "言王者易姓而興 必當推本天之元氣 行運所在 以定正朔 以承天意 故云承順厥
　　意"이다.

248 "하늘로부터 명령을 받아 성씨를 바꾸어 새로운 왕이 되다[受命於天, 易姓更王]"는 뜻.

249 《선조실록》106권, 선조 31년(1598) 11월 12일 2번째 기사.

250 《인조실록》46권, 인조 23년(1645) 12월 18일 2번째 기사.

251 《선조실록》107권, 선조 31년(1598) 12월 22일 2번째 기사.

252 《선조실록》109권, 선조 32년(1599) 2월 2일 3번째 기사.

253 《선조실록》120권, 선조 32년(1599) 12월 16일 2번째 기사.

254 《선조실록》107권, 선조 31년(1598) 12월 25일 6번째 기사.

255 《선조실록》112권, 선조 32년(1599) 윤4월 17일 1번째 기사.

256 《예종실록》3권, 예종 1년(1469) 1월 2일 2번째 기사.

257 명나라 사람으로 1598년(선조 31)에 조선이 왜병을 끌어들여 명나라를 침범하려 한다
고 명나라 신종神宗에게 무고하는 등 조선에 위압적으로 행동하였다.

258 《선조실록》109권, 선조 32년(1599) 2월 2일 3번째 기사.

259 《국역 증보문헌비고》제1권 〈상위고〉 1, 〈역상연혁〉, 73쪽.

260 구식이란 일식이나 월식이 있을 때 해가 먹히는 것을 구원하는 의식이다. 일 · 월식은
이를 흉변으로 여겨 임금이 천담복淺淡服 차림으로 각 관사官司의 당상관과 낭관을 거
느리고 월대月臺에 나아가 해나 달을 향하여 회복되기를 기도하며 자숙하는 예를 행하
였다. 구체적인 사례는《중종실록》28권, 중종 12년(1517) 6월 1일 1번째 기사에 상세
하다.

261 《선조실록》121권, 선조 33년(1600) 1월 11일 9번째 기사.

262 납일臘日은 음력 12월 중 하루를 택하여 하늘에 제사 지내는 풍속을 이르는데 납법이
란 이런 제도를 뜻하는 것으로 보인다.

263 이 부분에 대하여는 구만옥, 〈세종, 조선 과학의 범형範型을 구축하다〉《한국과학 사학회지》제35권 제1호, 2013) 참조.

264 '성교'는 '풍성교화風聲教化'로 제왕의 덕으로 백성들을 교화한다는 뜻이다.

265 《태종실록》34권, 태종 17년(1417) 12월 4일 3번째 기사.

266 구복은 중국 주나라 때에 수도를 중심으로 거리에 따라서 나눈 행정 구획이다. 왕성王城으로부터 사방 천 리를 왕기王畿라 하고, 그 다음부터 오백 리마다 차례로 후복侯服, 전복甸服, 남복男服, 채복采服, 위복衛服, 만복蠻服, 이복夷服, 진복鎭服, 번복藩服의 아홉 구역으로 나누었다.

267 《명종실록》23권, 명종 12년(1557) 10월 13일 1번째 기사.

268 역법 계산의 기준점이 되는 해이다.

269 한영호 · 이은희, 〈麗末鮮初 本國曆 완성의 道程〉《東方學志》제155집, 2011.09) 참조. 이하 수시력 교정 및 칠정산내편의 편찬과 관련된 내용은 이 글을 주로 참조하였다.

270 일식과 월식의 시각과 상황을 추산 · 예보하는 방법이다.

271 《세종실록》49권, 세종 12년(1430) 8월 3일 1번째 기사.

272 《세종실록》51권, 세종 13년(1431) 3월 2일 1번째 기사.
이와 관련된 사정은《세조실록》20권, 세조 6년(1460) 6월 16일 1번째 기사에 상세하다.

273 《세조실록》20권, 세조 6년(1460) 6월 16일 1번째 기사.

274 《세종실록》51권, 세종 13년(1431) 3월 2일 1번째 기사.

275 《세종실록》58권, 세종 14년(1432) 10월 30일 1번째 기사.

276 원문에는 20년으로 되어 있으나 이는 12년의 오기로 보아 바로잡았다.

277 한영호 · 이은희 · 강민정, 〈세종의 역법 제정과 칠정산〉《東方學志》168, 2014.12), 106쪽 참조.

278 한영호 · 이은희, 앞 글, 49쪽.

279 《세종실록》77권, 세종 19년(1437) 4월 15일 3번째 기사.

280 한영호 · 이은희, 앞 글, 63쪽

281 한영호 · 이은희 · 강민정, 앞 글, 107쪽.

282 세차운동 때문에 1 태양년의 길이가 서서히 짧아지는 현상을 역법에 도입한 것이다.

283 신승엽, 〈시간을 차이로, 차이를 시간으로—19세기 말 20세기 초 외국인들이 인식한 조선의 시간과 문명의 위계〉《한국학연구》45, 2017.05), 448쪽.

284 한영호 · 이은희, 앞 글, 66~68쪽.

285 이순지, 《사여전도통궤四餘纏度通軌》의 발문. 한영호 · 이은희, 앞 글, 69쪽 참조.

286 한영호 · 이은희, 앞 글, 59쪽.

287 이 점은 《세종실록》 101권, 세종 25년(1443) 7월 6일 5번째 기사의 다음 내용에서 분명히 알 수 있다. "예조에서 서운관의 첩정牒呈에 의거하여 아뢰기를, '금후에는 일 · 월식에 내 · 외편법과 수시授時 · 원사법元史法과 입성법立成法과 대명력으로 추산하는데, 내편법에 식분食分이 있으면, 내편법으로 경 · 외관에게 알려 주고, 기타의 역법은 곧 아뢰게 하며, … 청하옵건대, 이제 내편의 법으로 추산하여 전前과 같이 성책해서 올리게 하소서.' 하니, 그대로 따랐다."

288 《칠정산외편》에 대하여는 한영호, 〈조선의 回回曆法 도입과 《칠정산외편》〉(《민족문화》 45, 2015.06, 한국고전번역원) 참조.

289 이 점에 대하여는 강영심, 〈17세기 조선의 서양천문역법서적 수입과 천문 역법인식의 변화〉(《이화사학연구》32권, 이화사학연구소, 2005), 77쪽 참조.

290 《인조실록》46권, 인조 23년(1645) 6월 3일 1번째 기사.

291 《인조실록》46권, 인조 23년(1645) 12월 18일 2번째 기사.

292 《인조실록》47권, 인조 24년(1646) 6월 3일 1번째 기사.

293 위와 같음.

294 《인조실록》49권, 인조 26년(1648) 윤3월 7일 4번째 기사.

295 《효종실록》4권, 효종 1년(1650) 7월 19일 1번째 기사.

296 위와 같음.

297 《효종실록》8권, 효종 3년(1652) 3월 11일 1번째 기사.

298 위와 같음.

299 《효종실록》9권, 효종 3년(1652) 9월 4일 1번째 기사.

300 《국역 증보문헌비고》 제1권, 〈상위고〉 1, 〈역상연혁〉, 68쪽.

301 《효종실록》10권, 효종 4년(1653) 1월 6일 1번째 기사.

302 강영심, 앞 글, 85쪽.

303 같은 글, 74~80쪽.

304 조선 후기 서양 과학의 수용에 대하여는 강재언/이규수, 《서양과 조선》(학고재, 1994/ 1998)을 주로 참고하였다.

305 《현종개수실록》2권, 현종 1년(1660) 4월 3일 3번째 기사.

306 《현종실록》4권, 현종 2년(1661) 윤7월 13일 5번째 기사.

307 《현종개수실록》11권, 현종 5년(1664) 윤6월 8일 1번째 기사.

308 청나라에서 이때 이른바 '역옥曆獄'이 있었다. 시헌력의 채택은 중국에서도 유학자들의

거센 반발을 촉발하였는데, 순치제 때에는 그가 아담 샬을 확고하게 지지하고 있어 서양 천문학에 대한 비판은 받아들여지지 않았다. 그후 강희제가 어린 나이에 황제가 되자 만주족 출신 대신들이 섭정을 하면서 '흠천감교난'이라고도 불리는, 이른바 '역옥'을 일으켰다. 이 때문에 잠시 대통력법으로 돌아갔었다.

309 《현종개수실록》16권, 현종 7년(1666) 12월 11일 1번째 기사.

310 《현종실록》14권, 현종 8년(1667) 8월 7일 2번째 기사.

311 《현종실록》17권, 현종 10년(1669) 11월 9일 4번째 기사.

312 《국역 증보문헌비고》제1권 〈상위고〉1, 〈역상연혁〉, 68쪽. 김상범의 죽음은 《효종실록》14권, 효종 6년(1655) 1월 16일 신축 1번째 기사 참조.

313 《국역 증보문헌비고》제1권 〈상위고〉1, 〈역상연혁〉, 69쪽.

314 강영심, 〈17세기 조선의 서양천문역법서적 수입과 천문 역법인식의 변화〉《이화사학연구》32권, 이화사학연구소, 2005), 82, 86쪽.

315 《정조실록》33권, 정조 15년(1791) 10월 11일 2번째 기사.

316 문중양, 〈'鄕曆'에서 '東曆'으로: 조선 후기 自國曆을 갖고자 하는 열망〉《역사학보》218, 역사학회, 2013), 247쪽.

317 전용훈, 〈정조대의 曆法과 術數學 지식 : 《千歲歷》과《協吉通義》를 중심으로〉《한국 문화》54, 서울대 규장각 한국학연구원, 2011.06), 313~314쪽.

318 《영조실록》35권, 영조 9년(1733) 7월 20일 2번째 기사.

319 《영조실록》38권, 영조 10년(1734) 4월 10일 2번째 기사.

320 《영조실록》40권, 영조 11년(1735) 1월 30일 2번째 기사.

321 전용훈, 앞 글, 314쪽.

322 《영조실록》57권, 영조 19년(1743) 2월 25일 2번째 기사.

323 《영조실록》59권, 영조 20년(1744) 5월 15일 2번째 기사.

324 카시니(Jean Dominique Cassini, 1625~1712)는 이탈리아계 프랑스 천문학자로 토성 근처에서 4개의 위성을 발견했고 토성의 고리에서 이른바 카시니 간극을 발견하였다. 행성의 공전궤도에 대해 케플러의 타원에 대응하는 난형卵形을 주장하였다.

325 정성희, 〈조선 후기 曆書의 간행과 반포〉《조선시대사학보》23, 조선시대사학회, 2002.12), 124쪽.

326 이십팔수二十八宿 가운데 해가 질 때나 돋을 때 하늘의 정남쪽에 보이는 별.

327 《숙종실록》61권, 숙종 44년(1718) 6월 13일 2번째 기사.

328 《영조실록》59권, 영조 20년(1744) 6월 25일 1번째 기사.

329 《승정원일기》989책(탈초본 54책) 영조 21년(1745) 8월 4일 계미. 같은 내용이 《영조실록》권81, 영조 30년(1754) 윤4월 17일 1번째 기사에 나온다.
　　　"관상감에서 아뢰기를, '본감本監의 관원 안국빈 · 이세연李世淵 · 김태서金兌瑞 등이 《신법중성기新法中星記》와 《오야배시법五夜排時法》을 얻어서 옛 방법을 참고하여 신법에서 밝혀 《누주통의》1본을 지어냈는데, 지금 사용하는 데에 차이가 없으니, 청컨대 모두 가자加資하여 노고에 보답하소서' 하니, 임금이 윤허하였다."

330 이 부분에 대하여는 한영호 · 남문현, 〈朝鮮의 更漏法〉《동방학지》143, 2008)을 주로 참조하였다.

331 전용훈, 앞 글, 315쪽.

332 《정조실록》28권, 정조 13년(1789) 8월 21일 1번째 기사.

333 한영호 · 남문현, 앞 글, 206~207쪽.

334 《弘齋全書》卷55, 雜著2〈題千歲歷卷首〉"要之平節氣出於人爲也 定節氣驗于日度也 兩法之優劣 不難辨也". 이 부분에 대하여는 전용훈, 앞 글을 참조하였다.

335 전용훈, 같은 글, 324쪽. 장기역법으로는 만세력도 있었다. 《만세력》은 1864년(고종 1)에 관상감이 《천세력》의 속편을 만들려고 하자, 왕이 찬동하여 1777년 이후 20세기 초에 이르는 120여 년간의 역서가 한 책에 수록되기에 이르렀다. 《천세력》을 매 10년마다 추가 계산하여 붙여 나가면 몇만 년에 걸치는 역서도 한 책에 수록할 수 있으므로 1904년(고종 41, 광무 8)에 '천세력'이라는 이름을 고쳐서 '만세력'이라 부르기로 하고 발간하였다.

336 《영조실록》96권, 영조 36년(1760) 12월 7일 5번째 기사.

337 《정조실록》33권, 정조 15년(1791) 10월 11일 2번째 기사.
　　　조선 팔도의 경위도 차의 역서 반영 여부에 대하여는 김영식, 〈조선 후기 역曆계산과 역서曆書 간행 작업의 목표: '자국력'인가? 중국 수준 역서인가?〉《한국과학사학회지》제39권 제3호, 한국과학사학회, 2017), 424~428쪽 참조.

338 徐浩修, 《海東農書》, 凡例. 김영식, 같은 글, 428쪽에서 재인용.

339 1796년(정조 20)에 관상감에서 편찬한 조선시대의 역법과 의상의 연혁을 서술한 책이다. 서호수가 관상감제조로 임명되어 기획, 발간한 것으로 실제 편찬은 주로 관상감원 성주덕成周惠 · 김영 등이 하였다. 《제가역상집諸家曆象集》 · 《서운관지》와 함께 우리나라 천문학사를 대표하는 책이다. 인조 · 효종 · 숙종 · 영조 대에 걸쳐 시헌력의 도입과 탕법 · 매법 · 대법의 3단계에 걸친 변화와 각 법의 특징을 기록하였다.

340 시헌력 중에서 1742년에 쾨글러와 페레이라Pereira가 편찬한 《역상고성 후편》에 따라 추보하여 시행한 역법을 말한다.

341 문중양, 〈'鄕曆'에서 '東曆'으로: 조선 후기 自國曆을 갖고자 하는 열망〉《역사학보》218,

역사학회, 2013), 262쪽.

342 《세종실록》 77권, 세종 19년(1437) 4월 15일 3번째 기사.

343 이 부분에 대하여는 문중양, 앞 글을 참조하였다.

344 전용훈, 앞 글, 324쪽.

345 문중양, 앞 글, 265쪽.

346 전용훈, 〈한국 천문학사의 한국적 특질에 관한 시론〉《한국과학사학회지》제38권 제1호, 2016), 25쪽.

347 구복은 중국 주나라 때에 수도를 중심으로 거리에 따라서 나눈 행정 구획이다.

348 한영호·이은희·강민정, 〈세종의 역법 제정과 칠정산〉《東方學志》168, 2014. 12.), 113쪽.

349 '구본신참'은 동도서기론東道西器論에 뿌리를 두고 있다. 동도서기론은 서양 문명의 수용논리로, 동양의 전통적 가치, 문화 등을 바탕으로 하고 그 위에 서양의 발달한 기술, 기계들을 받아들여 부국강병을 이룩한다는 사상이다. 중국의 중체서용中體西用, 일본의 '화혼양재和洋才'도 같은 의미이다.

350 삼통三統 : 정삭正朔을 동짓달, 동지 다음 달, 동지 다음 다음 달로 쓰는 세 가지 역법을 말한다. 당시 동지 다음 다음 달을 정삭으로 하다가 태양력인 동지 다음 달로 바꾸어 지금에 이르렀다.

351 《고종실록》 33권, 고종 32년(1895) 9월 9일 1번째 기사.

352 《고종실록》 36권, 고종 34년(1897) 11월 29일 양력 3번째 기사(大韓 光武 1년).

353 《국역 중보문헌비고》 〈상위고〉 1, 〈역상연혁〉

354 명시력의 정착 과정과 내용 분석에 대하여는 김일권, 〈대한제국기 명시력 역서에 수록된 절후월령의 시간문화 양상〉《정신문화연구》40(3), 한국학중앙연구원, 2017.09) 참조.

355 명시력의 시간 주기에 대하여는 이창익, 〈근대적 시간과 일상의 표준화〉《역사 비평》 2002.05), 411~412쪽 참조.

356 《고종실록》 34권, 고종 33년(1896) 7월 24일 양력 1번째 기사(大韓 建陽 1년).

357 임현수, 〈대한제국기 명시력明時曆의 시간관〉《종교문화비평》7, 한국종교문화연구소, 2005.03), 111쪽. 명시력에 대하여는 이 글을 주로 참고하였다.

358 조현범, 〈한말 태양력과 요일주기의 도입에 관한 연구〉《종교연구》17, 한국종교학회, 1999.06), 249쪽.

359 같은 글, 249쪽. 다만 주週가 전 세계에 보편적인 시간 단위가 된 때는 1941년 이후였다.

360 정성희, 〈대한제국기 太陽曆의 시행과 曆書의 변화〉《國史館論叢》103, 2003.12), 40쪽

참조.

361 이창익, 《조선시대 달력의 변천과 세시의례》(창비, 2013), 260~261쪽.

362 조선시대의 역법과 역서에 대한 전반적인 흐름은 정성희, 《조선시대 우주관과 역법의 이해》(지식산업사, 2005)에 상세하다. 박경수, 〈개화기 《역서》-근대한국 식민지배시 스템의 변화를 중심으로-〉(《일본어문학》 68, 한국일본어문학회, 2016.03), 316~317쪽.

363 이상의 내용에 대하여는 전용훈, 〈전통적 역산천문학의 단절과 근대천문학의 유입〉 (《한국문화》59, 서울대 규장각 한국학연구원, 2012.09), 44~48쪽 참조.

364 1919년 12월 대한민국임시정부가 1920년 새해를 앞두고 제작한 임시정부의 첫 달력이 다. 1911년부터 일제가 펴낸 《조선민력》에 대항하여 발행한 것으로, 임정이 독자적이고 주체적으로 발행했다는 점에서 대한민국의 독립국으로서의 지위를 보여주고 있다.

365 《세종실록》 77권, 세종 19년(1437) 4월 15일 3번째 기사.

366 《세종실록》 80권, 세종 20년(1438) 1월 7일 3번째 기사.

367 《세종실록》 77권, 세종 19년(1437) 4월 15일 3번째 기사. 이때 만들어진 천문의기의 복원을 통해 당시 천문학 및 천문역법 분야에 대하여 밝힌 연구로는 김상혁 외, 《천문 을 담은 그릇》(한국학술정보, 2014)이 있어 큰 도움이 된다. 또 한영우, 《세종평전-대왕 의 진실과 비밀》(경세원, 2019.10)에서 세종대의 기록들을 연대기식으로 정리하였는데 여기에서 앙부일구, 자격루, 일성정시의 등 각종 의기와 《칠정산내편》 등 역서에 대한 내용들도 다루고 있어 참고가 된다.

368 《국역 증보문헌비고》 제3권 〈상위고〉 〈의상〉 2, 178쪽

369 전상운, 《시간과 시계 그리고 역사》(월간시계사, 1994), 84~88쪽. 전용훈, 〈한국 천문 학사의 한국적 특질에 관한 시론: 세종시대 역산 연구를 중심으로〉(《한국과학사학회지》 제38권 제1호, 2016), 30쪽.

370 해시계는 태양의 위치에 따라서 변동하는 그림자를 보고 시를 알아내는 장치이다. 이 때 그림자를 받는 면, 즉 시반時盤의 모습에 따라 구분된다. 시반이 원통형이나 반구형 처럼 오목한 것을 오목해시계, 판판한 평면으로 되어 있는 것을 평면해시계라고 한다. 평면해시계 중에서 시반이 적도면에 평행한 것을 적도일구, 수평인 것을 지평일구 등이 라고 한다. 한편, 그림자를 만들기 위한 물체로는 영침影針 또는 삼각판을 쓰고 있다. 세 선細線을 쓰기도 한다. 이은성, 〈해시계의 역사와 그 원리〉(《동방학지》 33권, 1982) 참조.

371 이화선·구사회, 〈동아시아의 해시계와 문화교류연구 -조선의 앙부일구와 원의 앙의 를 중심으로〉(《문화와 융합》38(4), 2016.08, 한국문화융합학회), 129쪽. 앙의 관련 내용은 이 글을 참조하였다.

372 《국역 증보문헌비고》 제2권 〈상위고〉 2 〈의상〉 1, 138쪽.

373 《세종실록》 66권, 세종 16년(1434) 10월 2일 4번째 기사.

종묘의 앞[宗廟前]은 이후 다른 기록들에는 종묘 남쪽 거리[宗廟南街], 종묘 동구洞口 등으로 되어 있다. 동구란 행정구역의 입구란 뜻이다. 이런 기사들로 미루어 볼 때, 종묘 앞이란 백성들의 이동이 잦고 접근하기 편리한 곳이었음을 알 수 있다.

374 《세종실록》 66권, 세종 16년(1434) 10월 2일 4번째 기사와 《국역 증보문헌비고》(제2권 〈상위고〉 2, 〈의상〉 1, 138쪽)의 번역 내용을 알기 쉽게 일부 수정하였다.

375 이화선·구사회, 앞 글, 130쪽.

376 혜정교는 현재 종로구 종로1가 광화문우체국 북쪽에 있던 다리였다. 육조거리와 종로가 만나는 곳에 있었다. 다리 남쪽으로는 우포청이 있어 탐관오리에 대한 팽형烹刑을 시위하는 자리로도 활용되었다. 그만큼 서울의 중심가로서 상징적 의미를 지닌 곳이었다.

377 《세종실록》 77권, 세종 19년(1437) 4월 15일 3번째 기사.

378 이문규, 〈천문의기 기술의 동아시아 전파―세종 때의 천문의기 제작을 중심으로―〉(《동북아문화연구》 47, 동북아시아문화학회, 2016.06), 83~84쪽.

379 《명종실록》 9권, 명종 4년(1549) 11월 24일 3번째 기사.

380 문중양, 《우리역사 과학기행》(동아시아, 2006), 302쪽.

381 앙부일구를 비롯한 해시계에 대한 자세한 사정은 문중양, 〈제2장 시간의 측정과 보시〉(《하늘, 시간, 땅에 대한 전통적 사색》, 두산동아, 국사편찬위원회, 2007) 참조.

382 남문현, 《한국의 물시계》(건국대학교 출판부, 1995), 190쪽. 자격루에 대한 내용은 이 책을 주로 참고하였다.

383 《세종실록》 77권, 세종 19년(1437) 4월 15일 3번째 기사.

384 《세종실록》 61권, 세종 15년(1433) 9월 16일 3번째 기사.

385 《세종실록》 65권, 세종 16년(1434) 7월 1일 4번째 기사.

386 《세종실록》 61권, 세종 15년(1433) 9월 16일 3번째 기사.

387 《세종실록》 8권, 세종 2년(1420)1420 7월 19일 5번째 기사. 요순시대의 역관인 희씨와 화씨도 일식을 예견하지 못했다는 이유로 처형되었다는 이야기가 전해오고 있다.

388 《세종실록》 49권, 세종 12년(1430) 8월 3일 1번째 기사.

389 《세종실록》 52권, 세종 13년(1431) 5월 25일 2번째 기사.

390 《세종실록》 65권, 세종 16년(1434) 7월 1일 4번째 기사.

391 위와 같음.

392 북이나 징을 쳐서 알려 주던 시간을 말한다. 하룻밤의 시간을 다섯 개의 경更으로 나누고, 한 경은 다시 다섯 개의 점點으로 나누어 경에는 북을, 점에는 징을 쳤다.

393 인정과 파루는 모두 밤에 울리는 종소리였다. 밤 10시경 인정에 28번의 종을 울리는

것은 우주의 일월성신日月星辰 28수에 고하여 밤사이의 안녕을 기원하는 것이고, 새벽 4시경 파루에 33번의 종을 울리는 것은 제석천帝釋天이 이끄는 하늘의 33천에 고하여 오늘 하루의 국태민안을 기원하는 것이었다.

394 보다 상세한 내용은 남문현, 앞 책 참조.

395 구만옥, 《세종시대의 과학기술》(들녘, 2016), 55쪽.

396 《세종실록》 65권, 세종 16년(1434) 7월 1일 4번째 기사.

397 《세종실록》 77권, 세종 19년(1437) 6월 28일 3번째 기사.

398 그 밖의 시간 전달에 대하여는 정연식, 〈조선 시대의 시간과 일상생활〉《역사와 현실》 37, 한국역사연구회, 2000) 참조.

399 《중종실록》 82권, 중종 31년(1536) 8월 20일 2번째 기사.

400 〈동아일보〉 1932년 6월 11일 〈時의 記念日〉 기사에서 "지금으로부터 396년 전 이조 제11대 중종 31년에 와서는 수시계水時計라는 것을 만들어 경복궁 보루각에 배치케 되었던 것이라 한다. 그 후 그것을 이왕직李王織 박물관에 옮겨 지금까지도 보존하여 오는 중이다"라 하였다. 이 물시계가 지금 국보 제229호 지정된 창경궁 자격루이다. 국립고궁박물관에 있다.

401 조선 후기에 서유본(徐有本, 1762~1822)은 하늘을 관측하는 기구에는 의와 상이 있는 데, 상은 하늘의 형태를, 의는 하늘의 운행을 본뜬 것이라고 정의했다. 그에 따르면 대표적인 천문의기인 선기옥형은 의와 상을 겸해서 하나의 기구로 만든 것이었다. 구만옥, 〈朝鮮後期 '儀象' 改修論의 推移〉《동방학지》 144권 0호, 2008), 259쪽 참조.

402 한영호, 〈籠水閣 天文時計〉《역사학보》 177, 2003), 2쪽.

403 韓永浩·南文鉉·李秀雄, 〈朝鮮의 天文時計 연구─水激式 渾天時計〉《한국사연구》 113, 한국사연구회, 2001.06), 65쪽. 혼천시계에 대하여는 이 글에서 크게 도움을 받았다.

404 《세종실록》 77권, 세종 19년(1437) 4월 15일 3번째 기사.

405 韓永浩·南文鉉·李秀雄, 앞 글, 68~72쪽.

406 《세종실록》 80권, 세종 20년(1438) 1월 7일 3번째 기사.

407 《국역 증보문헌비고》 제3권, 〈상위고〉 3, 〈의상〉 2, 162쪽.

408 《세종실록》 80권, 세종 20년(1438) 1월 7일 3번째 기사.

409 위와 같음.

410 《명종실록》 15권, 명종 8년(1553) 12월 26일 2번째 기사.

411 구만옥, 〈朝鮮後期 '儀象' 改修論의 推移〉《東方學志》 144권, 2008), 260쪽.

412 《명종실록》 17권, 명종 9년(1554) 8월 19일 4번째 기사.

413 《국역 증보문헌비고》 제3권 〈상위고〉 3, 〈의상〉 2, 161쪽.

414 《인조실록》 19권, 인조 6년(1628) 11월 1일 1번째 기사.

415 이때 김육은 흠경각의 철거를 강력히 반대하였으나 끝내 관철되지 못하였다. 《효종실록》 15권, 효종 6년(1655) 12월 4일 4번째 기사 참조.

416 《국역 증보문헌비고》 제3권 〈상위고〉 3, 〈의상〉 2, 162쪽.

417 《효종실록》 18권, 효종 8년(1657) 5월 26일 2번째 기사. 《국역 증보문헌비고》, 제3권 〈상위고〉 3, 〈의상〉 2, 163쪽에도 같은 기사가 있다.

418 최유지의 죽원자에 대하여는 구만옥, 〈崔攸之(1603~1673)의 竹圓子-17세기 중반 朝鮮의 水激式 渾天儀-〉《韓國思想史學》 제25집, 2005)에 상세하다.

419 《현종실록》 8권, 현종 5년(1664) 3월 6일 6번째 기사.

420 《현종개수실록》 10권, 현종 5년(1664) 3월 9일 1번째 기사.

421 혼천시계는 혼천의와 기계시계를 결합하여 만든 천문시계를 말한다. 이민철과 송이영의 혼천시계가 대표적이다. 이를 그냥 혼천의라고도 부른다. 선기옥형은 혼천의이고, 여기에 시계장치가 붙으면 혼천시계가 된다. 이들은 모두 천문관측과 관련되어 있기 때문에 넓은 의미에서 천문시계에 속한다.

422 '그 후'는 이민철과 송이영이 각각 혼천의와 자명종을 바친 1669년(현종 10) 10월경을 뜻하는 것으로 보인다. 당시에 '자명종'에는 두 가지가 있었다. 자동시보장치를 갖추었다는 데서 자명종이라 불렀는데 하나는 우리가 통상 알고 있는 서양의 탁상용 기계시계를 가리키는 것이고, 다른 하나는 천문시계, 즉 혼천시계를 뜻하는 것이었다. 전자는 문신종問辰鐘으로, 후자는 '윤종輪鐘'으로도 불렀다.

423 《현종개수실록》 10권, 현종 5년(1664) 3월 9일 1번째 기사.

424 《현종개수실록》 21권, 현종 10년(1669) 5월 16일 2번째 기사.

425 《국역 증보문헌비고》 제3권 〈상위고〉 3, 〈의상〉 2, 163쪽.

426 《현종실록》 17권, 현종 10년(1669) 10월 14일 1번째 기사.

427 《국역 증보문헌비고》 제3권 〈상위고〉 3, 〈의상〉 2, 164쪽.

428 韓永浩 · 南文鉉 · 李秀雄, 앞 글, 74쪽.

429 같은 글, 74~78쪽.

430 같은 글, 72쪽.

431 《숙종실록》 19권, 숙종 14년(1688) 5월 2일 4번째 기사.

432 《국역 증보문헌비고》 제3권 〈상위고〉 3, 〈의상〉 2, 164~165쪽. 《明谷集》 권9, 〈齊政閣記〉 참조.

433 《영조실록》15권, 영조 4년(1728) 2월 18일 5번째 기사.

434 《明谷集》卷11, 〈自鳴鍾銘 幷序〉
대개 혼의에 연결된 기계장치가 수격식이면 혼천의, 추의 동력을 사용하는 서양식이면 자명종이라고 구분하였다. 민병희 · 함선영 · 최고은, 〈나경적 자명종의 개념과 그 구조〉(《석당 나경적 선생 학술대회 자료집》, (사)한국학호남진흥원, 2017), 71쪽.

435 《국역 증보문헌비고》 제3권 〈상위고〉 3, 〈의상〉 2, 164쪽.

436 《明谷集》卷11, 〈自鳴鍾銘 幷序〉

437 민병희 · 함선영 · 최고은, 앞 글, 73쪽.

438 전상운, 《시간과 시계 그리고 역사―우리 시계 이야기―》(월간시계사, 1994), 135쪽; 문중양, 《우리역사 과학기행―역사 속 우리 과학을 어떻게 볼 것인가―》(동아시아, 2006), 307쪽.

439 《숙종실록》39권, 숙종 30년(1704) 7월 16일 2번째 기사.

440 《국역 증보문헌비고》 제3권 〈상위고〉 3, 〈의상〉 2, 165쪽.

441 《경종실록》3권, 경종 1년(1721) 4월 10일 3번째 기사.

442 《영조실록》31권, 영조 8년(1732) 3월 12일 9번째 기사.

443 《국역 증보문헌비고》 제3권 〈상위고〉 3, 〈의상〉 2, 171쪽.

444 《영조실록》113권, 영조 45년(1769) 10월 5일 2번째 기사.

445 구만옥, 〈조선 후기 '선기옥형'에 대한 인식의 변화〉(《한국과학사학회지》 제26권 제2호, 2004), 255~256쪽.

446 《정조실록》39권, 정조 18년(1794) 3월 24일 1번째 기사.

447 순조의 아들로 세자가 되어 1827년부터 대리청정을 하였으나 4년 만에 죽어 왕이 되지는 못하였다. 추존하여 익종이라 부른다.

448 《五洲衍文長箋散稿》人事篇, 器用類, 鐘漏, 〈水鳴鍾漏鍾表辨證說〉

449 문중양, 앞 책, 324쪽.

450 《五洲衍文長箋散稿》人事篇, 器用類, 鐘漏, 〈水鳴鍾漏鍾表辨證說〉

451 韓永浩 · 南文鉉 · 李秀雄, 앞 글, 63쪽.

452 《林下筆記》권27, 〈春明逸史〉, 〈璿璣玉衡〉 참조.

453 《研經齋全集》外集, 권56, 筆記類, 蘭室譚叢, 〈儀象〉. 구만옥, 〈朝鮮後期 '儀象' 改修論의 推移〉(《동방학지》144권, 2008), 258쪽 참조.

454 한영호, 〈籠水閣 天文時計〉(《역사학보》177, 2003), 27쪽.

455 이 부분은 《湛軒書》外集 卷6, 〈籠水閣儀器志〉, 〈統天儀〉; 《湛軒書》外集 3卷, 〈杭傳尺

牘〉〈乾淨衕筆談 續〉중 24일자 '籠水閣渾天儀記事' 등을 중심으로 정리하였다.

456 지금은 전라남도 화순군에 속한다.

457 황윤석이 장성에 살고 있던 거안 김시찬金時粲의 집에 들러 강철로 만든 자명종을 보 았는데 이 또한 나경적이 주조하여 장치한 것이라고 하였다. 구만옥, 〈조선후기 천문 역산학의 주요 쟁점 〉(《한국과학사학회지》 제31권 제1호, 2009), 81쪽 참조. 이처럼 나 경적은 이미 자명종을 여럿 만든 경험이 있었다. 그래서 자명종 제작자로 널리 알려져 있었다.

458 《湛軒書》外集 附錄〈愛吾廬題詠〉〈籠水閣記〉(金履安)

459 〈홍대용이 하정철에게 답하는 편지〉(경진 1762년 6월 3일), 규남박물관 소장.

460 〈홍대용이 하정철에게 답하는 편지〉(임오 1762년 6월 7일), 규남박물관 소장.

461 《湛軒書》外集 卷3,〈杭傳尺牘〉〈乾淨衕筆談 續〉27일자 서찰

462 《湛軒書》外集 卷3,〈杭傳尺牘〉〈乾淨衕筆談 續〉중 24일자 '籠水閣渾天儀記事'. 이 혼 상의는《湛軒書》外集 卷6,〈籠水閣儀器志〉,〈渾象儀〉에서 묘사하고 있는 혼상의와 같은 것으로 보인다.

463 이 점에 대하여는 한영호, 앞 글에 상세하다.

464 같은 글, 20쪽.

465 《湛軒書》外集 卷6,〈籠水閣儀器志〉,〈統天儀〉

466 《湛軒書》外集 附錄〈愛吾廬題詠〉〈籠水閣記〉(金履安)

467 《湛軒書》外集 卷6,〈籠水閣儀器志〉,〈統天儀〉

468 한영호, 앞 글, 27쪽.

469 《湛軒書》外集 卷3,〈杭傳尺牘〉〈乾淨衕筆談 續〉(陸飛)

470 《湛軒書》外集 卷6,〈籠水閣儀器志〉,〈統天儀〉;《湛軒書》外集 3卷,〈杭傳尺牘〉〈乾淨 衕筆談 續〉중 24일자 '籠水閣渾天儀記事'

471 민병희·함선영·최고은,〈나경적 자명종의 개념과 그 구조〉(《석당 나경적선생 학술대 회 자료집》, (사)한국학호남진흥원, 2017), 76〜77쪽.

472 한영호, 앞 글, 4, 14쪽.

473 증손인 하백원이 후일 "나경적이 일찍이 璣衡渾天儀를 제작할 때에 하영청과 많이 상 의하였다"고 기록하였다.《圭南文集》권7,〈曾祖屛巖府君家狀〉

474 《屛巖遺稿》卷1〈새로운 선기옥형을 제작하며〉

475 《頤齋亂藁》卷16,〈二十四日丙申〉"蓋以渾儀 合自鳴輪鐘問辰之法也"

476 초산은 전라북도 정읍의 옛 명칭이다.

477 《頤齋遺藁》卷1, 〈自鳴鍾〉

478 최천약(1724~1776)은 웅천熊川 출신으로 숙종과 영조대에 과학기술 분야에서 두드러진 활동을 펼쳤다. 《영조실록》, 《일성록》, 《승정원일기》 등에 이름이 남아 있다. 그는 숙종대 이미 각종 천문 기계를 제작하였으며, 이후 영조의 명령을 받들어 독자적으로 자명종을 제작하고, 그 외 무기를 비롯한 각종 기계를 제작한 기술자였다.

479 홍수해는 기장機張 출신으로 왜관에서 과학기술을 익혔다.

480 나경훈은 나경적의 다른 이름이다.

481 《湛軒書》內集 卷4, 〈祭羅石塘文〉

482 구만옥, 〈朝鮮後期 '儀象' 改修論의 推移〉《東方學志》144권, 2008), 299쪽.

483 위와 같음.

484 이 부분의 서술에는 전용훈, 〈정조시대 다시 보기−천문학사의 관점에서〉《역사비평》 2016.05, 역사비평사)에서 큰 도움을 받았다.

485 홍길주의 수학적 성취에 대하여는 전용훈, 〈19세기 조선 수학의 지적 풍토: 홍길주 (1786~1841)의 수학과 그 연원〉《한국과학사학회지》 26권, 2004) 참조.

486 전용훈, 앞 글(2016), 199~200쪽.

487 전용훈, 〈정조대의 曆法과 術數學 지식: 《千歲歷》과 《協吉通義》를 중심으로〉《한국문화》 54, 서울대 규장각 한국학연구원, 2011.06), 314쪽.

488 전용훈, 앞 글(2016), 202쪽.

489 전용훈, 〈19세기 조선에서 서양 과학과 천문학의 성격 : 청조 고증학의 영향을 중심으로〉 《한국과학사학회지》제35권 제3호, 2013), 438쪽.

490 이 부분의 서술에 대하여는 전용훈, 같은 글을 주로 참고하였다.

491 같은 글, 440쪽.

492 같은 글, 458쪽.

493 패러다임이란 어떤 한 시대 사람들의 견해나 사고를 근본적으로 규정하고 있는 테두리로서의 인식의 체계, 또는 사물에 대한 이론적인 틀이나 체계를 의미하는 개념으로 토머스 쿤(Thomas Kuhn, 1922~1996)이 《과학혁명의 구조》(1962)에서 처음으로 제안하였다.

494 전용훈, 앞 글(2013), 461쪽.

495 토머스 쿤이 사용한 용어로 상이한 이론 또는 패러다임 간에는 한 데 놓고 비교할 수 있는 공통된 잣대가 없어 번역이 불가능하다는 뜻이다. 그러나 상이한 패러다임 사이에 번역 불가능성이 존재한다고 해서 비교나 의사소통이 불가능해지는 것은 아니라고도 한다.

496 문중양, 앞 책, 13쪽.

497 앤서니 애브니/최광열, 《시간의 문화사》(북로드, 1990/2007), 484쪽 참조.

498 마샬 버먼/윤호병, 이만식, 《현대성의 경험》(현대미학사, 1982/1994), 13쪽.

499 고석규, 〈다시 생각하는 한국의 식민지 근대성과 민족주의〉(《문화과학》 2002년 가을호, 문화과학사) 참조.

500 근대적 시간체제에 대하여는 정근식, 〈한국의 근대적 시간 체제의 형성과 일상 생활의 변화 I−대한제국기를 중심으로〉(《사회와 역사》제58집, 한국사회사학회, 2000) 참조.

501 《고종실록》36권, 고종 34년(1897) 12월 21일 양력 3번째 기사.

502 〈황성신문〉1906. 12. 31. 〈論說 : 一國에 不當用兩曆〉

503 박태호, 〈《독립신문》과 시간-기계-〈독립신문〉에서 근대적 시간-기계의 작동 양상-〉(《사회와 역사》64권, 한국사회사학회, 2003), 184쪽.

504 〈황성신문〉1899. 5. 26. 〈論說 : 開國五百三年以後情形(續)〉

505 이를 일제는 1912년 1월 1일부터 경도 135도의 중앙표준시, 즉 동경에 맞춰 개정하도록 하였다. 〈매일신보〉1911. 9. 26. 〈標準時의 改正〉

506 임현수, 〈대한제국기 명시력(明時曆)의 시간관〉(《종교문화비평》7, 한국종교문화연구소, 2005.03), 116쪽.

507 〈조선일보〉1923. 2. 17. 〈陰曆을 完全히 廢止하라〉는 제목의 사설

508 〈독립신문〉1898. 2. 8. 〈론셜〉

509 〈매일신보〉1911. 5. 11. 〈論說 : 時間愛重의 必要〉

510 '시의 기념일'에 대하여는 이창익, 〈근대적 시간과 일상의 표준화〉(《역사비평》2002. 5.); 정근식, 〈시간체제와 식민지적 근대성〉(《문화과학》41, 문화과학사, 2005.03) 참조.

511 〈동아일보〉1921. 6. 16. 〈時의 紀念과 光州市〉

512 〈동아일보〉1932. 6. 11. 〈무정부상태의 장단침長短針과 시時의 기념탑〉

513 〈동아일보〉1939. 6. 11. 〈각계 인사의 시계 검사〉

514 〈동아일보〉1940. 6. 10. 〈新時代의 生活은 時間嚴守로부터〉

515 〈동아일보〉1938. 6. 7. 〈時의 記念日〉鐵道局諸行事

516 〈동아일보〉1940. 6. 6. 〈時의 記念日 앞두고 諸般行事決定(平南 順川)〉

517 이헌창, 〈조선시대를 바라보는 제3의 시각〉(《한국사연구》148, 2010. 한국사연구회) 참조.

518 루이스 멈포드/문종만, 《기술과 문명》(책세상, 1934/1962, 2013), 39, 43, 65쪽

519 《史記》券七, 〈項羽本紀〉"江西皆反, 此亦天亡秦之時也. 吾聞先卽制人, 後則爲人所制. 吾欲發兵, 使公及桓楚將"

520 신승엽, 〈시간을 차이로, 차이를 시간으로〉(《한국학연구》45, 2017.05), 461쪽.

521 같은 글, 466쪽 참조.

522 이점에 대하여는 카를로 M. 치폴라/최파일, 《시계와 문명》(미지북스, 1996/2013), 49~50쪽 참조.

523 신채호, 《朝鮮史》(一) 總論(《조선일보》 1931년 6월 10일 자에 실린 《조선상고사》 첫 회)

524 스티븐 컨/박성관, 《시간과 공간의 문화사 1880−1918》(휴머니스트, 1983/2004), 33쪽.

525 인접 가능성에 대하여는 스티브 존슨/강주헌, 《우리는 어떻게 여기까지 왔을까》(프런티어, 2015) 참조.

526 문화적 변동은 새로운 종류의 기술 발전으로 이어지고, 새로운 기술은 다시 인간에게 새로운 형식의 체험을 하게 만들며, 이런 새로운 체험은 다시 새로운 형식의 문화변동을 낳는다. 그리고 이런 변화는 순환고리를 이루며 열려 있다. 애덤 프랭크/고은주, 《시간 연대기 About Time》(에이도스, 2011), 73쪽 참조.

527 에드워드 윌슨/최재천, 장대익, 《통섭》(사이언스 북스, 2005) 39쪽.

찾아보기

인물, 서양

조선의 역서

조선의 역법

참고문헌

자료

〈독립신문〉

〈동아일보〉

〈매일신보〉

〈조선일보〉

〈황성신문〉

《Funes El Memorioso(기억의 왕 푸네스)》(보르헤스)

《가르강튀아》(프랑수아 라블레)

《經國大典》

《고백록》(아우구스티누스)

《국역 조선왕조실록》

《국역 증보문헌비고》

《國朝曆象考》

《圭南文集》(河百源)

《湛軒書》(洪大容)

《林下筆記》(李裕元)

《明谷集》(崔錫鼎)

《屛巖遺稿》(河永淸)

《史記》(司馬遷)

《四餘纏度通軌》(李純之 · 金淡)

《書經》

《書雲觀志》(成周悳)

《硏經齋全集》(成海應)

《五洲衍文長箋散稿》(李圭景)

《頤齋亂藁》(黃胤錫)

《諸家曆象集》(李純之)

《朝鮮史》(申采浩)

《趙熙龍全集》(조희룡)

《周易》

《千歲歷》

《七政算內篇》

《七政算外篇》

《漢書》

《海東農書》(徐浩修)

《弘齋全書》(正祖)

연구논저

저서

E. H. 카/김택현, 《역사란 무엇인가》(까치, 1961/1997)

G. J. 휘트로/이종인, 《시간의 문화사》(영림카디널, 1988/1998)

강재언/이규수, 《서양과 조선》(학고재, 1994/1998)

구만옥, 《세종시대의 과학기술》(들녘, 2016)

국사편찬위원회 편, 《하늘, 시간, 땅에 대한 전통적 사색》(두산동아, 국사편찬위원회, 2007)

김상혁 외, 《천문을 담은 그릇》(한국학술정보, 2014)

남문현, 《한국의 물시계─자격루와 제어계측공학의 역사》(건국대학교 출판부, 1995)

데이비드 유잉 던컨/신동욱, 《캘린더》(씨엔씨미디어, 1998/1999)

루이스 멈포드/문종만, 《기술과 문명》(책세상, 1934/1963/2013)

마샬 버먼/윤호병, 이만식, 《현대성의 경험》(현대미학사, 1982/1994)

마틴 노왁, 로저 하이필드/허준석, 《초협력자》(사이언스 북스, 2011/2012)

문중양, 《우리역사 과학기행─역사 속 우리 과학을 어떻게 볼 것인가─》(동아시아, 2006)

문중양, 《조선후기 과학사상사—서구 우주론과 조선 천지관의 만남》(들녘, 2016)

스티브 존슨/강주헌, 《우리는 어떻게 여기까지 왔을까》(프런티어, 2014/2015)

스티븐 제이 굴드/이철우, 《시간의 화살, 시간의 순환 – 지질학적 시간의 발견에서 신화와 은유》(아카넷, 1987/2012)

스티븐 컨/박성관, 《시간과 공간의 문화사 1880–1918》(휴머니스트, 1983/2004)

스티븐 호킹/김동광, 《그림으로 보는 시간의 역사》(까치, 1996/1998)

실비 보시에 글/메 앙젤리 그림/선선 옮김, 《보이지 않는 질서 시간》(푸른숲, 2004/2007)

알렉산더 데만트/이덕임, 《시간의 탄생》(북라이프, 2015/2018)

애덤 프랭크/고은주, 《시간 연대기 About Time》(에이도스, 2011)

앤서니 애브니/최광열, 《시간의 문화사》(북로드, 1990/2007)

앨런 버딕/이영기, 《시간은 왜 흘러가는가》(엑스오북스, 2017)

에드워드 윌슨/최재천, 장대익, 《통섭》(사이언스 북스, 2005)

엘리자베스 블랙번, 엘리사 에펠/이한음, 《늙지 않는 비밀(The Telomere Effect)》(알에이치코리아, 2017/2018)

외르크 뤼프케/김용현, 《시간과 권력의 역사》(알마, 2006/2011)

움베르토 에코 외/문지영, 박재환, 《시간의 종말》(끌리오, 1999)

움베르토 에코, 에른스트 곰브리치, 크리스틴 리핀콧 외/김석희, 《시간박물관》(푸른 숲, 1999/2000)

이창익, 《조선시대 달력의 변천과 세시의례》(창비, 2013)

장 베르동/이병욱, 《중세의 밤》(이학사, 1994/1999)

전상운, 《시간과 시계 그리고 역사—우리 시계 이야기》(월간시계사, 1994)

정기준, 《서운관의 천문의기—좌표변환 · 투영이론적 연구》(경인문화사, 2017)

정성희, 《조선시대 우주관과 역법의 이해》(지식산업사, 2005)

카를로 M. 치폴라/최파일, 《시계와 문명》(미지북스, 1996/2013)

칼하인츠 A. 가이슬러/박계수, 《시간》(석필, 1996/1999)

토머스 쿤/홍성욱, 《과학혁명의 구조》(까치글방, 1962/2013)

폴 로버츠/김선영, 《근시사회 – 오늘을 사는 충동인류의 미래–》(민음사, 2014/2016)

하랄트 바인리히/김태희, 《시간 추적자들》(황소자리, 2005/2008)

하이더 와라이치/홍지수, 《죽는 게 두렵지 않다면 거짓말이겠지만》(부키, 2017/2018)

한영우, 《세종평전—대왕의 진실과 비밀》(경세원, 2019.10)

논문

강영심, 〈17세기 조선의 서양천문역법서적 수입과 천문 역법인식의 변화〉《이화사학연구》32권, 이화사학연구소, 2005)

고석규, 〈다시 생각하는 한국의 식민지 근대성과 민족주의〉《문화과학》통권 제31호, 문화과학사, 2002.09)

_____, 〈임자도 유배가 조희룡의 예술에 미친 영향〉《島嶼文化》55, 목포대 도서문화연구원, 2020.06)

구만옥, 〈세종, 조선 과학의 범형範型을 구축하다〉《한국과학사학회지》 제35권 제1호, 2013)

_____, 〈조선 후기 '선기옥형'에 대한 인식의 변화〉《한국과학사학회지》 제26권 제2호, 2004)

_____, 〈朝鮮後期 '儀象' 改修論의 推移〉《동방학지》 144권 0호, 2008)

_____, 〈崔攸之(1603~1673)의 竹圍子—17세기 중반 朝鮮의 水激式 渾天儀—〉《韓國思想史學》 제25집, 2005)

김용섭, 〈우리나라 近代 歷史學의 成立〉《韓國現代史》 6권, 1970); 《韓國의 歷史認識》(下) (1976, 창작과 비평사)에 재수록

김문용, 〈조선 후기 서학의 영향과 우주론적 시공관념의 변화〉《시대와 철학》제18권 3호, 2007)

김영식, 〈조선 후기 역曆 계산과 역서曆書 간행 작업의 목표: '자국력'인가? 중국 수준 역서인가?〉《한국과학사학회지》제39권 제3호, 한국과학사학회, 2017)

김일권, 〈대한제국기 명시력 역서에 수록된 절후월령의 시간문화 양상〉《정신문화연구》 40(3), 한국학중앙연구원, 2017.09)

_____, 〈동양 천문의 범주와 그 세계관적인 역할 —고려와 조선의 하늘 이해를 덧붙여〉 《정신문화연구》 27(1), 한국학중앙연구원, 2004.3.)

마틴 러드윅, 〈지질학자의 시간〉《시간박물관》, 푸른 숲, 1999/2000)

문중양, 〈鄕曆'에서 '東曆'으로: 조선 후기 自國曆을 갖고자 하는 열망〉《역사학보》 218, 역사학회, 2013)

민병희·함선영·최고은, 〈나경적 자명종의 개념과 그 구조〉《석당 나경적 선생 학술대회 자료집》, (사)한국학호남진흥원, 2017)

박경수, 〈개화기 〈역서〉 —근대한국 식민지배시스템의 변화를 중심으로—〉《일본어문학》 68, 한국일본어문학회, 2016.03)

박태호, 〈《독립신문》과 시간—기계—〈독립신문〉에서 근대적 시간—기계의 작동 양상—〉《사회와 역사》64권, 한국사회사학회, 2003)

손관수, 〈보르헤스 시간의 재조명-'신학자들'을 중심으로-〉(《스페인어문학》17권, 한국스페인
어문학회, 2000)

신승엽, 〈시간을 차이로, 차이를 시간으로-19세기 말 20세기 초 외국인들이 인식한 조선
의 시간과 문명의 위계〉(《한국학연구》 45, 2017.05)

이문규, 〈천문의기 기술의 동아시아 전파-세종 때의 천문의기 제작을 중심으로-〉(《동북아
문화연구》47, 동북아시아문화학회, 2016.06)

이상철, 〈헤겔에 있어서의 시간과 역사〉(《헤겔연구》 1, 한국헤겔학회, 1984)

이성규, 〈司馬遷의 時間觀念과 《史記》의 敍述〉(《東方學志》70권, 1991)

이은성, 〈해시계의 역사와 그 원리〉(《동방학지》33권, 1982)

이창익, 〈근대적 시간과 일상의 표준화〉(《역사비평》 2002.05)

_____, 〈시헌력 역주에 나타난 시간 선택의 의미〉(《종교문화비평》1, 2002)

이헌창, 〈조선시대를 바라보는 제3의 시각〉(《한국사연구》148, 한국사연구회, 2010)

이화선 · 구사회, 〈동아시아의 해시계와 문화교류연구 -조선의 앙부일구와 원의 앙의를 중
심으로〉(《문화와 융합》38(4), 한국문화융합학회, 2016.08)

임현수, 〈대한제국기 명시력明時曆의 시간관〉(《종교문화비평》7, 한국종교문화연구소, 2005.03)

전용훈, 〈19세기 조선 수학의 지적 풍토: 홍길주(1786~1841)의 수학과 그 연원〉(《한국과학사
학회지》 26권, 2004)

_____, 〈19세기 조선에서 서양 과학과 천문학의 성격 : 청조 고증학의 영향을 중심으로〉
(《한국과학사학회지》제35권 제3호, 2013)

_____, 〈전통적 역산천문학의 단절과 근대천문학의 유입〉(《한국문화》59, 서울대 규장각 한국
학연구원, 2012.09)

_____, 〈정조대의 曆法과 術數學 지식 : 《千歲曆》과 《協吉通義》를 중심으로〉(《한국문화》54,
서울대 규장각 한국학연구원, 2011.06)

_____, 〈정조시대 다시 보기-천문학사의 관점에서〉(《역사비평》 2016년 5월호, 역사비평사)

_____, 〈한국 천문학사의 한국적 특질에 관한 시론〉(《한국과학사학회지》제38권 제1호, 2016)

정근식, 〈시간체제와 식민지적 근대성〉(《문화과학》41, 문화과학사, 2005.03)

_____, 〈한국의 근대적 시간 체제의 형성과 일상 생활의 변화 I -대한제국기를 중심으로〉
(《사회와 역사》제58집, 한국사회사학회, 2000)

정성희, 〈대한제국기 太陽曆의 시행과 曆書의 변화〉(《國史館論叢》103, 2003.12)

_____, 〈조선 후기 曆書의 간행과 반포〉(《조선시대사학보》23, 조선시대사학회, 2002.12)

정연식, 〈조선 시대의 시간과 일상생활〉(《역사와 현실》37, 한국역사연구회, 2000)

정용석, 〈플로티노스와 아우구스티누스의 시간론〉(《대학과 선교》 제30집, 2016)

조너선 베츠, 〈근대 시계의 발전 – 진자시계에서 원자시계까지〉(《시간 박물관》, 푸른숲, 1999/2000)

조현범, 〈한말 태양력과 요일주기의 도입에 관한 연구〉(《종교연구》17, 한국종교학회, 1999.06)

최진묵, 〈중국 고대사회의 시간활용〉(《인문논총》 제70집, 인문학연구원, 2013)

한영호, 〈籠水閣 天文時計〉(《역사학보》177, 2003)

_____, 〈조선의 回回曆法 도입과《칠정산외편》〉(《민족문화》45, 한국고전번역원, 2015.06)

한영호 · 남문현, 〈朝鮮의 更漏法〉(《동방학지》 143, 2008)

韓永浩 · 南文鉉 · 李秀雄, 〈朝鮮의 天文時計 연구―水激式 渾天時計〉(《한국사연구》113, 한국사연구회, 2001.06)

한영호 · 이은희, 〈麗末鮮初 本國曆 완성의 道程〉(《東方學志》 제155집, 2011.09)

한영호 · 이은희 · 강민정, 〈세종의 역법 제정과 칠정산〉(《東方學志》168, 2014.12)